ÉTICA:
fundamentos sócio-históricos

Dados Internacionais de Catalogação na Publicação (CIP)
(Câmara Brasileira do Livro, SP, Brasil)

Barroco, Maria Lúcia S.
Ética : fundamentos sócio-históricos / Maria Lúcia S. Barroco. — 3. ed. — São Paulo : Cortez, 2010. — (Biblioteca básica de serviço social ; v. 4)

Bibliografia.
ISBN 978-85-249-1426-3

1. Ética 2. Serviço social 3. Serviço social - Filosofia I. Título. II. Série.

08-06482 CDD-361.301

Índices para catálogo sistemático:

1. Ética e serviço social 361.301
2. Serviço social e ética 361.301

Maria Lucia S. Barroco

ÉTICA:
fundamentos sócio-históricos

BIBLIOTECA BÁSICA DE SERVIÇO SOCIAL

VOLUME 4

3ª edição
6ª reimpressão

ÉTICA: fundamentos sócio-históricos
Maria Lucia S. Barroco

Capa: aeroestúdio
Preparação dos originais: Silvana Cobucci Leite
Revisão: Ana Paula Luccisano
Composição: Dany Editora Ltda.
Assessoria editorial: Elisabete Borgianni
Assistente bilíngüe: Priscila F. Augusto
Coordenação editorial: Danilo A. Q. Morales

Direitos para esta edição
CORTEZ EDITORA
Rua Monte Alegre, 1074 — Perdizes
05014-001 — São Paulo-SP
Tel.: (11) 3864-0111 Fax: (11) 3864-4290
E-mail: cortez@cortezeditora.com.br
www.cortezeditora.com.br

Impresso no Brasil — julho de 2018

Deixa-me dizer-lhe, com o risco de parecer ridículo, que o revolucionário está guiado por grandes sentimentos de amor.

Che Guevara

Para os meus filhos,
Gisele e José Lourenço

Sumário

Apresentação

A ética é parte integrante da prática social dos homens,[1] objetivando-se tanto em suas atividades cotidianas como nas formas de práxis que permitem a ampliação de sua consciência moral e seu enriquecimento como indivíduos.

Afirma-se, assim, que todos os indivíduos são motivados a agir eticamente em seu cotidiano, mas isso não significa que a maioria deles tenha o hábito de refletir sobre suas ações éticas, isto é, que *não faz parte* da sua vida cotidiana indagar criticamente sobre os valores que reproduzem, sobre o *seu sentido* e sobre *a razão* de repetirem o mesmo comportamento moral sem perguntar sobre ele.

Nossa experiência docente, desde 1985, na disciplina de Ética Profissional, nos cursos de graduação e de pós-graduação em Serviço Social, na PUC-SP e em outras universidades brasileiras, demonstra essa problemática. Muitas vezes, os alunos tendem a se referir a valores abstratos, desvinculados de suas decisões e vivências concretas, não reconhecendo a si mesmos como portadores de possibilidades ético-morais.

Compondo a Biblioteca Básica de Serviço Social, este livro tem por objetivo o enfrentamento dessas questões, de modo a tornar mais aces-

1. As categorias homem ou ser humano indicam que a linguagem é perpassada pela cultura; no caso, sexista e dominantemente "masculina". Infelizmente, não temos ainda outro termo e a única coisa que podemos fazer é indicar aos leitores e leitoras que não compartilhamos com essa postura.

sível o ensino da disciplina de **Ética Profissional** para alunos de cursos de graduação. Os leitores poderão se admirar com essa afirmação, na medida em que as profissões não são aqui abordadas diretamente. No entanto, ao apresentar os pressupostos sócio-históricos e teórico-filosóficos para a compreensão da ética, oferece-se uma base de fundamentação para tal.

Essa formação ética pretende adensar as iniciativas da categoria profissional dos assistentes sociais brasileiros, voltadas à consolidação do projeto profissional de oposição ao conservadorismo do Serviço Social, em suas formas tradicionais e reatualizadas, visando à defesa dos princípios e valores inscritos no Código de Ética Profissional.

Apresentamos uma sistematização dos *fundamentos* da ética, cabendo aos leitores *perguntar* — a partir deste estudo —, de modo que as perguntas possam ser respondidas com novas inquietações desencadeadoras de novos estudos.

Este livro objetiva garantir algumas condições básicas: o estudo da ética a partir de uma fundamentação teórica rigorosa; uma linguagem acessível, com atividades complementares, visando facilitar o aprendizado por parte dos alunos; uma perspectiva crítica, partindo do pressuposto de que a ética não é neutra, mas, ao contrário, exige juízos de valor. Sabe-se, entretanto, que a proposta de tornar mais acessível o difícil estudo da ética é — de antemão — árdua e ousada. Seu resultado favorável depende, entre várias determinações, do envolvimento dos leitores e de sua motivação para se *posicionar* em face da realidade.

O posicionamento teórico e ético-político da autora é claro e não há razões para ocultá-lo. Logo, assumimos total responsabilidade pelas afirmações aqui contidas. Por fim, agradecemos imensamente à Cortez Editora, ao empenho de José Xavier Cortez e de sua assessora Elisabete Borgianni na produção da Biblioteca Básica de Serviço Social e deste livro, em especial ao Conselho Editorial da Área de Serviço Social, aos colegas Ademir A. da Silva, Dilséa A. Bonetti, Elaine R. Behring e M. Lucia Carvalho da Silva. Um agradecimento aos professores da

Pós-Graduação em Serviço Social da PUC-SP; aos alunos, aos pesquisadores do Núcleo de Estudos e Pesquisa em Ética e Direitos Humanos (NEPEDH), em especial a Marli, Laura, Amália, Janaína. Agradecemos, especialmente, a Amanda Guazzelli, que gentilmente colaborou na revisão. Aos mestres: Marilda V. Iamamoto, José Paulo Netto, Celso Frederico e Mario Sergio Cortella, com carinho. Aos companheiros de viagem: Ana Lívia, Fernandinha, Luciana, Luiz, Maurílio; aos professores Alcina Martins, Adelaide Malainho, Alfredo Henríquez, Fernanda Rodrigues, Graça André, Maria José Queiroz, Rosa Tomé; aos amigos Juca, Marta e Baby. Ao Prof. Dr. José Barata-Moura, pela orientação e atenção em nosso estágio de pós-doutorado na Universidade de Lisboa. A Bete Borges, Ivanete Boschetti, Marylucia Mesquita, Mione Apolinário, Samya Rodrigues, Silvana Mara, Sylvia Terra, bravas guerreiras. A Cristina Brites, nossa esperança no futuro.

M. Lucia S. Barroco

São Paulo, maio de 2008.

Introdução

Ética e fundamentos

Todo conhecimento que pretende *superar* o que está dado e sua aparência supõe uma postura de *questionamento* ou uma certa *indignação* em face do presente, o que pode desencadear motivações teóricas, éticas e políticas, dirigidas à crítica e a uma prática social voltada à transformação da realidade.

Vem dos ensinamentos deixados pelos filósofos gregos a compreensão de que o conhecimento supõe a *busca dos fundamentos* e uma determinada *postura*: uma atitude entendida como própria de quem — por amor à sabedoria — se *admira* diante do mundo, fazendo de seu próprio *espanto* um modo de vida: um caminho irreversível para quem começa a indagar criticamente a realidade, entendendo que ela pode *vir a ser* de outra forma. O que os gregos chamavam de *admiração* — entendida por eles como uma condição humana desencadeadora do conhecimento racional[1] — é explicado pelo filósofo Georg Lukács de outro modo: o homem é capaz de *perguntar* e *criar novas perguntas a partir de suas respostas*. Nesse sentido, a forma humana de indagação em face do real é uma *forma crítica*. Em suas palavras:

1. "Aristóteles não dá margem a dúvidas: a admiração é o elemento fundamental da gênese da filosofia" (Bornheim, 1969, p. 15).

> [...] O homem torna-se um ser que dá respostas precisamente na medida em que — paralelamente ao desenvolvimento social e em proporção crescente — ele generaliza, transformando em perguntas seus próprios carecimentos e suas possibilidades de satisfazê-los; e quando, em sua resposta ao carecimento que a provoca, funda e enriquece a própria atividade com tais mediações bastante articuladas. De modo que não apenas a resposta, mas também a pergunta é um produto imediato da consciência que guia a atividade. (Lukács, 1978, p. 5)

A crítica teórica, quando busca os fundamentos da realidade, inscreve-se em uma perspectiva **radical**, no sentido de *ir às raízes* dos fenômenos, de *ir além da aparência*. Neste livro, traçamos o seguinte caminho: para chegar aos *fundamentos da ética* passamos pelos *fundamentos do ser social*, o que já indica uma *escolha teórico-metodológica* pautada na compreensão de que a ética é *uma construção histórica dos homens*. Assim, quando falamos em *fundamentos* queremos dizer que eles têm uma existência objetiva: são **categorias teóricas** que expressam **modos de ser** existentes na realidade sócio-histórica, como explica Marx:

> [...] As categorias expressam, portanto, formas e modos de existência e com freqüência simples aspectos desta sociedade, deste sujeito; desde o ponto de vista científico, sua existência é anterior ao momento em que se começa a falar dela *como tal*. (Marx, 1970, I, p. 43)

Assim como a ética supõe a compreensão do seu sujeito, não cabe, na perspectiva de análise sócio-histórica, tratá-la *apenas como teoria*. Desse modo, a ética não é aqui entendida apenas como conhecimento. Além de reflexão e sistematização filosófica, ela é concebida, *antes de tudo,* como **práxis** ou, nas palavras de Lukács, como "*uma parte da práxis humana em seu conjunto*" (Lukács, 2007, p. 72). Com essa compreensão, a ética diz respeito *à prática social de homens e mulheres, em suas objetivações na vida cotidiana e em suas possibilidades de conexão com as exigências éticas conscientes da genericidade humana.*

Apesar de os processos de desumanização vividos no contexto do capitalismo impedirem ou dificultarem a apropriação das conquistas humanas pelos indivíduos, transformando suas motivações éticas em formas de alienação, queremos afirmar aqui que *os valores não se perdem na história* e que, nesse contexto de desumanização, a **práxis ética** — enquanto *crítica da moral dominante e prática de defesa de direitos e valores emancipatórios* — é **possível** e **necessária**. Mas é preciso entender que a ética não tem o poder de subverter esse processo, em suas bases estruturais.

Nossos pressupostos teórico-metodológicos fundamentais inscrevem-se em uma perspectiva **ética racionalista**, **crítica** e **histórica**, orientada pela teoria social de Marx e pela tradição a ele vinculada, especialmente a *ontologia social* de Georg Lukács e a produção ética de Agnes Heller (em sua fase marxista), e de pensadores da Escola de Budapeste, como István Mészáros e Georg Markus.

Sobre a estrutura do livro

O conteúdo deste livro foi organizado em torno de três capítulos que podem ser trabalhados pelos professores de ética como três unidades articuladas entre si por um eixo central: *a idéia de que a ética é uma construção histórica dos homens e de que suas formas de objetivação ocorrem de forma contraditória*; variando em cada formação social, mas contando com o núcleo básico constituído pela existência da *divisão social do trabalho, da propriedade privada e da exploração do trabalho*, as objetivações éticas se reproduzem *pela afirmação e pela negação* da práxis e das capacidades humanas; logo, pela afirmação e pela negação da própria ética, em seus *modos de ser.*

A primeira unidade apresenta os *fundamentos ontológicos do ser social*, ou seja, a base de constituição das *capacidades humanas* que permitem ao homem se comportar eticamente. A compreensão desses elementos é fundamental para a apreensão *dos modos de ser* constitutivos do que chamamos o campo das objetivações ético-morais: *a moral, o conhecimento ético, as exigências e motivações éticas singulares e humano-genéricas, a práxis ética,* apresentado no capítulo 2. Na última unidade, a do capítulo 3, discutimos a relação entre a *ética, a moral, a ideologia e a política*, através do resgate de certas formas históricas e experiências concretas.

Incluímos — ao final de cada unidade — um conjunto de **atividades complementares,** com: 1) textos de apoio (extratos de textos originais, sobre as temáticas de cada unidade), 2) exercícios e 3) dicas culturais, para serem usados pelos professores e alunos, de *modo optativo.*

Os textos de apoio referem-se aos temas e aos conteúdos tratados em cada unidade. São extratos selecionados de obras literárias, de músicas, de poemas; escolhidos por apresentar uma linguagem mais acessível ou por incentivar o debate de diferentes idéias.

Os exercícios remetem aos textos de apoio e ao conteúdo da unidade, colocando indagações, buscando desencadear uma reflexão crítica e fundamentada, visando romper com as formas tradicionais de estudo desenvolvidas nos cursos de graduação em Serviço Social, em geral.

Para tanto, instituiu-se a articulação dos *exercícios* com as *dicas culturais*. Trata-se de incentivar o contato com as formas de reflexão proporcionadas pela arte em geral: as diversas manifestações literárias e artísticas, como a escultura, a pintura, a música, a dança, o cinema, o teatro etc.

Sugerimos que os alunos façam atividades nas quais os textos e as unidades podem ser refletidas através de filmes; elaboradas através da criação de um texto coletivo para ser encenado sob a forma teatral; apreendidas através de uma visita a um museu ou a um espetáculo de dança, entre outras. Tivemos o cuidado de selecionar uma filmografia relativa a cada tema em destaque nas unidades.

Essas sugestões não visam apenas facilitar o estudo: além de ampliar o universo sociocultural dos alunos, podem incentivar a vivência coletiva, a solidariedade e a criatividade. Principalmente, funcionam como experiências práticas facilitadoras do enriquecimento ético-moral dos alunos, pois permitem sua conexão com exigências humano-genéricas, que ampliam a sua consciência ética e estética e sua capacidade crítica.

Capítulo 1

As bases sócio-históricas de constituição da ética

1.1. Práxis e capacidades humano-genéricas[1]

Abordamos neste capítulo o processo e as formas pelas quais o homem — originalmente um ser natural como outros seres vivos — rompe com o padrão de intercâmbio imediato e instintivo estabelecido com a natureza, para dar seus primeiros passos na direção da construção de *si mesmo* como um *novo ser*. É nesse processo histórico que são tecidas as possibilidades de o homem se comportar como um ser ético: enquanto o animal se relaciona com a natureza a partir do instinto, o ser social passa a construir mediações — cada vez mais articuladas —, ampliando seu domínio sobre a natureza e sobre si mesmo. Desse modo, sem deixar de se relacionar com a natureza — pois precisa dela para se manter vivo —, vai moldando sua natureza social.

---

1. A fundamentação aqui desenvolvida também poderá ser encontrada no volume 1 desta coleção: Netto e Braz (2006).

A **ética** — entendida como **modo de ser socialmente determinado** — tem sua gênese no processo de *autoconstrução do ser social*.[2] Sob esse prisma de análise social e histórica, entende-se que o ser social surge da natureza e que suas capacidades essenciais são construídas por ele no seu processo de humanização: ele é *autor e produto de si mesmo*, o que indica a **historicidade** de sua existência, excluindo qualquer determinação que transcenda a história e o próprio homem.

A história não é uma abstração dotada de uma existência independente dos homens. Os homens reais — em suas relações entre si e com a natureza — são os portadores da **objetividade sócio-histórica**.[3] E nesse sentido pode-se dizer que o ser social fundamenta-se em **categorias ontológico-sociais**, pois os **modos de ser** que o caracterizam são construções sócio-históricas que se interdeterminam de forma complexa e contraditória, em seu processo de constituição.

Embora o ser social seja impensável sem a natureza, um *salto ontológico*[4] assinala o momento de sua diferenciação diante da natureza orgânica e inorgânica, dando início a seu processo de autoconstrução como ser específico. Enquanto a atividade vital dos animais — como resposta a necessidades de sobrevivência — é limitada, instintiva e imediata, a atividade humana se diferencia pelas mediações que estabelece, pois responde às carências de forma **consciente**, **racional**, **projetiva**, transformando os sentidos, de forma **livre e criativa**, como mostra Marx:

---

2. Lukács (1979) define o ser social como um complexo de categorias como o trabalho, a linguagem etc. As categorias são ontológico-sociais, modos de ser do ser social que não é possível apreender isoladamente, mas apenas no âmbito de uma complexa rede de mediações, postas na totalidade em processo que é o ser social.

3. "Quando se afirma que a objetividade é uma propriedade primário-ontológica de todo ente, afirma-se em conseqüência que o ente originário é sempre uma totalidade dinâmica, uma unidade de complexidade e processualidade" (Lukács, 1979, p. 36).

4. Trata-se do momento ontológico que assinala a diferenciação do homem perante outros seres naturais. Pressupõe que o ser social tenha surgido de um ser orgânico e este, de um ser inorgânico. Como define Lukács, "com salto quero dizer justamente que o homem é capaz de trabalhar e falar, continuando a ser um organismo biologicamente determinado, desenvolvendo atividades de novo tipo, cuja constituição essencial não pode ser compreendida em nenhuma categoria da natureza" (Lukács, 1990, p. XLIII).

> Decerto, o animal também produz. Constrói para si um ninho, habitações, como as abelhas, os castores, formigas etc. Contudo, produz o que necessita imediatamente para si ou para a sua cria; produz unilateralmente, enquanto que o homem produz *universalmente*; produz apenas sob a dominação da necessidade física imediata, enquanto que o homem produz mesmo *livre* da necessidade física e só produz verdadeiramente na *liberdade* da mesma; produz-se apenas a si próprio, enquanto o homem reproduz a Natureza toda; o seu produto pertence imediatamente ao seu corpo físico, enquanto o homem enfrenta *livremente* o seu produto. O animal dá forma apenas segundo a medida e a necessidade da espécie a que pertence, enquanto que o homem sabe produzir segundo a medida de cada espécie e sabe aplicar em toda parte a medida inerente ao objeto; por isso, o homem dá forma também segundo as leis da beleza. (Marx, 1993, p. 165)

Marx assinala, nesse parágrafo, as principais capacidades desenvolvidas pelo homem. Fazendo uma analogia com a atividade dos animais, ele diz que o homem se desenvolve como um ser consciente, universal e livre, capaz de produzir sem a necessidade física e, de fato, quanto mais dela se afastar, mais livre será sua produção e sua autoconsciência de sujeito transformador da natureza. Marx se refere às capacidades desenvolvidas pelo **trabalho**: "necessidade natural e eterna de efetivar o intercâmbio material entre o homem e a natureza, e, portanto, manter a vida humana" (Marx, 1980, p. 50).

O filósofo Lukács enfatiza a **centralidade ontológica** do trabalho na vida dos homens:

> [...] O trabalho é, antes de tudo, em termos genéticos, o ponto de partida da humanização do homem, do refinamento de suas faculdades, processo do qual não se deve esquecer o domínio sobre si mesmo. (Lukács, 1979, p. 87)

Constitutiva da gênese do ser social, a **sociabilidade** é "um traço essencial do indivíduo inteiro e penetra em todas as formas de sua atividade vital" (Markus, 1974, p. 30). Com efeito, a sociabilidade é inerente a todas as atividades humanas, expressando-se no fato ontológico de que o homem só pode constituir-se como tal em relação com outros homens e em conseqüência dessa relação; ela significa **reciprocidade** social, reconhecimento mútuo de seres de uma mesma espécie que partilham uma mesma atividade e dependem uns dos outros para viver.

Constituir-se cada vez mais socialmente quer dizer dominar a natureza, criar novas alternativas, dar respostas sociais, e daí decorre a transformação de todos os sentidos humanos. Como diz Marx, uma necessidade primária, como a fome, por exemplo, torna-se social ao criar formas diferenciadas de satisfação, pois estas já indicam costumes e culturas construídas em diferentes modos de produção:

> A fome é fome, mas se é satisfeita com carne preparada e cozida e se é ingerida com a ajuda de garfo e faca é diferente da fome que é satisfeita devorando carne crua, destroçada com as mãos, as unhas e os dentes. Não se trata somente do objeto de consumo, mas também do modo de consumo, criado pela produção, tanto em sua forma objetiva como subjetiva. (Marx, 1970, I, p. 31)

A realização da produção supõe *o papel ativo da consciência* e por isso é uma mediação primária da vida social. Como entende Lukács, a natureza existe independentemente da ação humana, mas para transformá-la é preciso conhecer sua dinâmica:

> Para produzir, por exemplo, com o fogo, a carne, o espeto etc., um alimento humano, as propriedades, as relações etc., destes objetos que são apresentados objetivamente em si e de modo absolutamente independente do sujeito ativo devem ser corretamente conhecidas e corretamente usadas. (Lukács, 1990, p. XLV)

Considerar o papel ativo da consciência nas ações humanas não significa entender que o produto da práxis seja — sempre e diretamente — o resultado de uma deliberação consciente ou de uma projeção ideal. A realidade é dinâmica; logo, não existe uma relação de causa e efeito nas ações humanas. Os homens são os produtores de sua consciência, mas o produto de sua práxis não pode ser considerado uma conseqüência causal de sua projeção ideal, porque as circunstâncias sociais em que ele é produzido ultrapassam a determinação subjetiva dos indivíduos, considerados isoladamente. Por isso, o resultado da práxis não é

> [...] uma conseqüência causal de uma precedente deliberação, mas um campo de possibilidade real, delimitado e conseqüentemente tornado real. (Lukács, 1990, p. XIV-XV)

Muitos leitores do marxismo entenderam historicamente que, por ter uma perspectiva materialista, Marx não havia atribuído esse papel ativo à consciência, não abordando tampouco a **subjetividade** humana. É de Lukács esta explicação:

> Quando atribuímos uma prioridade ontológica a determinada categoria em relação à outra, entendemos simplesmente o seguinte: a primeira pode existir sem a segunda, enquanto que o inverso é ontologicamente impossível [...]. Pode existir o ser sem a consciência, enquanto toda consciência deve ter como pressuposto, como fundamento, algo que é, mas disso não deriva nenhuma hierarquia de valor. (Lukács, 1979, p. 40)

Lukács é esclarecedor, pois é difícil até mesmo imaginar uma consciência sem *o ser* que lhe dê materialidade, assim como é bastante irreal pensar que o trabalho possa ser realizado sem a participação da subjetividade. Aliás, Marx tem um belíssimo exemplo para elucidar essa questão, quando afirma que não existe trabalho sem a projeção ideal do que será realizado praticamente. Em suas palavras:

> Pressupomos o trabalho numa forma em que pertence exclusivamente ao homem. Uma aranha executa operações semelhantes às do tecelão e a abelha envergonha mais de um arquiteto humano com a construção dos favos de suas colméias. Mas o que distingue, de antemão, o pior arquiteto da melhor abelha é que ele construiu o favo em sua cabeça, antes de

construí-lo em cera. No fim do processo de trabalho obtém-se um resultado que já no início deste existiu na imaginação do trabalhador, e, portanto idealmente. (Marx, 1980, p. 202)

Vê-se o papel ativo da **consciência** no trabalho e na práxis dos homens em geral, desvelando a falsa idéia de que a materialidade de sua intervenção prática não implica sua subjetividade. Só podemos falar em trabalho ou de práxis material quando estamos diante de uma *intervenção prática consciente* que resulta em um "produto objetivo antes inexistente, isto é: quando estamos diante da ação do homem sobre a matéria e da criação — através dela — de nova realidade humanizada" (Vázquez, 1977, p. 245).

Desse modo, como Marx advertiu, o trabalho não se realiza sem a **capacidade teleológica** do homem, ou seja, sem a projeção ideal de *finalidades* e dos *meios* para a sua efetivação, sem um determinado grau de *cooperação*, de certas formas sociais de *comunicação*, tal como a *linguagem* articulada, sem um nível de *conhecimento* e de *domínio sobre a natureza*, entre outros aspectos.

Observa-se que a consciência é uma capacidade específica do homem: só ele é capaz de responder aos seus carecimentos formulando novas perguntas e projetando finalidades, como dissemos anteriormente, recorrendo a Lukács.

Como práxis, o trabalho realiza um *duplo* movimento: supõe a *atividade teleológica* (a projeção ideal de suas finalidades e meios) por parte do sujeito que o realiza e *cria uma realidade nova e objetiva* (resultante da matéria transformada). O produto do trabalho constitui a **objetivação do sujeito**. Nesse processo, o sujeito se modifica e pode se auto-reconhecer como sujeito de sua obra; a natureza se modifica por ter sido transformada pela ação do homem. O produto passa a ter uma existência independente do sujeito que o criou, mas não independente da práxis da humanidade, pois é resultante do acúmulo de conhecimento e da prática social dos homens.

Esta dupla transformação — do sujeito e do objeto — promove a consciência histórica do sujeito. Marx se refere belissimamente a isso quando fala do reconhecimento do homem nos produtos artísticos:

> A produção proporciona não somente uma matéria à necessidade, como também uma necessidade à matéria [...]; como qualquer outro produto, um objeto de arte dá lugar a um público sensível à arte e suscetível de apreciar o belo. Nesse sentido, a produção cria não somente um objeto para o sujeito, mas, também, um sujeito para o objeto. (Marx, 1970, I, p. 31)

Todas as situações e objetivações aqui apontadas mostram que, com sua ação transformadora, o ser humano cria **alternativas**, abrindo possibilidades de **escolha** entre elas. As escolhas entre alternativas, por outro lado, promovem valorações (escolhe-se o melhor, realizam-se comparações entre o que é bom ou mau, bonito ou feio, correto ou incorreto etc.), ou seja, realizam-se *escolhas de valor*, não necessariamente de valor moral.

É certo que fatos históricos como a fabricação dos primeiros instrumentos de trabalho ou mesmo a descoberta do fogo permitem observar que eles resultaram concretamente na criação de alternativas, valores e possibilidades de escolha.

Ao mesmo tempo, o trabalho coletivo produz exigências de valor ético que, uma vez desencadeadas, passam a ser desenvolvidas nas demais esferas da vida social, como mostra Lukács:

> [...] Já as primeiríssimas operações laborativas, as mais primordiais conseqüências da incipiente divisão de trabalho colocam aos homens tarefas cuja execução exige e mobiliza forças psíquicas novas, diversas daquelas requeridas pelo processo laborativo verdadeiro e próprio [pense-se na coragem pessoal, na astúcia e engenhosidade, no altruísmo em certos trabalhos executados coletivamente]. (Lukács, 1990, p. XXIV)

Quando os homens transformam um dado elemento da natureza, por exemplo, um pedaço de madeira criando o fogo ou um instrumento de trabalho, passam a instituir alternativas antes inexistentes. Os instrumentos de trabalho não modificam apenas a atividade humana; transformam toda a vida dos homens, instituindo novas possibilidades. No caso do fogo, alteram-se todos os sentidos — pois com o alimento cozido, por exemplo, o paladar, o tato, o olfato etc. são modificados; atendem-se a necessidades, pois é possível aquecer-se com o fogo; criam-se hábitos culturais, desencadeando novos sentimentos e comportamentos; a natureza já não se apresenta como um mistério; o homem se vê como sujeito de sua transformação.

As alternativas abrem espaço para escolhas: **gênese da liberdade**. Pois a liberdade, para Marx, *não consiste na consciência da liberdade ou das escolhas, mas na existência de alternativas e na possibilidade concreta de escolha entre elas.* Assim, a liberdade não é apenas um valor ou um estado de perfeição absoluta, mas *uma capacidade historicamente desenvolvida e inseparável da atividade que a objetiva*. Sobre isso, Lukács considera que:

> A liberdade, bem como sua possibilidade, não é algo dado por natureza, não é um dom do "alto" e nem sequer uma parte integrante — de origem misteriosa — do ser humano. É o produto da própria atividade humana, que decerto sempre atinge concretamente alguma coisa diferente daquilo que se propusera, mas que nas suas conseqüências dilata — objetivamente e de modo contínuo — o espaço no qual a liberdade se torna possível. (Lukács, 1978, p. 15)

Uma vez criadas, as alternativas passam a ser **valoradas** pelos homens, pois os objetos da natureza que foram selecionados por sua utilidade social (a pedra redonda, a madeira mais fina ou mais fácil de talhar) são avaliados em função do trabalho, das necessidades sociais, ou seja, suas propriedades naturais só têm valor para o homem na relação estabelecida com suas necessidades. E mesmo os elementos da natureza que não são transformados pelo homem são valorizados por ele em função da conjunção entre suas propriedades e necessidades decorrentes do trabalho, como mostra Lukács:

> O vento é um fator da natureza que por si só nada tem a ver com idéias de valor. Os navegantes, porém, desde os tempos antiqüíssimos, sempre falaram de ventos favoráveis ou desfavoráveis; de fato, pois no processo de trabalho da navegação à vela, do lugar *x* para o lugar *y*, há uma força e direção do vento e o mesmo rumo que, em geral, têm as propriedades materiais do meio e do objeto do trabalho. Nesse caso, então, o vento favorável ou desfavorável é um objeto no âmbito do ser social, do intercâmbio orgânico da sociedade com a natureza; e a validade e não validade faz parte das suas propriedades objetivas, enquanto momentos de um complexo concreto do processo de trabalho. (Lukács, 1990, p. XVII-XVIII)

Com base em juízos de valor, os objetos são avaliados como úteis, inúteis, válidos ou não válidos. O fato de toda ação consciente conter uma posição de valor e um momento de decisão pode levar ao entendimento de que a gênese do valor e das alternativas é dada apenas pela capacidade de escolher e pôr valor, isto é, pela avaliação subjetiva dos indivíduos.[5] Todavia, isso não é correto. Valor e alternativas são categorias objetivas, pois são objetivações do ser social, produtos de sua atividade:

> [...] O produto do trabalho tem um valor (no caso de fracasso é carente de valor, é um desvalor). Apenas a objetivação real do ser para nós faz com que possam realmente nascer valores. E o fato de que os valores, nos níveis mais altos da sociedade, assumam formas mais espirituais, esse fato não elimina o significado básico dessa gênese ontológica. (Lukács, 1979, p. 7)

Percebe-se por que afirmamos que a liberdade é resultado da atividade humana que responde a necessidades e as recria, instaurando novas possibilidades de liberdade. A liberdade é — simultaneamente — *capacidade de escolha consciente dirigida a uma finalidade e capacidade prática*

---

5. Segundo Lukács, "existe objetivamente a polaridade alternativa entre válido e não válido. Que a valorização apareça imediatamente como um ato subjetivo, não nos deve induzir a errar. O juízo subjetivo da aptidão ou não desta ou daquela pedra para polir outras pedras baseia-se no fato objetivo da sua aptidão; em casos singulares, o juízo objetivo pode também não considerar a validade ou não validade objetiva, mas o critério real de qualquer forma possui caráter objetivo" (Lukács, 1990, p. XIII).

de criar condições para a realização objetiva das escolhas e para que novas escolhas sejam criadas. Por isso, liberdade e valor vinculam-se ontologicamente:

> Nas decisões alternativas do trabalho se esconde o fenômeno "originário" da liberdade, mas esse "fenômeno" não consiste na simples escolha entre duas possibilidades — algo parecido também ocorre na vida dos animais superiores —, mas na escolha entre o que possui e o que não possui valor, eventualmente (em estágios superiores) entre duas espécies diferentes de valores, entre complexos de valores, precisamente porque não se escolhe entre objetos de maneira biologicamente determinada, numa definição estática, mas, ao contrário, resolve-se em termos práticos, ativos, se e como determinadas objetivações podem vir a ser realizadas. (Lukács, 1990, p. XVIII)

Tratamos a liberdade em dois sentidos: negativo e positivo. A **liberdade negativa** significa estar *livre de algo*, sendo dirigida à superação dos impedimentos à sua livre manifestação; quer dizer o empenho na direção de ações que rompam com os limites à liberdade e/ou construam alternativas de escolha. Por **liberdade positiva** entende-se *estar livre para algo*, ou seja, a ação voltada à objetivação da liberdade, à sua ampliação, à sua defesa e estratégias de viabilização. Marx assim define a liberdade:

> [...] O exercício da liberdade consiste exatamente em superar obstáculos e é necessário, além disso, despojar os fins externos de seu caráter de pura necessidade natural para estabelecê-los como fins que o indivíduo fixa a si mesmo, de maneira que se torne a realização e objetivação do sujeito, ou seja, liberdade real, cuja atividade é precisamente o trabalho. (Marx, 1970, II, p. 101)

Em razão do desenvolvimento da práxis delineiam-se novas necessidades e formas de satisfação, que resultam na *ampliação das capacidades humano-genéricas*, levando-nos a compreender que a práxis é a "totalidade das objetivações do ser social, constituída e constituinte" (Netto, 1981, p. 60). Novas formas de práxis, como a arte, a filosofia, as práticas educativas, religiosas, políticas, propiciam o refinamento do intelecto, dos sentidos, da subjetividade humana; práticas sociais conscientes que se distinguem da práxis material, nas quais o objeto de intervenção dos homens são os próprios homens, conforme Netto e Braz:

> Deve-se distinguir entre formas de práxis voltadas para o controle e a exploração da natureza e formas voltadas para influir no comportamento e na ação dos homens. No primeiro caso, que é o do trabalho, o homem é o sujeito e a natureza é o objeto; no segundo caso, trata-se de relações entre sujeito e sujeito (daquelas formas de práxis em que o homem atua sobre si mesmo como na práxis educativa e na práxis política). (Netto e Braz, 2006, p. 43-44)

Percorrendo o caminho dos fundamentos, chegamos à **ética**, entendida como "um momento da práxis humana em seu conjunto" (Lukács, 2007, p. 72). Nessa perspectiva, a ética não pertence a nenhuma dimensão ou esfera específica da realidade, se objetivando, *teórica e praticamente, de formas particulares e socialmente determinadas, como conexão entre o indivíduo singular e as exigências sociais e humano-genéricas.*

O desenvolvimento das conquistas materiais e espirituais do gênero humano, determinado fundamentalmente pelas forças produtivas e pelo domínio dos homens sobre a natureza, permite a liberação das capacidades humanas, concebidas por Marx como a **riqueza humana**, produto material e espiritual das conquistas produzidas pela humanidade:

> Para Marx, o pressuposto da "riqueza humana" constitui a base para a livre efusão de todas as capacidades e sentimentos humanos, quer dizer, para a manifestação da livre e múltipla atividade de *todo o indivíduo*. A necessidade como categoria de valor não é outra coisa senão *a necessidade dessa riqueza*. (Heller, 1978, p. 40)

Dependendo das condições históricas nas quais se desenvolvem o trabalho e a práxis, em geral, maior ou menor é o campo de possibilidades para que o indivíduo se aproprie da riqueza humana. O que ocorre, historicamente, é a existência de uma *discrepância* entre o gênero humano e os indivíduos, tendo em vista as sociedades fundadas na divisão social do trabalho, na propriedade privada dos meios necessários à produção e na exploração do trabalho. Esse conjunto de determinações, historicamente articuladas em formas de produção particulares, dá origem ao fenômeno geral da **alienação**.

1.2. Práxis, alienação e fetiche

Considerado em face das sociedades precedentes, o **modo de produção capitalista**[6] representa um grande avanço histórico para o desenvolvimento do ser social. É certo que a emergência e a consolidação do capitalismo representaram principalmente um desenvolvimento inédito das **forças produtivas**[7] no âmbito universal, implicando a ruptura com as relações que pudessem constituir obstáculos à sua expansão, como Marx tão bem descreveu:

> O capital supõe a *produção da riqueza* como tal, ou seja, o desenvolvimento universal das forças produtivas e a subversão incessante da sua própria base, como condição de sua reprodução [...]; essa base contém as possibilidades de desenvolvimento universal dos indivíduos. O desenvolvimento real dos indivíduos a partir dessa base, na qual são constan-

---

6. *Modo de produção* diz respeito às *forças produtivas* e às *relações de produção*. As primeiras são: 1) os *meios de trabalho*: instrumentos, ferramentas, instalações etc., assim como a terra; 2) os *objetos de trabalho*: as matérias que o homem utiliza para trabalhar (matérias brutas ou já modificadas pela ação do trabalho); 3) a *força de trabalho*: a energia humana empregada no processo de trabalho (com o uso dos meios de trabalho) a fim de transformar os objetos de trabalho em objetos úteis em termos do atendimento de necessidades. As *relações de produção* são relações *técnicas* (especialização do trabalho, tecnologia etc.), sendo subordinadas às relações *sociais* de produção, determinadas pelo regime de propriedade dos meios de produção fundamentais (Netto e Braz, 2006, p. 58-59).

7. As *forças produtivas* são constituídas por: *meios de trabalho*, *objetos de trabalho* e *força de trabalho* (anteriormente explicados).

> temente abolidas todas as *barreiras*, leva-os a adquirir consciência de que nenhum *limite é sagrado* [...]. (Marx, 1970, II, p. 36-37)

De fato, nas sociedades pré-capitalistas, o trabalho era limitado por várias determinações, principalmente pelo baixo grau de domínio do homem diante da natureza, permitindo que as relações produtivas e sociais, em geral, pudessem ser concebidas como relações "dadas naturalmente", nas quais o homem não se via como sujeito. Por isso, diz Marx, o produto objetivo do desenvolvimento das forças produtivas capitalistas, pressupondo o domínio humano da natureza, permite que o ser social adquira consciência de si mesmo como **sujeito histórico**. Afirma Marx, em continuidade à citação anterior:

> [...] A universalidade do indivíduo já não se realiza no pensamento nem na imaginação; ela está viva em suas relações teórico-práticas. Ele torna-se, portanto, capaz de compreender sua própria história como *processo* e de conceber de maneira científica a natureza com a qual forma verdadeiramente um todo (o que lhe permite dominá-la na prática). (Marx, 1970, II, p. 36-37)

Todavia, as mesmas relações sociais que ampliam as capacidades e possibilidades humanas produzem mecanismos de sua negação, impedindo sua realização concreta, o que se expressa, entre outros aspectos, na *contradição entre o maior desenvolvimento do ser social e o maior grau de alienação* (em relação às sociedades precedentes), dando lugar até mesmo a outras formas de alienação: o **fetiche** ou a **coisificação** das relações sociais:

> Com o nascimento da propriedade privada, o produto do trabalho se separa do trabalho, se converte em objeto alheio, em propriedade de outro; o objeto e o resultado da atividade se aliena do sujeito ativo. Sobre essa base se produz o fenômeno geral da alienação, pelo qual as forças e os produtos sociais da atividade humana se subtraem do controle e da força dos indivíduos; transformam-se em forças a eles contrapostas. Por

isso, nas condições de alienação, a discrepância, já mencionada, entre a evolução social e individual é um fenômeno necessário, inevitável. (Markus, 1974, p. 61)

Em 1844, Marx analisou o fenômeno geral da **alienação**,[8] condensando suas anotações em um conjunto de manuscritos que só foram publicados em 1932, com o título de *Manuscritos econômico-filosóficos*. Neles, Marx trata da **alienação do trabalho**, partindo de uma constatação muito concreta: no capitalismo, diz ele, o trabalhador fica mais pobre em função da riqueza que produz; cria mercadorias e se torna — ele mesmo — uma mercadoria como outra qualquer. Em suas palavras:

> O trabalhador torna-se tanto mais pobre quanto mais riquezas ele produzir, quanto mais a sua produção aumenta em poder e extensão. O trabalhador torna-se uma mercadoria tanto mais barata quanto maior número de bens produz. Com a *valorização* do mundo das coisas aumenta em proporção direta a *desvalorização* do mundo dos homens em proporção direta. O trabalho não produz apenas mercadorias; produz-se a si mesma como uma *mercadoria*, e, justamente na mesma proporção com que produz bens. (Marx, 1993, p. 159)

Como esse fenômeno se apresenta ao trabalhador? Em primeiro lugar, sob a forma de um **estranhamento** em relação ao produto do trabalho e ao próprio trabalhador; em segundo lugar, o trabalho e seu produto aparecem ao operário como algo que existe **independentemente** dele:

---

8. Tratamos as categorias *alienação* (*Entfremdung*) e *objetivação* (*Entäusserung*) de acordo com Borgianni, que considera que o termo em alemão *Entfremdung*, quando traduzido por *alienação* ou *estranhamento*, significa o processo no qual o homem encontra uma "oposição por parte de um poder por ele criado, que lhe é hostil e o domina". Já o termo *Entäusserung*, quando traduzido do alemão por *exteriorização* ou *externalização*, indica a capacidade humana de "apartar-se de si em seu desenvolvimento como ser social". Essa diferença é importante porque assinala a ruptura de Marx com Hegel, que não distinguia objetivação (as formas pelas quais o ser social se exterioriza) de alienação (formas historicamente determinadas de negação da objetivação) (Borgianni, 1998, p. 189).

> [...] O objeto produzido pelo trabalho, o seu produto se lhe põe como ser *estranho*, como um poder independente do produtor. (Marx, 1993, p. 159)

Além de aparecerem como algo estranho e independente, o trabalho e seu produto aparecem ao trabalhador como **poderes** que o dominam:

> O objeto produzido pelo trabalho, o seu produto, opõe-se a ele como um ser *estranho*, como um poder *independente* do produtor [...]. Quanto maior é sua atividade, mais ele fica diminuído. A *alienação* do operário no seu produto significa não só que o trabalho se transforma em objeto, assume uma existência *externa*, mas existe independentemente dele, *fora* dele, e a ele estranho, e se torna um poder autônomo em oposição a ele: que a vida que deu a esse volta-se contra ele como uma força hostil e antagônica. (Marx, 1993, p. 596)

Assim, o trabalho realiza sua própria negação, pois, ao invés de se objetivar como atividade de **manifestação da vida** — *atividade prática positiva* —, se realiza como **alienação da vida** — atividade prática negativa (Netto, 1981). Existem, portanto, duas formas de atividade humana: a práxis e sua negação.[9]

No trabalho alienado, ao invés de se reconhecer como sujeito, o homem se desconhece; ao invés de se realizar, ele se perde. Além disso, a alienação não ocorre apenas em relação ao produto, mas em todo o ***processo de trabalho***.[10] O trabalhador entra no processo de forma desigual, uma vez que os meios de trabalho não lhe pertencem; o processo de trabalho é fragmentado e parcializado, não lhe permitindo se apropriar da totalidade do processo nem desenvolver suas habilidades de

---

9. Ao estabelecer a distinção entre a práxis positiva e a práxis alienada, Marx supera Hegel, como já afirmamos. Enquanto Hegel não fazia distinção entre alienação e objetivação, Marx: "[...] distingue nitidamente — e contra Hegel — objetivação de alienação: a objetivação é a forma necessária do ser genérico no mundo; [...] enquanto ser prático e social, o homem só se mantém como tal pelas suas objetivações, pelo conjunto de suas ações e pela sua atividade prática, enfim; já a alienação é uma forma específica e condicionada de objetivação" (Netto, 1981, p. 56-57).

10. O *processo de trabalho* envolve: os *meios de trabalho*, os *objetos de trabalho* e a *força de trabalho*, já explicitados anteriormente.

forma multilateral. Durante o processo, ele cria um valor excedente (a mais-valia); sai do processo tendo produzido um produto que não lhe pertence e com o qual ele não se identifica.

Mas a alienação não se realiza apenas na relação entre o homem e o trabalho. Na medida em que é pelo trabalho que o homem põe em movimento todas as suas capacidades essenciais, pelo processo de alienação elas são igualmente negadas. Vejamos como isso ocorre.

Vimos que o trabalho é a gênese da sociabilidade, da consciência, da universalidade e da liberdade dos homens. Uma vez desencadeadas pela atividade genérica que as gerou, tais capacidades passam a fazer parte da *natureza específica* dos homens: uma natureza criada pelos próprios homens através do trabalho como *atividade prática positiva*. Quando o trabalho não afirma a vida, não libera essas capacidades: *elas são negadas*, podendo até se realizar, mas sob formas fragmentadas, ou realizar-se para uma parcela minoritária da humanidade, como diz Lukács ao se referir à liberdade:

> Embora a possibilidade e necessidade ontológica de decisões alternativas representem a base de toda liberdade — para aqueles seres que não devem e nem podem ter alternativas como fundamento prático da própria existência, a questão da liberdade não se põe, tampouco —, as duas coisas não são idênticas entre si. (Lukács, 1990, p. XII)

Ora, todas as formas de sociabilidade e de consciência geradas a partir do trabalho supõem relações sociais, assim como as formas de ser da liberdade e da condição universal do homem. E por atividades sociais entendem-se também as atividades individuais, como diz Marx:

> Mesmo quando eu sozinho desenvolvo uma atividade científica etc., uma atividade que raramente posso levar a cabo em direta associação com outros, sou *social*, porque é enquanto homem que realizo tal atividade. Não é só o material da minha atividade — como também a própria linguagem que o pensador emprega — que me foi dado como produto social. A minha *própria* existência é atividade social. Por conseguinte, o que

> eu próprio produzo é para a sociedade que o produzo e com a consciência de agir como ser social. (Marx, 1993, p. 195)

Tanto as atividades individuais como as coletivas exigem o trabalho social, que, para se objetivar, supõe o intercâmbio entre os indivíduos. No trabalho alienado, os homens continuam a trabalhar juntos; no entanto, não se reconhecem como seres de uma mesma espécie, se *estranham*; ao invés de desenvolver formas de compartilhamento, criam formas de sociabilidade fragmentadas.

Dissemos também que, para objetivar sua práxis, o homem precisa responder a necessidades de forma **consciente** e **livre.** Marx assinala essas capacidades, tratando-as como **mediações** que diferenciam os homens dos animais:

> O animal identifica-se imediatamente com a sua atividade vital. Não se distingue dela. É a sua *própria atividade*. Mas o homem faz da atividade vital o objeto da vontade e da consciência. Possui uma atividade vital consciente. Ela não é uma determinação com a qual ele imediatamente coincide. A atividade vital consciente distingue o homem da atividade vital dos animais. Só por este motivo é que ele é um ser genérico [...]. Unicamente por isso é que a sua atividade surge como uma atividade livre. (Marx, 1993, p. 164)

Quando a atividade humana é alienada, seu caráter social e consciente é negado; a liberdade e a universalidade objetivam-se de forma limitada e inexpressiva, evidenciando as formas descritas por Marx nas quais os homens não se apropriam de suas capacidades e de seus projetos. Como ser livre em um mundo hostil e poderoso, diante do qual a realização do trabalhador é sua própria perda? O ponto culminante de sua servidão é que ele depende do trabalho para existir — inicialmente como trabalhador — e depois para sobreviver fisicamente: *a vida genérica do homem é negada quando o trabalho se transforma em instrumento de pura sobrevivência.*

O trabalho, como forma de práxis, desenvolve todos os sentidos humanos, diz Marx: *o tato, a visão, o gosto, a percepção, o amor, a vontade,* enfim, todas as formas de manifestação do homem como ser sensível. Isso porque sua humanização ocorre a partir de suas relações em resposta a necessidades. Se tomamos o homem como medida, diz ele, se supomos que sua relação com o mundo é humana, as carências e necessidades humanas só podem ser preenchidas por respostas e satisfações humanas:

> Suponhamos que o homem é homem e que a sua relação ao mundo é humana. Então, o amor só poderá permutar-se com o amor, a confiança com a confiança etc. Se alguém desejar saborear a arte, terá que tornar-se uma pessoa; se alguém pretende influenciar os outros homens, deve tornar-se um homem que tenha um efeito verdadeiramente estimulante e encorajador sobre outros homens. (Marx, 1993, p. 234)

A humanização do homem é uma conquista histórica do gênero humano, o que inclui o *enriquecimento de seus sentidos*; logo, também depende de sua apropriação de manifestações e exigências que possam motivar e ampliar suas capacidades de modo a se apropriar da riqueza humana. Quando os sentidos são aprisionados pela alienação, essas condições se estreitam, o que equivale à **desumanização** do homem e ao **empobrecimento** de seus sentidos:

> A formação dos cinco sentidos é a obra de toda a história mundial anterior. O *sentido* aprisionado sob a grosseira necessidade prática possui unicamente um significado restrito. Para o homem faminto não existe a forma humana do alimento, mas só o seu caráter abstrato como alimento; poderia igualmente existir na sua forma mais crua e é impossível dizer em que medida esta atividade alimentar se distinguiria da atividade alimentar *animal*. O homem esmagado por preocupações, necessitado, não tem qualquer sentido para o mais belo espetáculo [...]. (Marx, 1993, p. 199)

Assim, segundo a análise de Marx, o homem é um ser humano *rico em necessidades e formas de satisfação* e a resposta a suas carências — na direção de sua humanização — só pode ser dada através de sua apropriação desta riqueza. No entanto, no contexto da sociedade alienada, essas condições são negadas; os sentidos tornam-se alienados, como explica Marx:

> A propriedade privada nos tornou tão estúpidos e unilaterais que um objeto só é nosso quando o temos, portanto, quando existe para nós como capital, ou quando é por nós diretamente possuído, comido, bebido, vestido, habitado etc. em uma palavra, quando é usado [...]. Portanto, *todos* os sentidos físicos e intelectuais foram substituídos pela simples alienação de todos os sentidos, pelo sentido de ter. (Marx, 1993, p. 197)

A **propriedade privada** e a **divisão social do trabalho** são situadas como determinações fundantes da alienação, assim como o **sistema de trocas**, a **valorização da posse** e o **dinheiro**.

Na sociedade alienada, diz Marx, o indivíduo busca no dinheiro as formas de satisfação de suas necessidades egoístas; torna-se cada vez mais pobre como homem e isso faz do trabalhador um ser pobre em necessidades e formas de satisfação, uma vez que seus sentidos e capacidades se *desumanizam*.

E o dinheiro — com seu poder de troca —, em uma sociedade de valorização da posse e de alienação dos sentidos e capacidades humanas, funciona como **mediação** entre o indivíduo e suas necessidades egoístas, entre o que ele não tem (no sentido de capacidades e valores), mas que pode adquirir através do dinheiro:

> O poder do dinheiro é o meu próprio poder. As propriedades do dinheiro são as minhas — do possuidor — próprias propriedades e faculdades. Aquilo que eu *sou* e o que eu *posso* não é, pois, de modo algum determinado pela minha própria individualidade. Sou feio, mas posso comprar para mim a *mais bela mulher*. Por conseguinte, não sou *feio* porque o efeito da *fealdade*, o seu poder de repulsa, é anulado pelo dinheiro [...]. Não transformará assim o dinheiro todas as minhas incapacidades no seu contrário? (Marx, 1993, p. 232)

Marx aponta a contradição evidenciada pelo trabalho: a produção da riqueza e da miséria:

> É evidente que o trabalho produz maravilhas para os ricos, mas produz miséria e escassez para o trabalhador. Produz palácios, mas choupanas para o trabalhador. Produz beleza, mas invalidez e deformidade para o trabalhador. Substitui o trabalho por máquinas, mas obriga uma parte dos trabalhadores a um trabalho cruel e transforma os outros em máquinas. Produz inteligência, mas também produz estupidez e cretinice para os trabalhadores. (Marx, 1993, p. 93)

Dois aspectos ressaltam nessa análise: aspectos objetivos e subjetivos. Por um lado, a alienação expressa uma separação concretamente existente, ou seja, o indivíduo se vê separado do produto, porque — de fato — ele não lhe pertence; objetivamente, não participa do processo de trabalho em iguais condições com o capitalista, sendo explorado e expropriado do produto final. Portanto, a alienação não é um fenômeno puramente subjetivo, no sentido de uma "criação abstrata" da mente dos indivíduos que não teria base de existência objetiva.

Compreendida dessa forma, enquanto expressão subjetiva da exploração concreta e forma peculiar de apreensão da realidade em sociedades estruturadas a partir da divisão social do trabalho e da propriedade privada, a alienação, nos termos apresentados por Marx em 1844, apresenta-se como a expressão de um *fenômeno geral* que — surgindo a partir do *nascimento da propriedade privada e da divisão social do trabalho, quando o trabalho se converte em meio de exploração e o seu produto em objeto alheio* — se objetiva através do não reconhecimento dos homens em suas ações, de um estranhamento do indivíduo, em face de si mesmo e dos outros homens, e de outras manifestações indicativas da não apropriação — por parte dos indivíduos — de sua condição de sujeitos da práxis.

Como **fenômeno geral**, portanto, não é exclusivo da sociedade capitalista, como mostra Netto:

> [...] Em 1844, em seu primeiro confronto com a economia política, Marx está fundamentalmente interessado em apreender o caráter distintivo e moderno da sociedade contemporânea. Este lhe parece residir na alienação generalizada: nesta sociedade, a autonomia dos indivíduos é pura-

> mente ilusória; eles estão subordinados a mecanismos e processos que não controlam e sequer reconhecem das suas próprias relações. A escravidão dos indivíduos resulta tanto do fenômeno objetivo da exploração econômica (de que a propriedade privada é o índice mais evidente) quanto da internalização psicossocial dos efeitos dela decorrentes. (Netto, 1981, p. 69)

Considerada dessa forma, a teoria da alienação de 1844 se configura, segundo Netto, como

> [...] um genial panorama das relações sociais invertidas numa sociedade alienada — mas que não avança para o desnudamento dos seus mecanismos concretos e particulares. (Netto, 1981, p. 70)

O desvelamento dos mecanismos concretos e particulares da alienação no modo de produção capitalista — o **fetichismo da mercadoria** — é realizado no processo de investigação que Marx dirige à *crítica da economia política*, evidenciada a partir de 1857-1858, cujos resultados são expostos, em sua forma definitiva, em *O Capital*.

Vimos que na análise da alienação, nos *Manuscritos econômico-filosóficos de 1844*, estava implícita a seguinte indagação: *por que o trabalho e seu produto aparecem ao trabalhador como algo estranho, como um poder que o domina?* Em *O Capital*, já tendo chegado a essas respostas, Marx expõe o resultado de sua investigação. Instigante, pergunta ao leitor:

> O caráter misterioso que o produto do trabalho apresenta, ao assumir a forma mercadoria, donde provém? (Marx, 1980, p. 80)

Vê-se que as questões têm uma linha de continuidade. Por um lado, indicam que na sociedade burguesa os fundamentos do ser social são ocultos; apresentam-se pelo "avesso", de forma invertida, estranhada. Por outro lado, essa aparência nebulosa encerra uma contradição, na medida em que essa mesma sociedade — como Marx assinala — põe a possibilidade de o ser social adquirir consciência de si mesmo como sujeito histórico e de compreender sua vida como processo.

Em *O Capital*, Marx situa o objeto *estranhado* de 1844 (o produto de trabalho) como uma **mercadoria**. A compreensão da mercadoria como *a célula econômica da sociedade burguesa* permite a Marx descobrir também *a matriz que contém e escamoteia os processos alienantes que têm curso nesta sociedade* (Netto, 1981, p. 78).

Quais processos alienantes estão ocultos na mercadoria? Por que Marx afirma que a mercadoria é misteriosa? Para responder a tais questões, ele desenvolveu uma análise sobre o **valor do trabalho** e do seu produto: a mercadoria.

Na sociedade capitalista, a produção de mercadorias está fundada no **trabalho assalariado**, instituído sob a propriedade privada dos meios de produção, que pertencem ao capitalista, e a divisão social do trabalho.

Uma mercadoria é um objeto que — por suas propriedades — pode satisfazer necessidades espirituais ou materiais dos homens: seu valor é determinado por suas propriedades naturais e por sua utilidade, de acordo com as carências que supre. Assim, o produto do trabalho humano que transforma a natureza e cria um objeto antes inexistente está produzindo um objeto com **valor de uso** (é útil para as necessidades do sujeito, pelas propriedades do objeto).

Para que um objeto seja uma mercadoria é preciso que os valores de uso sejam reproduzidos repetidamente e satisfaçam necessidades sociais; é preciso que as mercadorias sejam trocadas, isto é, que elas tenham valor de troca. Assim, o **valor de troca** é uma forma de valor que não tem a ver com o seu valor de uso; obedece a outras determinações que são ditadas pelo mercado e por necessidades e interesses sociais. O valor de uso é pressuposto para o valor de troca.

A mercadoria tem, portanto, um valor de uso que corresponde a suas propriedades naturais e que responde a necessidades sociais na medida em que ela é um *objeto útil* ao homem. Mas, como meio imediato de satisfação de necessidades de seu possuidor, ela não é mercadoria; só se torna tal quando passa a sê-lo para outros: para se efetivar como *valor de uso*, a mercadoria precisa efetivar-se como *valor de troca*. Na troca, ocorre a "dissociação entre a utilidade das coisas destinadas à satisfação direta das necessidades e das coisas destinadas à troca" (Marx, 1980, p. 98).

O que possibilita que duas mercadorias diferentes sejam trocadas é a abstração de suas diferenças concretas (ou seja, o que é peculiar a cada **trabalho concreto** realizado em sua produção e em relação às outras mercadorias). Feita essa abstração, na troca, valores diferentes são igualados quantitativamente, de modo a reduzir todas as mercadorias a uma essência comum: o fato de serem produto do trabalho humano. Eis o que diz Marx:

> Se prescindirmos do valor de uso da mercadoria, só lhe resta ainda uma propriedade, a de ser produto do trabalho. (Marx, 1980, p. 45)

O trabalho concreto dos diferentes indivíduos que produziram valores de uso não é considerado na troca, mas apenas o **trabalho abstrato**: o trabalho abstraído de todos os seus elementos materiais e de todas as particularidades dos trabalhos concretamente efetivados na produção. Diz Marx,

> Pondo de lado seu valor de uso, abstraímos, também, das formas e elementos materiais que fazem dele um valor de uso. Ele não é mais uma mesa, casa, fio ou qualquer outra coisa útil. Sumiram todas as suas qualidades materiais. Também não é mais o trabalho do marceneiro, do pedreiro, do fiandeiro ou de qualquer forma de trabalho produtivo. Ao desaparecer o caráter útil dos trabalhos nele corporificados, desvanecem-se, portanto, as diferentes formas de trabalho concreto; elas não mais se distinguem umas das outras, mas reduzem-se, todas, a uma única espécie de trabalho, o trabalho humano abstrato. (Marx, 1980, p. 45)

Abstraídos de suas particularidades e qualidades, tratados em sua generalidade, os diferentes trabalhos são abstraídos da mercadoria e seu valor passa a ser medido, quantitativamente, em função do *tempo médio* socialmente gasto na sua produção. Vê-se que, ao calcular o *tempo médio*, opera-se mais uma abstração, uma vez que não se levam em conta os trabalhos particulares, em todas as suas dimensões, inclusive em relação ao tempo de trabalho. Essa abstração propicia que o trabalho seja considerado enquanto trabalho geral e a mercadoria como mercadoria em geral; somente nessas condições é que as mercadorias adquirem valor de troca: "toda mercadoria é aquela mercadoria que, através da alienação de seu valor de uso particular, deve aparecer como encarnação direta do tempo de trabalho geral" (Marx, 1985, p. 148).

No processo de intercâmbio das mercadorias, o valor de troca se transforma — de forma simples — para uma forma desenvolvida, até a forma do equivalente geral, alcançado pelo dinheiro. Vejamos essa operação.

No processo de compra e venda de mercadorias que se caracteriza como processo de *circulação mercantil simples* (pré-capitalista), o produtor vende uma mercadoria e recebe dinheiro que emprega novamente na compra de outra mercadoria com valor de uso para vender no mercado e reiniciar o processo, descrito através da fórmula (M-D-M). Na *circulação mercantil capitalista*, esse processo se inverte: tem início com o dinheiro, que, ao adquirir uma mercadoria, se converte em mais dinheiro (D-M-D). A diferença entre o produtor mercantil e o capitalista é que o primeiro tem no dinheiro um simples meio de troca: vende para comprar; enquanto o capitalista compra para vender, isto é, visa obter mais dinheiro com a produção de mercadorias (Netto e Braz, 2006).

No capitalismo, a força de trabalho também se transforma em uma mercadoria, o que já havia sido sinalizado por Marx em 1844, como expressão da alienação do trabalhador. Ao vender sua força de trabalho ao capitalista, o trabalhador coloca à disposição dele — por tempo determinado — uma força de trabalho, que, uma vez posta em ação, não apenas transfere o valor dos meios de trabalho para o produto, mas cria um *novo valor* que se incorpora ao produto. *O trabalho humano tem o poder de acrescentar valor às mercadorias produzidas: um valor a mais ou um valor excedente, incorporado à mercadoria e não pago ao trabalhador.*

Na relação de compra e venda da força de trabalho, trabalhador e capitalista trocam equivalentes, isto é, salário por trabalho. O trabalhador vende sua força de trabalho, o que significa que vende sua capacidade de trabalho no mercado, mas ela somente se revela como valor de uso no processo quando cria o **valor excedente**: "o processo de consumo da força de trabalho é ao mesmo tempo o processo de produção de mercadoria e de valor excedente (mais-valia)" (Marx, 1980, p. 196).

Isso significa que o trabalho produtivo é criador de riqueza: seu sujeito, o produtor do valor excedente e não pago, é o criador de riqueza para o capitalista. Está desvendado o mistério que em 1844 levara Marx a perguntar em seus *Manuscritos*:

> [...] Se o produto do trabalho me é bizarro e se contrapõe a mim, como um poder estranho, a quem pertencerá? Se a minha própria atividade não me diz respeito, se é uma atividade alheia, coagida, a quem então pertencerá? A outro diferente de mim. Quem será esse ser? [...] O ser estranho, a quem pertence o trabalho e o produto, a cujo serviço está o trabalho e a cuja posse se destina o produto do trabalho, só pode ser o próprio homem. (Marx, 1993, p. 167)

Quer dizer que a produção da mais-valia ocorre no processo de produção, mas a obtenção da mais-valia pelo capitalista se dá no processo de circulação, ou seja, no processo de troca das mercadorias, quando os trabalhos privados se tornam sociais; quando deixam de ser trabalhos concretos para se transformar em trabalhos abstratos. O mecanismo de exploração do trabalho, desvelado a partir da compreensão da criação da mais-valia e das formas de sua reprodução pelo capital, evidencia uma contradição fundante: *trabalhador e capitalista existem pela afirmação e negação mútua*. É o trabalhador que, mediante seu trabalho, cria a possibilidade da acumulação do capital; ao mesmo tempo, o capital aumenta as possibilidades de exploração. Sem a exploração da mais-valia, o processo de reprodução do capital não se efetiva; sem a mediação dos meios de produção, o trabalhador não se reproduz enquanto tal. *Capital e trabalho são, assim, pólos de uma relação social antagônica*. No entanto, como Marx tão bem percebeu, essas contradições não são dadas ao pensamento imediato, são relações ocultas, reificadas, que se expressam de forma invertida:

> A igualdade dos trabalhos humanos fica disfarçada sob a forma da igualdade dos produtos do trabalho como valores; a medida, por meio da duração, do dispêndio da força humana de trabalho toma a forma de quantidade de valor dos produtos do trabalho; finalmente, as relações entre os produtores, nas quais se afirma o caráter social dos seus trabalhos, assumem a forma de relação social entre os produtos do trabalho. (Marx, 1980, p. 80)

Portanto, está dada a resposta à sua pergunta inicial: *por que a mercadoria é misteriosa?* Ela é misteriosa porque "encobre as características sociais do trabalho dos homens, apresentando-as como se fossem características materiais e propriedades sociais inerentes aos produtos do trabalho", ou seja, por *"ocultar a relação social concreta dos trabalhos particulares envolvidos na produção e o trabalho total, ao expressá-las como relação social existente, à margem deles, entre os produtos do seu trabalho"* (Marx, 1980, I, p. 81). Por essa operação, os produtos do trabalho tornam-se mercadorias: *"coisas sociais, com propriedades perceptíveis e imperceptíveis aos sentidos* (idem, ibidem)

> A mercadoria é misteriosa simplesmente por encobrir as características sociais do próprio trabalho dos homens, apresentando-as como características materiais e propriedades sociais inerentes aos produtos do trabalho [...]. Uma relação social definida, estabelecida entre os homens, assume a forma fantasmagórica de uma relação entre coisas [...]. Chamo a isso de fetichismo, que está sempre grudado aos produtos do trabalho, quando são gerados como mercadorias. (Marx, 1980, p. 81)

As relações sociais decorrentes dessa relação mercantil objetivam-se como relações entre mercadorias, isto é, os indivíduos se reconhecem apenas através de suas mercadorias e a essência do processo fica obscurecida por uma aparência *coisificada*; o trabalho assume a forma de uma *generalidade abstrata* e a relação social dos homens com sua atividade produtiva se apresenta como um estranhamento e sob formas de dominação:

> O trabalho que se apresenta no valor de troca é pressuposto como trabalho do indivíduo particularizado e se torna social assumindo a forma de seu oposto direto: a forma da generalidade abstrata. Finalmente, o trabalho que põe valor de troca se caracteriza pela apresentação, por assim dizer, às avessas, da relação social das pessoas, ou seja, como uma relação social entre coisas. (Marx, 1985, p. 140)

Nessas condições históricas, sob a vigência da propriedade privada dos meios de produção, da divisão social do trabalho, são dadas as bases objetivas para que *as relações sociais apareçam como poderes independentes dos homens;* como se fossem *uma relação que as coisas estabelecem entre si*; os produtos do trabalho e as coisas adquirem vida própria, representando-se como poderes diante dos quais os homens não têm controle. Esse é o cenário onde ocorre a **exploração do trabalho** nos moldes capitalistas, pois é mediante essa forma específica de produção que se efetiva a criação da mais-valia que torna possível a **acumulação do capital**. Fetiche e expropriação do trabalho são, assim, faces de uma mesma relação social historicamente determinada.

Vázquez assim define o fenômeno do **fetichismo**:

> O fetichismo, forma concreta de alienação nas condições da produção mercantil numa sociedade capitalista desenvolvida, exprime tanto a coisificação dessas relações como o caráter fantasmagórico dos objetos nos quais esse processo se corporifica. (Vázquez, 1977, p. 452)

O fetichismo é, portanto, a *modalidade* da alienação no capitalismo desenvolvido, conforme Netto explica:

> O fetichismo põe, necessariamente, a alienação — mas fetichismo e alienação não são idênticos [...]. É possível afirmar (estendendo a investigação para além das sugestões marxianas de 1844) que em toda sociedade,

> independentemente da existência de produção mercantil, onde vige a apropriação privada do excedente econômico estão dadas as condições para a emergência da alienação [...]. O fetichismo implica a alienação, realiza uma alienação determinada e não opera compulsoriamente a evicção das formas alienadas mais arcaicas. O que ele instaura, entretanto, é uma forma nova e inédita que a alienação adquire na sociedade burguesa constituída. (Netto, 1981, p. 75)

Nesses termos, podemos considerar que a sociedade capitalista avançada caracteriza-se pela reprodução do fetiche da forma mercadoria em todas as relações sociais e dimensões da vida social. Isso significa a universalização da **coisificação** e da **mercantilização das relações sociais**, ou seja, *o fetiche da forma mercadoria não se restringe à esfera da produção,* mas passa a dominar todas as esferas da vida social, penetrando a totalidade das atividades e dimensões sociais, subjetiva e objetivamente, envolvendo

> [...] a totalidade das relações de produção social e das relações que viabilizam a sua reprodução. Sob o salariato não se encontra mais apenas a classe operária, mas a esmagadora maioria dos homens; a rígida e extrema divisão social do trabalho subordina todas as atividades "produtivas" e "improdutivas"; a disciplina burocrática transcende o domínio do trabalho para regular a vida inteira de quase todos os homens, do útero à cova. (Netto, 1981, p. 82)

A reprodução universal do fetichismo da mercadoria no contexto de consolidação do capitalismo contemporâneo instaura formas sofisticadas de fragmentação da vida social, de controle e transformação das relações humanas em relações coisificadas, ou seja, que tomam a aparência de relações entre coisas, segundo Netto e Braz:

> [...] O fenômeno da *reificação* (em latim, *res = coisa*; reificação, pois, é sinônimo de *coisificação*) é peculiar às sociedades capitalistas; é mesmo possível afirmar que a reificação é a forma típica da alienação (mas não a única) engendrada no modo de produção capitalista. O fetiche daquela mer-

cadoria especial que é o *dinheiro*, nessas sociedades, é talvez a expressão mais flagrante de como as relações sociais são deslocadas pelo seu poder ilimitado. (Netto e Braz, 2006, p. 93)

ATIVIDADES COMPLEMENTARES

1.1. Práxis e capacidades humano-genéricas

Textos de apoio

Texto 1

"Decifra-me ou te devoro": O enigma da esfinge

Na tragédia grega clássica *Édipo Rei*, escrita por Sófocles, Édipo se encaminha para Tebas, quando uma esfinge, monstro que devora a todos que não conseguem decifrar seus enigmas, profere-lhe um enigma. De sua resposta depende a vida da cidade e também o seu destino...

Antes de se deparar com a esfinge, Édipo já consultara o oráculo, forma de comunicação com os deuses através de uma consulta que também deve ser decifrada. No caso de Édipo, o oráculo já dissera a seu pai, Laio, que seu filho o mataria e se casaria com a própria mãe, ou seja, com a mulher de Laio. Para evitar esse destino trágico, Laio abandonara Édipo nas montanhas, com os pés atravessados por um ferro e ligados por uma tira de couro (daí seu nome Édipo, que significa "pés inchados").

Adotado por Pólipo, Édipo, já adulto, resolve consultar o oráculo sobre sua origem. O oráculo repete a previsão anterior: Édipo mataria o pai e se casaria com a mãe. Édipo foge de Pólipo para que não se cumprisse seu destino. No caminho para Tebas, encontra Laio e, numa briga, mata o rei e sua comitiva. Em seguida, encontra a esfinge, que lhe propõe o enigma que nenhum homem conseguira responder até então: "Qual é o ser que anda de manhã com quatro patas, no meio do dia com duas e à noite com três e que, contrariamente à lei mais geral, é mais fraco quando tem mais pernas?". Édipo responde: "É o homem que engatinha quando criança, quando adulto usa as duas pernas e quando velho usa uma bengala". Diante disso, a esfinge morre e os tebanos reconhecem Édipo como rei, oferecendo-lhe a viúva de Laio como esposa.

Passados muitos anos, uma peste assola a cidade e o oráculo novamente é consultado. Quando Édipo indaga sobre as causas da peste, obtém a resposta de que a morte de Laio não fora vingada e que o responsável era ele, Édipo. Ao descobrir que matara o próprio pai e que Jocasta, sua mulher, é sua mãe, Édipo arranca os olhos com uma jóia de Jocasta, que se enforca. Então sai, cego, errante pelo mundo, acompanhado por uma de suas filhas, Antígona.

Assim, Édipo não teve êxito em suas sucessivas tentativas de fugir do seu destino. Determinado pelos deuses, o destino não pode ser transformado pelos homens, como bem mostra Sófocles. Porém, é parte da natureza humana, dizem também os mitos, questionar o poder dos deuses; por isso, mesmo que a palavra divina seja revelada através do oráculo, os humanos sempre buscam um desvio desse caminho "predestinado".

Mais adiante, veremos como tudo isso tem a ver com a concepção ética dos gregos, herança fundamental da civilização ocidental.

E você, acredita em destino?

Texto 2

Caminhando — Pra não dizer que não falei de flores

(Música de Geraldo Vandré)

Caminhando e cantando
E seguindo a canção,
Somos todos iguais,
Braços dados ou não,

Nas escolas, nas ruas,
Campos, construções
Caminhando e cantando
E seguindo a canção...

(Refrão)
Vem, vamos embora,
Que esperar não é saber,
Quem sabe faz a hora
Não espera acontecer...

Pelos campos há fome
Em grandes plantações,
Pelas ruas marchando
Indecisos cordões
Ainda fazem da flor,
Seu mais forte refrão
E acreditam nas flores
Vencendo o canhão...

(Refrão)
Há soldados armados,
Amados ou não,
Quase todos perdidos
De armas na mão,
Nos quartéis lhes ensinam
Uma antiga lição:
De morrer pela pátria
E viver sem razão...

(Refrão)
Nas escolas, nas ruas,
Campos, construções,
Somos todos soldados,
Armados ou não,
Caminhando e cantando
E seguindo a canção
Somos todos iguais,
Braços dados ou não...

(Refrão)
Os amores na mente,
As flores no chão,
A certeza na frente,
A história na mão,
Caminhando e cantando
E seguindo a canção
Aprendendo e ensinando
Uma nova lição...

Texto 3

As meninas-lobo

Na Índia, onde os casos de meninos-lobo foram relativamente numerosos, descobriram-se, em 1920, duas crianças, Amala e Kamala, vivendo no meio de uma família de lobos. A primeira tinha um ano e meio e veio a morrer um ano mais tarde. Kamala, de oito anos de idade, viveu até 1929. Não tinham nada de humano e seu comportamento era exatamente semelhante àquele de seus irmãos lobos. Elas caminhavam de quatro patas, apoiando-se sobre os joelhos e cotovelos para os pequenos trajetos e sobre as mãos e os pés para os trajetos longos e rápidos. Eram incapazes de permanecer de pé. Só se alimentavam de carne crua ou podre; comiam e bebiam como os animais, lançando a cabeça para a frente e lambendo os líquidos. Na instituição onde foram recolhidas, passavam o dia acabrunhadas e prostradas numa sombra; eram ativas e ruidosas durante a noite, procurando fugir e uivando como lobos. Nunca choraram ou riram. Kamala viveu durante oito anos na instituição que a acolheu, humanizando-se lentamente. Necessitou de seis anos para aprender a andar e, um pouco antes de morrer, tinha um vocabulário de apenas cinqüenta palavras. Atitudes afetivas foram aparecendo aos poucos. Ela chorou pela primeira vez por ocasião da morte de Amala e se apegou lentamente às pessoas que cuidaram dela, bem como às outras crianças com as quais conviveu. A sua inteligência permitiu-lhe comunicar-se por gestos, inicialmente, depois por palavras de um vocabulário rudimentar, aprendendo a executar ordens simples.

(B. Reymond *apud* Aranha e Arruda, 1993, p. 2)

Exercícios e dicas culturais

1. O texto sobre o mito de Édipo coloca uma questão central: a questão do "destino", o que, para Édipo estava pré-determinado. A música de Geraldo Vandré chama a atenção para o fato de que os homens podem fazer o seu próprio destino. Em nosso texto, *Práxis e capacidades humano-genéricas*, situamos essa questão, de acordo com o referencial marxiano. Com base nos três textos, discuta as seguintes questões com seus (suas) colegas:

1.1 Quais autores e personagens consideram que a vida é determinada por um "destino"? Quais discordam dessa afirmação? Baseados em quê? E vocês, o que pensam sobre isso? Fundamentem suas respostas.

1.2 Para discutir a questão do *destino versus práxis* vocês também podem assistir ao filme *Poderosa Afrodite*, de Woody Allen, que trata da questão do "destino", fazendo um paralelo entre a tragédia grega e a vida moderna.

1.3 Outra forma de reflexão e de apresentação é a do teatro. Para discutir a questão da *práxis versus destino* vocês podem ler as peças de teatro *Antígona* ou *Édipo Rei*, de Sófocles, e apresentar para a classe sob a forma de teatro. Que tal?

2. O terceiro texto de apoio, *As meninas-lobo*, permite, entre outras questões, discutir o processo de humanização do homem e sua diferença em relação aos animais. Façam esse debate após ler o texto e assistir ao filme *Guerra do fogo*, dirigido por Jean-Jacques Annaud.

1.2. Práxis, alienação e fetiche

Textos de apoio

Texto 1

Trabalho e realização humana

Se, por um lado, o trabalho torna-se elemento de alienação do homem, não tornando possível a ele uma participação ativa na transformação do objeto, percebemos, por outro lado, que o trabalho pode ser motivo de realização do ser humano. Para Marx, o homem se define pela produção. Pelo simples fato de o homem produzir, ele se diferencia dos animais, porque a realidade humana é explicada por fatores reais: produção em relação ao humano. Por isso, ao produzir seus meios de vida, o homem produz indiretamente sua própria vida, material e espiritual. Desde que há homem, há produção e desde que ele produz e transforma a natureza, há história. Uma história real: nem essência humana indiferente à vida social, humana e histórica e nem existência separada da essência e, sim, a essência que só pode ser descoberta na existência social e histórica dos indivíduos.

Mas a essência do homem nunca se manifestou de fato ao longo da história, porque sua existência sempre foi negada ante sua essência, porque o homem encontrou-se sempre alienado no trabalho. A essência é concebida no trabalho; num trabalho oposto ao alienado, no trabalho criador, consciente e livre. Se o trabalho é fonte de alienação e não de criação, o homem desumaniza-se. Marx viu a essência do trabalho com os olhos de um artista.

O trabalho deve espelhar a atividade artística: uma expressão da criatividade e da inteligência humanas, que possibilita a transformação da natureza, constituindo uma fonte de prazer e alegria. No mundo atual, e da forma como as relações de trabalho estão constituídas, são poucos os que podem participar efetivamente da alegria do trabalho. Há um trabalho maldito, desgastante e sofrido. E o próprio Marx denunciou isso, dizendo que não há salário que possa pagar a degradação do corpo e da alma, o uso do ser humano para fins lucrativos.

Para que a história não seja a da negação do homem, precisamos entender que a relação existente entre essência e existência é uma relação dominada por interesses que regem uma sociedade. Trata-se, portanto, de homens e das relações entre eles. No caso da sociedade capitalista, esses homens são os burgueses, de um lado, e os operários, de outro. Como vimos anteriormente, o burguês é o dono do objeto, e o operário é o dono da força de produção que vai transformar o objeto em riquezas para a sociedade. Portanto, o homem é um ser produtor que produz e transforma os objetos e que não participa deles, porque o produto pertence a outro homem, dominante nas relações sociais. Mas os homens são os sujeitos dessas relações, e estas podem ser transformadas pela própria ação humana, de modo a possibilitar o exercício de um trabalho livre e criativo, expressão da grandeza humana.

O trabalho é, portanto, em primeiro lugar, um processo de transformação material entre a natureza e o homem. Num segundo momento, é o processo pelo qual ele realiza, regula e controla sua ação física de necessidades e consumos produtivos. E, num terceiro momento, o trabalho se encontra como um elemento importante de realização humana, pois pela ação humana no trabalho o objeto se transforma e o trabalhador também, pois é da sua força de produção que o objeto ganha forma, arte e riqueza que serão marcadas e contempladas pela existência humana através dos tempos...

(Silvio Gallo, 1999, p. 49)

Texto 2

Construção

(Música de Chico Buarque de Hollanda)

Amou daquela vez
como se fosse a **última**
Beijou sua mulher
como se fosse a **última**
E cada filho seu
como se fosse o **único**
E atravessou a rua
com seu passo **tímido**
Subiu a construção
como se fosse **máquina**
Ergueu no patamar
quatro paredes **sólidas**
Tijolo por tijolo
num desenho **mágico**

Seus olhos embotados
de cimento e **lágrima**
Sentou pra descansar
como se fosse **sábado**
Comeu feijão com arroz
como se fosse um **príncipe**
Bebeu e soluçou
como se fosse um **náufrago**
Dançou e gargalhou
como se ouvisse **música**
E tropeçou no céu
como se fosse um **bêbado**
E flutuou no ar
como se fosse um **pássaro**
E se acabou no chão
feito um pacote **flácido**
Agonizou no meio
do passeio **público**
Morreu na contramão
atrapalhando o **tráfego**...

Amou daquela vez
como se fosse o **último**
Beijou sua mulher
como se fosse a **única**
E cada filho seu
como se fosse o **pródigo**
E atravessou a rua
com seu passo **bêbado**
Subiu a construção
como se fosse **sólido**
Ergueu no patamar
quatro paredes **mágicas**
Tijolo por tijolo
num desenho **lógico**

Seus olhos embotados
de cimento e **tráfego**
Sentou pra descansar
como se fosse um **príncipe**
Comeu feijão com arroz
como se fosse o **máximo**
Bebeu e soluçou
como se fosse **máquina**
Dançou e gargalhou
como se fosse o **próximo**
E tropeçou no céu
como se ouvisse **música**
E flutuou no ar
como se fosse **sábado**
E se acabou no chão
feito um pacote **tímido**
Agonizou no meio
do passeio **náufrago**
Morreu na contramão
atrapalhando o **público**...

Amou daquela vez
como se fosse **máquina**
Beijou sua mulher
como se fosse **lógico**
Ergueu no patamar
quatro paredes **flácidas**
Sentou pra descansar
como se fosse um **pássaro**
E flutuou no ar
como se fosse um **príncipe**
E se acabou no chão
feito um pacote **bêbado**
Morreu na contramão
atrapalhando o **sábado**...

Exercícios e dicas culturais

1. A partir da leitura dos dois textos de apoio — *Trabalho e realização humana*, de Silvio Gallo, e *Construção*, de Chico Buarque de Hollanda, faça uma reflexão sobre o *trabalho alienado* em nossa sociedade. É importante discutir se as questões colocadas pelos textos têm a ver com a *vida cotidiana*, com sua vivência junto à sua família, no trabalho, na Universidade, com os amigos etc. Discuta com seus (suas) colegas.

2. Entrevistem algumas pessoas procurando saber a opinião delas sobre as questões vinculadas ao *trabalho* e à *alienação*. Façam a seguir um relatório sobre o tema. Seguem algumas dicas de filmes, músicas e literatura para tornar o trabalho ainda mais criativo.

Filmes

- *A classe operária vai ao paraíso* (Dir.: Elio Petri)
- *Pai patrão* (Dir.: Irmãos Taviani)
- *A última ceia* (Dir.: Tomás Gutiérrez Alea)
- *Tempos modernos* (Dir.: Charles Chaplin)

Músicas

- *Construção* (Chico Buarque de Hollanda)
- *Fábrica* (Legião Urbana)
- *Vida de operário* (Falcão)

Teatro

- *Morte e vida severina* (João Cabral de Melo Neto)

Poesia

- *O operário em construção* (Vinicius de Moraes)

Capítulo 2

A reprodução social das objetivações ético-morais

2.1. Particularidades ético-morais

Até aqui se buscou evidenciar que as capacidades humanas desenvolvidas pela práxis fundam a possibilidade de o ser social se objetivar como um ser ético. Nesse momento, trata-se de responder às seguintes questões: Qual é a natureza do agir ético-moral? Por que essas formas de ser se diferenciam de outros modos de objetivação do ser social, ou seja, quais são suas particularidades?

Pode-se observar que o método é o mesmo. Quando iniciamos este livro, dissemos que para apreender os fundamentos da ética seria preciso buscar a gênese do ser social, na história, e que suas formas de ser são categorias objetivas, ou seja, sócio-históricas. Nesse momento, já de posse da compreensão das bases históricas das capacidades humanas que possibilitam ao homem se objetivar como sujeito ético, passamos a explicitar quais são as particularidades desse modo de ser.

Ao conjunto dos *modos de ser ético-morais* desenvolvidos historicamente pelos homens, a partir de determinado estágio de organização do trabalho e da vida social, denominamos *campo das objetivações ético-mo-*

rais, constituído: 1) pelo *sujeito ético-moral*; 2) pela *moral*; 3) pelo *conhecimento ético*; 4) pela *práxis ético-política*.

O **sujeito ético-moral** é socialmente considerado capaz de responder por seus atos em termos morais, o que significa ser capaz de *discernir entre valores*[1] (certo/errado; bom/mau etc.), que é o mesmo que *ter senso ou* **consciência moral.** Uma ação moral consciente é aquela em que o sujeito assume que o(s) outro(s) pode(m) ou não sofrer as conseqüências por seus atos; por isso, a moral supõe o **respeito ao outro** (alteridade) e a **responsabilidade** em relação aos resultados das ações para outros indivíduos, grupos e para a sociedade em geral. Com efeito, a ação ética só tem sentido se o indivíduo sair de sua singularidade voltada exclusivamente para seu "eu" para se relacionar com o outro; é condição para tal. Basta pensar, por exemplo, em atitudes éticas como a *solidariedade*, o *companheirismo*, o *altruísmo*, e torna-se mais fácil entender por que o ato moral supõe a elevação acima das necessidades, desejos e paixões singulares, por que ele exige pensar *no outro* e sair da condição do indivíduo egoísta, voltado para si mesmo.

Todavia, nem todas as ações têm implicações morais: muitas escolhas não têm conseqüências para os outros, pois são opções pessoais, por exemplo, o modo de se vestir, a opção religiosa, a orientação sexual, entre outras. Se, no entanto, são vistas como tais é porque estão sendo julgadas de forma *moralista*. Por aí se pode observar o papel ativo da consciência no juízo de valor acerca das ações humanas, assim como o papel ideológico desempenhado pelos preconceitos morais na preservação dos costumes. Vê-se que a liberdade ocupa um lugar central não apenas nessa discussão, mas também na prática dos indivíduos, sendo

1. "O par mais geral de categorias orientadoras de valor é bom/mau. Esse par pode substituir, de modo plausível, todos os outros pares categoriais; portanto, representa para nós o par categorial primário. Pares categoriais secundários são os seguintes: verdadeiro/falso, bem/mal, belo/feio, justo/injusto, eficaz/ineficaz, agradável/desagradável, sagrado/profano. Via de regra, não teria sentido substituí-los reciprocamente [...]; uma ação pode ser tão bela quanto útil; mas esses dois conceitos representam dois aspectos diversos" (Heller, 1983, p. 58).

mesmo uma exigência que, em geral, não aparece na vida cotidiana por seu tratamento abstrato, idealizado.

Na verdade, a consciência e a liberdade são componentes fundamentais para todas as formas de realização ético-morais, atestando o que já dissemos no primeiro capítulo: as objetivações ético-morais fundamentam-se nas capacidades humanas desencadeadas pela práxis: a sociabilidade, a consciência, a liberdade e a universalidade humanas. A consciência é uma exigência, na medida em que o indivíduo deve ter um mínimo de participação consciente nas deliberações e escolhas de valor que realiza como sujeito moral ou ético. Presume-se que o sujeito ético seja consciente e dotado de *vontade*, uma vontade que, pela natureza da ética, deve ser **livre**, ou seja, seu portador não deve ser coagido por outros indivíduos em suas decisões, não deve ser obrigado a decidir pelo uso da força, psicológica ou física, deve ter um mínimo de controle sobre seus impulsos, isto é, ter **autodomínio**.

A moral objetiva-se fundamentalmente: 1) como sistema normativo reprodutor dos costumes, em resposta a exigências de integração social, vinculando-se ao indivíduo singular e à vida cotidiana; 2) como conexão entre motivações do indivíduo singular e exigências éticas humano-genéricas, vinculadas a diferentes formas de práxis, dentre elas a práxis política.

O *sistema normativo*, forma mais elementar de objetivação da moral, se realiza através da reprodução de normas e regras de comportamento socialmente determinadas. Sua origem, nas sociedades primitivas, foi determinada por necessidades de preservação e de integração da comunidade, quando não existia a propriedade privada da terra e dos instrumentos de trabalho nem o excedente de produção. Tais comunidades — também classificadas como comunismo primitivo — puderam desenvolver, de modo geral, valores coletivos, pautados na *solidariedade* e no *igualitarismo* (Vázquez, 1984, p. 28).

Percebe-se aí o caráter sócio-histórico dos valores. Na medida em que não existia excedente econômico, que a produção era distribuída de forma igualitária e a divisão das tarefas obedecia ao princípio de subordinação do indivíduo ao coletivo, o trabalho era obrigação de todos, os valores eram coletivistas, pautados nas necessidades da produção e de defesa da comunidade, formando uma moral baseada na "coragem, na responsabilidade, na disciplina, na ajuda mútua e na solidariedade, tendo a igualdade como princípio de justiça" (Vázquez, 1984, p. 29).

Por esses poucos exemplos, vemos como os valores morais surgem das necessidades históricas dos homens. Uma vez instituídos, passam a se estruturar como sistema normativo: conjunto de normas morais que visa à regulação do comportamento dos indivíduos, tendo por finalidade atender às necessidades de sobrevivência, de justiça, de defesa etc. da comunidade. As normas e valores também servem de *orientação de valor*, de parâmetros para os **juízos de valor**, que visam nortear a consciência moral dos indivíduos, compondo um *código moral* não escrito, cuja reprodução é realizada na vida cotidiana, pela repetição formadora do hábito e dos costumes. Essa forma primária de organização social da comunidade em torno de valores comuns e de regras de comportamento dá origem à **moral** como **costume** (do latim *mos, moris*) ou conjunto de **hábitos de conduta** (*mores*).

Nas comunidades primitivas, a moral apresenta um nível de desenvolvimento restrito, tendo em vista os limites de seu desenvolvimento econômico e social e o fato de os *valores serem* relativamente *homogêneos*. Em decorrência disso, tais valores podiam ser adotados pelos indivíduos singulares e reproduzidos através dos costumes sem grandes *conflitos* de ordem social e moral, ao contrário do que ocorre quando determinado grupo ou estrato social não aceita as normas e valores socialmente determinados.

À medida que a sociedade se desenvolve, o sistema normativo embrionário construído nas comunidades primitivas é substituído por formas mais complexas, por necessidades mais complexas, uma vez que, com o surgimento da propriedade privada, da sociedade de classes e da divisão social do trabalho, apresentam-se novas exigências de integração social, o que se reflete na necessidade de legitimação dos valores e nas normas de comportamento orientadas pelo *ethos* dominante.

Na sociedade de classes, já não é possível uma unidade em torno de valores e necessidades comuns a todos os membros da sociedade, embora as classes dominantes busquem a integração de sua orientação moral e a abstração das diferenças reais que — brotando dos interesses socioeconômicos — perpassam pelos valores e modos de ser. Nesse contexto, tendo em vista a existência de valores heterogêneos, a possibilidade de transgressão, por parte dos indivíduos, das normas morais e dos costumes dominantes e a presença de códigos morais alternativos, a moral se revela como *exigência de subordinação dos indivíduos singulares* — de suas necessidades, desejos, paixões, necessidades singulares — às *exigências de integração social à moral dominante.*

Vê-se agora por que, na sociedade de classes, a moral torna-se funcional — enquanto sistema de exigências sociais normativas — à reprodução da moral e do *ethos* dominante. Trata-se de uma funcionalidade facilitada pela natureza de seu caráter normativo e de sua estruturação como sistema de exigências às quais o indivíduo responde no nível de sua singularidade. Não se trata, no entanto, de uma natureza e de uma funcionalidade imutável ou absoluta; mesmo na sociedade de classes existe um certo espaço de mobilidade para ações em outras direções, isto é, na direção da contestação, de constituição de crítica e de adoção de outras referências teórico-práticas, de defesa e busca de realização de outras formas de objetivação moral.

2.2. Exigências sociais e motivações morais singulares

Dissemos que as primeiras formas de organização social dos valores surgem nas comunidades primitivas com a finalidade de *integração social* da coletividade, e que, embora a forma de vida igualitária tenha permitido a vigência de uma moralidade coletivista, baseada em valores solidários, os limites do desenvolvimento da produção e das relações sociais dessas comunidades não deixavam espaço para a mobilidade do indivíduo que era totalmente subordinado ao coletivo. Nesse contexto, *integração social* significava unidade entre os membros da comunidade, mas também uma subordinação do indivíduo ao coletivo de modo que não existisse praticamente a individualidade.

Não queremos dizer que todos pensavam da mesma forma. A emergência da moral como sistema normativo já assinala a necessidade de regulação do comportamento coletivo, prevendo a transgressão das normas. Mas, diante das características já apontadas, a função reguladora da moral se articulava a um sistema de necessidades que — derivado das formas coletivas de organização do trabalho e da vida social — adquiria condições de representar o *bem comum*, de forma dominante.

Vimos também que a existência de valores *homogêneos* era um fator limitador do desenvolvimento moral, pois expressava poucas possibilidades de escolha e de alternativas éticas. Os indivíduos eram subordinados ao coletivo; praticamente não existia ainda a figura do indivíduo. Quando surge a sociedade de classes e seus antagonismos, fundados na propriedade privada, na divisão social do trabalho e na exploração do trabalho, a função normativa da moral adquire uma relativa autonomia em face de outras funções; assume formas ideológicas e, através de várias mediações, contribui para a veiculação de modos de ser, de valores e costumes que justificam a ordem social dominante e suas idéias. A integração social, nesses termos, volta-se à *legitimação da moral dominante*, do *ethos* necessário à justificação do presente.

O indivíduo nasce em uma sociedade que já conta com um sistema normativo e com costumes instituídos; através das instituições básicas responsáveis por sua socialização primária, como a família e a escola, ele aprende a assimilar uma série de comportamentos e valores que passam a fazer parte de seu referencial moral e de seu *ethos* ou caráter: uma espécie de código moral que orienta suas escolhas e influencia seus julgamentos de valor. É claro que ele pode *dizer não* a determinados valores e normas. E, de fato, diz, embora isso dependa de uma série de circunstâncias, entre as quais está o conhecimento crítico capaz de desvelar esses mecanismos ideológicos, o que evidentemente não basta para mudar a estrutura moral da sociedade, mas pode mudar a relação que o indivíduo estabelece com ela.

Estar subordinado socialmente a determinadas exigências morais pode significar muitas formas de ser em oposição. Por exemplo, na sociedade contemporânea, pode significar viver em uma sociedade na qual os indivíduos, em sua grande maioria, defendem a *pena de morte*, pois — em sua vida cotidiana — estabelecem uma relação direta entre o pensamento e a ação, respondendo à violência com violência, entendendo que ela decorre de problemas exclusivamente morais e individuais. Dependendo da estrutura social — mais, ou menos, rígida —, o sujeito moral pode concordar ou não com isso. A sociedade pode oferecer condições para posicionamentos críticos, os indivíduos podem se organizar em movimentos de oposição à violência. Em outro contexto, estar subordinado a exigências de integração social pode ser considerado algo positivo. É o caso, por exemplo, do respeito à cultura de um determinado grupo ou classe social, de seus costumes e valores, hábitos e tradições, entre tantas outras coisas.

No entanto, o que significa viver em uma sociedade na qual as "saídas" são individuais e não ultrapassam os limites da crítica? Pois a questão de fundo é: por que essa sociedade defende a pena de morte? A pena de morte visa combater o quê? Por quê? São questões como essas que precisam ser discutidas.

Nenhuma sociedade se reproduz sem normas de convivência; nenhum grupo ou coletivo trabalha ou executa determinadas tarefas compartilhadas sem definir algumas regras básicas para divisão de responsabilidades, sem estabelecer critérios de valor e princípios para avaliar seus compromissos. Assim, a subordinação pode se dar de formas variadas e nem todas são negativas. Ela pode ocorrer através da repressão das motivações singulares, o que se verifica em face de morais rígidas e de circunstâncias sociais com poucas possibilidades de escolha e mobilidade social, ou mesmo quando as motivações singulares são alienadas, tendo em vista a assimilação espontânea e acrítica de exigências sociais.

Um coletivo profissional, por exemplo, pode debater e eleger valores e princípios para orientar seu código de ética profissional, de forma democrática. Ou pode decidir de forma autoritária, sem discussão, a hierarquia de seus valores e prerrogativas profissionais. As exigências sociais são as mesmas — é preciso organizar e deliberar sobre valores e deveres profissionais, tendo em vista a necessidade legal de instituir um código de ética. Mas outras exigências — de ordem ética, política e conjuntural — determinam os rumos dessa deliberação. A forma como ela será feita depende, assim, de decisões decorrentes de exigências éticas e políticas postas pelo coletivo profissional, em dada conjuntura, em resposta a uma exigência de natureza ético-social que visa à integração social das profissões na sociedade. Desse modo, podemos observar que existem possibilidades de mobilidade política em um espaço circunscrito à reprodução das exigências de integração social; mobilidade que pode assumir direções sociais e políticas que não sejam, necessariamente, a de justificação da ordem social dada, da moral dominante e da consagração do presente como o fim da história.

Em suas relações sociais, o agente moral põe em movimento diferentes valores e várias orientações de valor, pois responde a exigências diversas, muitas vezes ao mesmo tempo. Mas nem todas são morais. Vejamos o que Heller diz:

> Quando afirmo ou nego, convivo, proíbo ou aconselho, amo ou odeio, desejo ou abomino, quando quero obter ou evitar alguma coisa, quando rio, choro, trabalho, descanso, julgo ou tenho remorsos, sou sempre guiado por alguma categoria orientadora de valor, freqüentemente mais de uma. (Heller, 1983, p. 58)

O indivíduo, por exemplo, expressa uma certa noção de beleza ao se comunicar com outros indivíduos; em seu trabalho deve apresentar determinado grau de conhecimento; em sua vida privada participa de uma crença religiosa, o que transparece em sua postura diante do mundo. Todas essas relações são mediadas por certas características de seu caráter ético-moral, mas ele pode não se manifestar moralmente em todas essas relações.

Em suas relações sociais — no trabalho, na família, nas relações afetivas, políticas, de lazer etc. —, a todo o momento o indivíduo se depara com exigências que põem em movimento, em maior ou menor grau, seus sentimentos, sua consciência, sua racionalidade, sua subjetividade; situações de afirmação ou de negação de valores ético-morais, por exemplo, de injustiça, violência, discriminação, que exigem moralmente determinadas atitudes por parte dele. Ele pode *ou não* responder moralmente a tais exigências: pode ficar indignado e assumir um posicionamento de valor; pode ficar revoltado, mas não agir; pode ficar indiferente ou intervir praticamente, a fim de mudar a situação, entre outras.

Como dissemos, as ações ético-morais não pertencem a uma esfera social em particular: são mediações entre as relações sociais dos homens; estão presentes nas relações políticas, no trabalho, na vida cotidiana, nas relações que os homens estabelecem com a arte, com a filosofia etc. Porém, o grau de intensidade ou sua presença em cada dimensão da vida social e em cada relação social variam, sendo determinados por circunstâncias sociais nas quais pode haver uma exigência para que a ética assuma um papel preponderante ou permaneça apenas como uma potencialidade.

O que importa dizer é que todo homem é um ser ético, quer fique calado, quer se manifeste. Algumas situações exigem que ele se manifeste como relação prioritária: trata-se, então, de uma relação ética por excelência; outras relações são científicas, políticas, estéticas prioritariamente, mas existe um posicionamento em potencial que pode ou não se manifestar ao mesmo tempo. Se for manifestada de forma "inoportuna", a ética pode assumir uma posição prioritária quando não era o caso, no limite transformando a relação em uma relação *moralista*. Contudo, a capacidade de manter um posicionamento ético *coerente* durante a maior parte da vida já é uma das maiores **exigências éticas**; talvez seja a melhor definição do que seria preciso para se comportar eticamente.

Portanto, o **nível** e a **dinâmica** das respostas do homem são determinados, entre outros aspectos, pela relação entre as exigências sociais e suas necessidades, cujo atendimento é equacionado em diferentes dimensões da vida social. As *necessidades imediatas* de manutenção da vida, como o trabalho, assim como as *exigências sociais de integração social*, como as de *reprodução dos costumes* e *normas sociais*, são respondidas pelo *indivíduo singular no âmbito da vida cotidiana*.

Todo indivíduo é simultaneamente **singular** e **humano-genérico**. Como ser singular, volta-se basicamente para as necessidades imediatas de manutenção da vida: o trabalho, a satisfação dos afetos e carências básicas; necessidades que *não são* dirigidas à consciência do humano genérico (Heller, 2000, p. 21).

O modo mais elementar de objetivação da vida cotidiana é o da autoconservação, o que se realiza fundamentalmente pelo trabalho: é através dessa dimensão da vida que ocorre o processo de socialização, pois, ao adquirir determinados hábitos e costumes, o indivíduo torna-se socialmente capaz de responder por seus atos. Em termos ético-morais, isso significa ter incorporado um certo quadro de valores que lhe possibilita discernir entre valores: saber distinguir entre bom/mau/, certo/errado etc. Ao incorporar tais mediações, o indivíduo vincula-se à sociedade e reproduz o desenvolvimento humano-genérico, mas as formas dessa incorporação caracterizam-se por uma dinâmica voltada à singularidade, não à genericidade.

O trabalho é parte significativa da vida cotidiana,[2] expressando, em termos do desenvolvimento humano-genérico, a *universalidade do*

2. Segundo Heller (2000), não existe uma barreira entre vida cotidiana e o humano-genérico, uma vez que este está contido em todo homem e em toda atividade que tenha um caráter genérico.

ser social e, em termos da cotidianidade, sua *singularidade alienada*. Nesse sentido,

> [...] O trabalho apresenta dois aspectos: como execução de um trabalho, é parte da vida cotidiana; como atividade de trabalho, é uma objetivação diretamente genérica. Marx, para distingui-los, utiliza-se de dois termos distintos: ao primeiro denomina *labour*; ao segundo, *work* [que] se converte em sinônimo de trabalho alienado. (Heller, 1998, p. 119)

No âmbito da vida cotidiana, a consciência do indivíduo singular está voltada exclusivamente para seu *eu*; não é dirigida para o *nós*, os outros, a sociedade. No entanto, o *eu* é sempre social e a interação entre o indivíduo e a sociedade se faz, portanto, de modo social, referindo-se a valores e modos de ser sociais, como vimos. No entanto, por estar voltada prioritariamente para o *eu*, a dinâmica da vida cotidiana não permite que o indivíduo se dirija a exigências humano-genéricas. Para fazê-lo, ele terá que "sair" dessa dimensão.

Não é através de sua singularidade que o indivíduo se expressa como representante do gênero humano, pois nessa dimensão

> as necessidades humanas tornam-se conscientes no indivíduo, sempre sob a forma de necessidades do "Eu". O "Eu" tem fome, sente dores (físicas ou psíquicas); no "Eu" nascem os afetos e as paixões. (Heller, 2000, p. 20)

Sabemos que, na cotidianidade, o agente moral responde às exigências de integração social através de uma dinâmica própria. Diante *de muitas e diferentes* exigências, que devem ser realizadas *ao mesmo tempo*, o indivíduo *não tem tempo nem disponibilidade* para participar *em cada uma delas* com intensidade; realiza *todas* as atividades e tarefas *sem se colocar por inteiro em nenhuma delas*. Ele põe em movimento *todas as suas forças, atenções e capacidades; seus sentidos e paixões, mas não as realiza com a intensidade que é própria das exigências genéricas*. Ele é chamado a responder a múltiplas necessidades e não tem como deixar de atendê-las, pois disso depende a sua reprodução como indivíduo; as exigências são imediatas e rapidamente são absorvidas pelo tempo, que funciona contra qualquer tentativa de fruição (Heller, 1998).

É evidente que — em sua dimensão de sistema normativo dirigido a exigências de integração social — a vida cotidiana[3] é um espaço fértil de veiculação moral. Por um lado, isso é favorecido pelo fato de a vida cotidiana ser um espaço de reprodução do indivíduo singular; por outro, devido à sua dinâmica peculiar. É nesse espaço que o indivíduo se socializa, aprende a responder às necessidades práticas imediatas, assimila hábitos, costumes e normas de comportamento. Se é verdade que o *hábito faz o monge*, também pode ser certo que, embora a sociedade de classes conte com um sistema moral dominante e que a influência do *ethos* dominante seja um dado muito relevante em nossa análise, seja possível *dizer não aos valores morais quando eles não correspondem às necessidades de emancipação, quando eles expressam a alienação e promovem a desumanização*. Mas isso não tem nada a ver com a idéia individualista de que a negação moral é decorrência da liberdade de "cada um", isolado do mundo. Também não tem a ver com a idéia de que a transformação da sociedade possa ser feita através da moral.

Ao responder somente às exigências do *eu*, tende-se a interiorizar valores e modos de vida de *forma mecânica e sem crítica*. Por força do *hábito* e da *repetição*, inúmeras coisas são assimiladas sem que se pergunte por seu *sentido* ou se, de fato, elas decorrem de uma *escolha verdadeira, consciente e livre*. No âmbito da cotidianidade, as normas podem ser *aceitas interiormente, defendidas socialmente* sem que, no entanto, possamos afirmar que essa aceitação tenha ocorrido *livremente*, porque a escolha livre pressupõe a *existência de alternativas e seu conhecimento crítico*. Sendo assim, inúmeras vezes corremos o risco de deixar que *os outros assumam as escolhas por nós*, pois pensamos legitimar determinadas normas e valores sem que tenha havido *uma reflexão consciente*, a partir do conhecimento das alternativas e da responsabilidade pelos riscos envolvidos.

---

3. Sobre a vida cotidiana ver Heller (2000; 1998) e Netto (1987).

Exigências morais singulares são aquelas nas quais a reprodução de normas é favorecida pelo individualismo, pelo baixo nível de conhecimento crítico e de consciência em face da responsabilidade com os riscos envolvidos, entre outros. A legitimação das normas, por outro lado, supõe uma certa aceitação subjetiva, pois se tais normas não forem intimamente valorizadas não se reproduzem nas situações concretas, quando a necessidade de escolha entre uma ou mais alternativas se faz presente. A partir do momento em que os indivíduos incorporam determinados papéis e comportamentos, reproduzem-nos espontaneamente, evidenciando o fato de que nem sempre as escolhas representam ações conscientes. Nesse sentido, é preciso discutir as formas de alienação moral.

2.2.1. Formas de alienação moral

A moral se estrutura através de **princípios** e **valores universais abstratos** apropriados pelos indivíduos em cada formação social concreta e situação histórica determinada de forma a ser materializados, de modo particular, em suas ações práticas. São princípios e valores *ontologicamente objetivos*, pois referem-se a valores genéricos que são produtos históricos de conquistas teórico-práticas do ser social, ao longo de seu desenvolvimento. Portanto, sua *objetividade* decorre do fato de pertencerem à história dos homens; eles *só se tornaram abstratos em determinadas circunstâncias sociais*. Sendo assim, o critério para sua realização ou não realização é dado objetivamente pelo movimento extensivo e intensivo de construção e desvalorização dos valores na história. Vários princípios morais, como o de ser honesto ou de não matar, por exemplo, funcionam como normas universais ao longo da história. A maioria tem origem em princípios religiosos e são conservados pela tradição, objetivando-se de diversas formas, em diferentes culturas e tempos históricos.

Os princípios abstratos são inerentes à moral, na medida em que fornecem orientações gerais para as normas concretas. Por exemplo, se num contexto determinado a honestidade é um princípio positivo, ser honesto passa a se constituir num princípio abstrato que é concretizado através de normas concretas em situações cotidianas. Como produtos históricos, eles se transformam, mas tendem a reproduzir valores universalmente tidos como positivos; por isso tendem a explicitar valores humano-genéricos, representativos das conquistas práticas do ser social, ao longo da história. A realização concreta desses princípios adquire significados históricos particulares em cada contexto, em cada sociedade, classe, estrato social, assim como para cada indivíduo, em sua singularidade.

Assim, em decorrência de sua importância para a vida dos homens em determinado período histórico, determinados valores éticos tornam-se conquistas humano-genéricas valiosas e extensivas à história da humanidade, mesmo que deixem de estar no cume da hierarquia dos valores por certos períodos históricos. Diz Heller:

> Analisando a moral, a liberdade social, a explicitação do indivíduo, a arte e/ou seus vários ramos ou tipos etc., vemos que o desenvolvimento do valor não é, de nenhum modo, contínuo. Uma vez atingido um certo estágio numa ou noutra esfera, pode ocorrer — dependendo da estrutura social em seu conjunto — que na época seguinte tal estágio seja perdido, para iniciar-se um processo de deformação, de perda da importância ou de essencialidade. Opinamos, todavia, que em nenhuma esfera a obtenção de um valor pode vir a ser inteiramente anulada pela perda de um de seus estágios. A realização é sempre absoluta; a perda, ao contrário, é relativa. (Heller, 2000, p. 9)

Os valores e princípios universais expressam valores objetivos que se desenvolvem de modo desigual, no interior de dada sociedade e em relação ao desenvolvimento histórico do ser social. Sua abstração pode significar seu movimento de valorização/desvalorização, bem como a existência, em dado momento histórico, de condições objetivas desfavoráveis à realização. Nesse sentido, permanecem como possibilidades que podem ser resgatadas pelos homens a partir de uma **práxis política** que se dirija teleologicamente à sua realização.

A liberdade, por exemplo, uma categoria ontológica fundamental, tornou-se um valor ético e político desde a sociedade antiga, mas sua trajetória histórica é constituída por um longo processo de perdas e ganhos relativos. Na entrada da era burguesa, passa a se configurar como *autonomia*, no seio do projeto burguês de emancipação do indivíduo. Todavia, a partir do momento em que a burguesia se torna classe dominante, e que fica evidente — pelas condições de vida reais — que os valores apropriados pelos indivíduos como valores universais (liberdade, igualdade etc.) não podem se universalizar na sociedade burguesa, eles (os valores) se tornam potencialidades, ideais, referências universais abstratas.

Mas isso não significa que a liberdade não possa ser objetivada na sociedade burguesa: significa que ela não pode ser objetivada de forma universal, para a totalidade dos indivíduos. O que impede sua universalização é a estrutura social fundada na divisão social do trabalho e na propriedade privada dos meios de produção: bases de reprodução de relações sociais desiguais, de exploração do homem pelo homem e de alienação. Como sua valorização universal é necessária, em função do seu grau de legitimação social enquanto valor identificado com o projeto liberal-burguês, só resta às classes dominantes permanecer fiéis ao seu uso ideológico, ainda que se trate de um discurso desprovido de materialidade. Essa situação histórica evidencia a presença da **alienação** na objetivação da **moral**.

Com isso queremos dizer que *a moral está vinculada — contraditoriamente — ao desenvolvimento humano-genérico e à sua alienação*, pois as formas de reprodução de valores ético-morais são orientadas por valores e princípios sociais e humano-genéricos, isto é, universalmente legitimados, mas que podem não ter condições de se universalizar em determinadas condições sociais. Nesse caso, permanecem como universais abstratos. Isso propicia, por um lado, que os indivíduos reproduzam um **discurso idealista** e que os valores sejam reproduzidos de forma abstrata, como entidades metafísicas "irrealizáveis": o *enigma da* *esfinge* ao qual nos referimos no início de nossa reflexão. Torna-se ideologia porque serve à dominação, no processo de luta social. Segundo Heller:

> [...] O fato de a moral abstrata aparecer como somente realizável em parte ou "absolutamente irrealizável", ou seja, de não poder coincidir totalmente com nenhum costume concreto, é *uma manifestação da alienação da moral*. Isso se revela não em um ou outro "aspecto" moral, mas na estrutura moral das sociedades de classe *em geral*. (Heller, 1998, p. 147)

Nesse sentido, a vida cotidiana é o *âmbito de validade das normas concretas* (Heller, 1998, p. 146), mas, para isso, os indivíduos precisam acreditar que o significado particular dos princípios corresponde aos valores universais, quer dizer, eles precisam acreditar que os valores são realizáveis para todos os indivíduos e que sua prática é "correta, boa". Evidencia-se, então, a função ideológica da moral, ao reproduzir, através de inúmeros mecanismos socioculturais, a idéia de que todos podem ascender socialmente, de que a posse de bens leva à felicidade e à liberdade, se utilizam o discurso da liberdade, por exemplo.

Em função de sua repetição acrítica dos valores, de sua assimilação dos preceitos e modos de comportamento, de seu pensamento repetitivo e ultrageneralizador, a vida cotidiana se presta à alienação. A alienação moral também se expressa através do moralismo, modo de ser movido por preconceitos. Devido ao seu peculiar pragmatismo e sua ultrageneralização, o pensamento cotidiano é facilmente tentado a se fundamentar em juízos provisórios, ou seja, em juízos pautados em estereótipos, na opinião, na unidade imediata entre o pensamento e a ação, pois, segundo Heller,

> [...] Por um lado, assumimos estereótipos, analogias e esquemas já elaborados; por outro, eles nos são "impingidos" pelo meio em que crescemos e pode-se passar muito tempo até que percebamos com atitude crítica esses esquemas recebidos, se é que chega a produzir-se tal atitude. Isso depende da época e do indivíduo. (Heller, 2000, p. 44)

Necessária ao nível da cotidianidade, a *ultrageneralização* está sempre sujeita a modificações, o que ocorre quando os *juízos provisórios* são refletidos teoricamente e refutados pela ação prática. Por isso os juízos não são necessariamente *preconceitos*; passam a sê-lo quando, mesmo refutados pela teoria e por uma experiência prática cuidadosamente analisada, continuam servindo de orientação à ação.

Dentre as exigências que rebatem na vida cotidiana, a dimensão dos afetos é uma das mais delicadas, pois tanto pode ser mobilizada para a singularidade do indivíduo como pode motivá-lo a se elevar a experiências genéricas. A afetividade, por outro lado, está presente em todas as dimensões da vida do indivíduo, em todas as suas relações, apresentando-se de modos diversos, em níveis e intensidades diferenciados, de acordo com a situação e a dimensão. Dizia Aristóteles que a virtude moral é saber diferenciar o momento, a pessoa e a medida certa para cada uma das paixões e ações. Em suas palavras:

> [...] A virtude deve ser o atributo de visar o meio-termo [...]. Refiro-me à virtude moral, pois é ela que diz respeito às paixões e ações, nas quais existe excesso, carência e um meio-termo. Por exemplo, tanto o medo, como a confiança, o apetite, a ira, a compaixão, e, em geral, o prazer e a dor, podem ser sentidos em excesso ou em grau insuficiente; e, num caso como no outro, isso é um mal. Mas, senti-los na ocasião apropriada, com referência aos objetos apropriados, para com as pessoas apropriadas, pelo motivo e da maneira conveniente, nisso consiste o meio-termo e a excelência característicos da virtude. (Aristóteles, 1979, p. 72)

A vida cotidiana não tem essa *medida*, por ser o espaço do imediato e do espontâneo. Além disso, os afetos tendem a se manifestar, na vida cotidiana, através de *atitudes de fé*. Segundo Heller, nossas motivações têm sempre uma dimensão de afeto, mas o afeto pode se expressar tanto pela fé como pela confiança; a atitude de fé diante dos valores é uma característica do comportamento singular voltado às necessidades do "eu"; "não é determinada pelo objeto da fé, mas por sua relação com os objetos da fé e necessidade satisfeita pela fé" (Heller, 2000, p. 47).

A *intolerância* é uma atitude preconceituosa baseada na paixão; logo, uma desmedida. Tantas outras ações dogmáticas são reproduzidas moralmente, baseadas em atitudes de amor ou ódio:

> [...] O ódio não se dirige tão-somente contra aquilo em que não temos fé, mas também contra as pessoas que não crêem no mesmo que nós. A intolerância emocional, portanto, é uma conseqüência necessária da fé. (Heller, 2000, p. 49)

Várias dimensões da vida e diversas atividades sociais podem expressar preconceitos: a cultura, a política, as artes, a filosofia, a ciência. Dado que a moral está presente, enquanto mediação, nas várias relações sociais, o preconceito pode transformar-se em moralismo, o que ocorre quando todas as atividades e ações são julgadas imediatamente a partir da moral:

> Nos preconceitos morais, a moral é objeto de modo direto [...]. Assim, por exemplo, a acusação de "imoralidade" costuma juntar-se aos preconceitos artísticos, científicos, nacionais etc. Nesses casos, a suspeita moral é o elo que mediatiza a racionalização do sentimento preconceituoso. (Heller, 2000, p. 56)

O preconceito é uma forma de alienação moral, estreitando as possibilidades do indivíduo de se apropriar de motivações que enriqueçam sua personalidade. Para Heller, o preconceito *impede a autonomia do homem, ao deformar e, conseqüentemente, estreitar a margem real de alternativa do indivíduo* (Heller, 2000, p. 59).

2.3. Exigências éticas humano-genéricas

Por serem dotados de certas capacidades humanas essenciais — como a racionalidade, a consciência, a capacidade de criar valores e de escolher entre eles — é que os homens podem elevar-se à condição de seres éticos, o que lhes apresenta certas exigências particulares. Sua saída da singularidade — mergulhada nas exigências cotidianas — para o exercício de atividades mais enriquecedoras do ponto de vista de sua contribuição ética para a sociedade e para si mesmos — requer o atendimento de certas **exigências** éticas.

Heller define quatro elementos (que, segundo ela, fazem parte do conteúdo da moral): 1) a regulação das motivações particulares; 2) a eleição dos fins e valores relacionados às motivações; 3) a constância; 4) a *fronésis* (prudência).

Chaui considera que o sujeito moral só pode existir em função das seguintes condições: 1) ser consciente de si e dos outros; 2) ser dotado de vontade; de capacidade para controlar e orientar paixões para estar em conformidade com as normas e valores reconhecidos pela consciência moral; de capacidade para deliberar entre várias alternativas possíveis; 3) ser responsável; reconhecer-se como autor da ação; assumi-la, bem como as suas conseqüências, respondendo por elas; ser livre; ser capaz de se oferecer como causa interna de seus sentimentos, atitudes e ações, por não estar submetido a poderes externos que o forcem e o constranjam a sentir, a querer e a fazer qualquer coisa; dar-se a si mesmo as regras de ação (Chaui, 2005, p. 309).

Vimos que determinadas exigências — presentes nas considerações das duas autoras — são decorrentes de capacidades humanas fundamentais, além de se dirigir a motivações que remetem a conquistas de natureza humano-genérica. Com tais critérios selecionamos as seguintes exigências, entendendo-as como fundamentais ao agir ético: 1) autodomínio, autocontrole das paixões em função da vontade e da razão; 2) liberdade (autonomia); 3) consciência moral (alteridade); 4) responsabilidade; 5) constância ou permanência.

Já afirmamos que determinadas descobertas dos homens, por sua relevância para o enriquecimento da humanidade, não se perdem na história. São duradouras e trans-históricas, permanecendo como *conquistas do gênero humano*, sendo, por isso, valoradas positivamente como parte da *riqueza humana* historicamente produzida e podendo ser resgatadas pelos homens em momentos específicos como *exigências éticas e políticas humano-genéricas*. A filosofia grega é uma dessas conquistas, pois pôde se apropriar — entre inúmeros aspectos e dimensões, e em condições contraditoriamente favorecidas pelo trabalho escravo — dos fundamentos do comportamento ético do humano-genérico. Prova disso são sua permanência e atualidade na cultura ocidental, até os dias de hoje.

Grande parte da sabedoria ética dos ocidentais provém dos ensinamentos deixados pelos filósofos gregos. Eles diziam, por exemplo, conforme Aristóteles, que a virtude está no *meio*, ou melhor, na *moderação*. Como já dissemos, Aristóteles entendia que a virtude moral significava a capacidade de evitar o vício da falta e o do excesso, quer dizer, ter o *autocontrole* das paixões e das ações. A *medida* certa evitaria a *desmedida* prejudicial à moralidade e à vida ética. Aristóteles também entendia que no campo das ações ético-morais — que é o campo do possível — podemos escolher e decidir, uma vez que somos dotados de *vontade* e de *razão* (Chaui, 2005, p. 310). Por isso, como diz Heller, "Aristóteles pôde considerar a sabedoria ou *fronésis* (prudência) como a mais importante das virtudes: ser virtuoso é acima de tudo ter a sabedoria para extrair — de uma exigência ética genérica — *o que* e *como* fazer em cada situação prática" (Heller, 1998, p. 138).

Mas, antes de Aristóteles, o conteúdo dessa idéia de autonomia já fora plasmado praticamente por Sócrates. A própria origem do termo grego autonomia: *autos* (eu mesmo, si mesmo), *nomos* (lei, norma), indica: *estar livre de determinação ou de qualquer circunstância externa que possa tirar a liberdade do sujeito livre*. O oposto de autônomo é heterônomo, do grego *hetero* (outro) e *nomos* (lei, norma), ou seja, "livre de receber a norma ou a lei de outro" (Chaui, 2005, p. 309). Aparentemente, pode parecer que essa concepção ignora a sociedade, pensa no indivíduo isolado, em uma razão indeterminada. No entanto, é equivocado analisar o homem grego comparando-o com o indivíduo burguês, para quem *o outro* é, de fato, um *estorvo*.

No contexto que analisamos, a *ética* estava organicamente vinculada à *política* e à participação dos cidadãos na *vida pública* e nos destinos da *pólis*; a fidelidade à política e o amor à sabedoria criaram uma moralidade capaz de vincular o indivíduo ao coletivo sem subordiná-lo a ela, como ocorria nas comunidades primitivas.

Assim, a idéia de autodomínio, como apareceu em Sócrates, enquanto *não submissão à norma*, não significa necessariamente uma recusa da norma, nem tampouco uma separação de qualquer influência social, como adverte Jaeger:

> Essa idéia concebe a conduta moral como algo que brota do interior do próprio indivíduo e não como uma submissão exterior à lei, tal como a exigia o conceito tradicional de justiça. Mas como a concepção ética dos gregos parte da vida coletiva e do conceito político de domínio, é pela transferência da imagem de uma *polis* bem governada para a alma de Homem que ele concebe o conceito de justiça. (Jaeger, 1989, p. 379)

Na verdade, quando se participa ativamente na elaboração das normas, elas não representam algo exterior ao indivíduo. Esse é o contexto do cidadão ateniense e da noção de autonomia como ser capaz *de dar a si mesmo as regras de conduta* (Chaui, 2005, p. 308). Por isso, diz Chaui, na acepção dos gregos, a virtude está intimamente ligada ao ***ethos***,[4] entendido como **caráter**:

> A virtude é uma excelência alcançada pelo caráter, tanto assim que a palavra grega que a designa é a *aretê*, que quer dizer "excelência". É a força interior do caráter que consiste na consciência do bem e na conduta definida pela vontade guiada pela razão, pois cabe a esta última o controle sobre os impulsos irracionais descontrolados, que existem em todo ser humano. (Chaui, 2005, p. 312)

---

4. Do grego, *ethos*, que tanto pode significar "costume como índole natural, temperamento, caráter; conjunto de disposições físicas e psíquicas de uma pessoa [...]; as quais determinam que virtudes e vícios cada indivíduo é capaz de cometer" (Chaui, 2005, p. 310).

E tinham razão os gregos, pois é certo que a ação ética supõe a aceitação consciente das normas e valores; se não fosse assim, por que determinados valores seriam escolhidos como orientadores da vida de alguém? Ninguém escolhe algo em que não acredita, que não legitime como correto, verdadeiro, como a melhor opção, especialmente quando essa escolha é dirigida para a orientação de sua vida. Só legitimamos — de modo consciente — quando participamos ativamente de sua criação, de modo que possamos "nos ver" nas normas e valores, quando eles expressam nossa vontade e nossos ideais.

A ética põe exigências à sociabilidade no sentido de exigir que o sujeito ético-moral assuma *responsabilidades* por suas escolhas, não apenas pelas implicações e conseqüências para si mesmo, mas também para os outros, que devem ser respeitados e tratados como seres iguais, quer dizer, como seres que possam ter escolhas diferentes, mas que têm direitos iguais. Vê-se, então, o quanto é fundamental o papel da *consciência moral* na ação ética. Na verdade, todas as capacidades humanas se articulam organicamente, uma sendo mediada pela outra; em todas as ações éticas é preciso fazer escolhas e pôr em movimento algum nível de consciência, o que envolve outros indivíduos e responsabilidades. Por isso, a ação moral torna-se consciente na medida em que *consegue se objetivar através de mediações éticas como liberdade, sociabilidade, alteridade e compromisso*, não esquecendo que as ações éticas envolvem riscos, por isso a responsabilidade é um componente fundamental.

Desse modo, a elevação acima da singularidade depende do grau de *interação* entre as várias *categorias éticas* e da sua ***constância*** na vida dos indivíduos. Segundo Heller, "a constância é a firmeza de caráter" (1998, p. 138), que reside na vida orientada *continuamente* para motivações humano-genéricas, que, elevando-se acima da singularidade, trabalha regularmente de modo consciente para reforçar seu próprio caráter.

Heller (2000, p. 40), baseada na idéia de Goethe — *de que todo homem pode ser completo, até mesmo na cotidianidade* —, sugere a possibilidade de construir uma **individualidade** consciente com o humano-genérico, capaz de determinar a **condução da vida**. Diz ela:

> A condução da vida não pode se converter em uma possibilidade social universal a não ser quando for abolida e superada a alienação. Mas não é impossível empenhar-se na condução da vida mesmo quando as condições gerais econômico-sociais ainda favorecem a alienação. Nesse caso, a condução da vida torna-se representativa, significa um desafio à desumanização, como ocorreu no estoicismo ou no epicurismo. Nesse caso, a "ordenação da cotidianidade" é um fenômeno nada cotidiano: o caráter representativo, "provocador", excepcional, transforma a própria ordenação da cotidianidade em uma ação moral e política. (Heller, 2000, p. 41)

Dissemos que existem diferentes formas de práxis, mas que, para ser uma práxis positiva — de afirmação da vida — é preciso ser uma atividade humano-genérica consciente. Logo, uma ação moral desse tipo requer que o indivíduo saia da vida cotidiana e da sua singularidade. Como isso é possível?

Ontologicamente considerada, a consciência moral fundamenta-se na liberdade; vincula-se à responsabilidade do sujeito ético que escolhe com compromisso em face das alternativas e dos riscos envolvidos. Como define Heller, trata-se da "concentração de todas as nossas forças na execução da escolha (ou decisão) e a vinculação consciente com a situação escolhida e, sobretudo, com suas conseqüências" (Heller, 2000, p. 25).

Mas o que significa se colocar **inteiramente**, ou melhor, quais seriam os parâmetros para avaliarmos o que é *positivo* ou *valoroso* para o homem, em termos ético-morais? Por que apropriar-se de motivações humano-genéricas seria considerado positivo? Segundo os pressupostos teóricos aqui desenvolvidos, para avaliarmos, em termos éticos, *o que é ou não valoroso* em relação ao homem, tomamos como medida o próprio homem, quer dizer, pressupomos que *a medida do homem é o próprio homem*.

Nessa direção, consideramos *valorosa* toda atividade que objetive os componentes essenciais do ser social: o trabalho, quando se realiza como práxis positiva, a sociabilidade, a capacidade de agir conscientemente, de ser livre e universal; conseqüentemente, entendemos por *desvalor* toda forma de agir que obscureça ou aliene o ser social desses componentes. Nas palavras de Heller:

> São de valor positivo as relações, os produtos, as ações, as idéias sociais que fornecem aos homens maiores possibilidades de objetivação, que integram sua sociabilidade, que configuram mais universalmente sua consciência e que aumentam sua liberdade social. Consideramos tudo aquilo que impede ou obstaculiza esses processos como negativo, ainda que a maior parte da sociedade empreste-lhe um valor positivo. (Heller, 2000, p. 78)

É com base nesses critérios que se entende que o indivíduo pode sair de sua singularidade através da moral, elevando-se a motivações humano-genéricas. Isso é considerado eticamente positivo, pois permite que ele se aproprie de exigências que podem *enriquecer sua personalidade*, tornando-a mais densa em manifestações produzidas pela humanidade ao longo da história, mas que, no contexto da alienação, não são apropriadas pela totalidade dos indivíduos sociais.

Como singularidade, o indivíduo se objetiva como agente moral; através da moral, pode apropriar-se de exigências genéricas, saindo de sua singularidade. Quando isso ocorre, ele se eleva à condição de sujeito ético, pois

> a moralidade torna-se ação ética no momento em que nasce uma convergência entre o eu e a alteridade, entre a singularidade individual e a totalidade social. O campo da particularidade exprime justamente esta zona de mediações onde se inscreve a ação ética. (Tertulian, 1999, p. 134)

Conclui-se que a escolha moral é livre quando se relaciona com as normas criticamente, buscando seu significado, assumindo opções que não se esgotam nelas mesmas, mas se desdobram em finalidades vinculadas a práticas sociais de intervenção na realidade, seja através da objetivação de valores, seja através da realização de ações éticas que criem mais liberdade ou que impeçam a violência, o desrespeito, a injustiça. O ato moral se constrói como *ato livre* na medida em que se escolhe tendo consciência de várias alternativas e das conseqüências das ações morais para os outros; por isso a ação moral é sempre social, implicando compromissos conscientes com algo ou com alguém, alguma direção que amplie a margem de liberdade e universalidade do ser social.

Portanto, de acordo com essas considerações, é possível — em certas condições históricas — que as objetivações éticas que envolvem o indivíduo singular sejam intensas e favorecedoras de seu *afastamento da cotidianidade*, permitindo-lhe entrar em conexão com sua dimensão humano-genérica: condição para que sua prática se eleve à dimensão de práxis conscientemente dirigida a projetos que o vinculam à humanidade, conquistas humanas valorosas, possibilitando-lhe a suspensão momentânea de sua singularidade voltada para seu "eu". Nesse sentido, o indivíduo tem a possibilidade de se "enriquecer" como ser humano, pois pode se apropriar das objetivações humano-genéricas existentes, de suas conquistas e valores. Assim fazendo, o indivíduo se constrói como subjetividade:

> A subjetividade de cada homem não se elabora nem a partir do nada, nem num quadro de isolamento: elabora-se a partir das objetivações existentes e no conjunto de interações em que o ser singular se insere. A riqueza subjetiva de cada homem resulta da riqueza das objetivações de que ele pode se apropriar. E é a modalidade peculiar pela qual cada homem se apropria das objetivações sociais que responde pela configuração da sua personalidade. (Netto e Braz, 2006, p. 47)

A construção da **subjetividade** supõe a apropriação de exigências morais humano-genéricas por parte do indivíduo. Segundo Lukács, determinadas *posições de valor são autenticamente* genéricas: "a ética, a filosofia, a arte, a práxis social e política" (Lukács *in* Heller, 1998, p. 13). Nessa perspectiva, atividades teóricas, como a filosofia, a arte e a ciência, permitem, de forma privilegiada, a objetivação das exigências humano-genéricas, configurando-se como formas de "consciência e autoconsciência do desenvolvimento humano" (Heller, 1998, p. 205).

2.4. Filosofia e reflexão ética

Enquanto forma de consciência, a **filosofia** expressa o conhecimento genérico alcançado pela humanidade até o presente; como **autoconsciência**, ela permite que os homens se apropriem desse desenvolvimento humano sob a forma de uma exigência genérica, isto é, de modo consciente, saindo de sua singularidade.

Assim como a arte, a filosofia propicia, por seu caráter universalizante, a suspensão da singularidade e, com ela, a possibilidade de uma **reflexão** sobre questões que — mesmo tendo sido colocadas em tempos remotos — fazem indagar sobre o presente, pois falam do homem, de seus vícios e virtudes, de suas inquietações mais essenciais, e por isso permanecem atuais. Nesse sentido, a arte e a filosofia motivam, instigam, exigem, não apenas reflexões; dependendo de sua intensidade, podem interferir na *condução de vida* dos indivíduos, em termos ético-morais e políticos.

A universalidade filosófica precisa dos conhecimentos científicos voltados para dimensões particulares da realidade; na mesma medida, a ciência depende de uma base filosófica para não perder a perspectiva da totalidade. Desse modo, Lukács considera a ciência e a filosofia como formas de conhecimento que se complementam, determinando-se reciprocamente:

> A filosofia desenvolve as generalizações da ciência, colocando-as sobretudo em relação indissolúvel com a gênese histórica e o destino do gênero humano, com sua essência, com o seu ser e com o seu dever. (Lukács, 1990, p. LXXXVI).

Quando conserva sua característica de saber crítico e radical, a filosofia apreende a realidade de modo valorativo, indagando sobre as possibilidades de sua negação. Como Lukács afirma:

> [...] Este saber não é um fim em si mesmo. Não há nenhum filósofo realmente merecedor deste nome, e que não o seja apenas no sentido estritamente acadêmico, cujo pensamento não tenda a interferir a fundo nos conflitos decisivos de sua época, a elaborar os princípios para dirimi-los, e, portanto, dar uma orientação mais resoluta à própria ação dirimente. (Lukács, 1990, p. LXXXVII)

Por essas características, a filosofia é lugar de nascimento da ética como **conhecimento ético ou filosofia moral**: sistematização das formas de *existência ético-moral do ser social*. Por essa herança, a ética se desenvolve como um ramo da filosofia, adquirindo várias configurações, dependendo da perspectiva de cada pensador, mas conservando determinadas características que fazem parte da natureza do conhecimento filosófico, como, por exemplo, seu caráter universalizante e sua preocupação com a essência dos fenômenos, como bem mostra Lukács:

> [...] Para a filosofia, a essência e o gênero humano, o seu de-onde e para-onde, constituem o problema central permanente, mesmo se continuamente mudando de acordo com a época histórica. Indo para além da necessária divisão social do trabalho das ciências, a universalidade filosófica autêntica não é nunca uma simples síntese enciclopédica ou pedagógica de resultados comprovados, mas uma sistematização, como meio mais adequado para entender do modo mais adequado possível este de-onde e para-onde do gênero humano. (Lukács, 1990, p. LXXXVII)

Quando a ética se realiza como saber histórico, tendo por finalidade um conhecimento radical e totalizante, pode voltar-se para a crítica da moral cotidiana, para o desvelamento da alienação moral, os fundamentos e o significado dos valores, para a apreensão das possibilidades de objetivação concreta das exigências éticas humano-genéricas.

Nesse sentido, pode situar-se no **horizonte da liberdade**, objetivando o enriquecimento do sujeito moral, através de uma reflexão crítica, incentivando atitudes conscientes, destinadas a escolhas que ultrapassam o nível do "eu" singular e adquirem uma amplitude coletiva: social, humana. Como crítica sistemática à alienação moral, a ética é crítica à vida cotidiana, em seus aspectos morais, isto é, à discriminação, ao preconceito, ao moralismo, ao individualismo, ao egoísmo moral, entendidos como formas de expressão das relações sociais fundadas na exploração do trabalho e na apropriação privada da riqueza socialmente construída pelo gênero humano.

Uma **ética** configurada como *reflexão crítica e sistematização teórica orientada por pressupostos sócio-históricos e dirigida a valores emancipatórios é consciente de seus limites objetivos na sociedade burguesa, mas pode contribuir para a ampliação de uma consciência social crítica.*

Como conhecimento crítico, pode contribuir para o desvelamento da moral dominante, de suas contradições, das normas abstratas, da coisificação das motivações éticas, no sentido de identificar os fundamentos históricos da alienação moral e apontar estratégias de enfrentamento ético-político das condições adversas do presente, orientadas por uma projeção do amanhã.

ATIVIDADES COMPLEMENTARES

2.1. Particularidades ético-morais

Textos de apoio

Texto 1

Quadro aristotélico das virtudes e dos vícios

Virtude	Vício por excesso	Vício por falta
Coragem	Temeridade	Covardia
Temperança	Libertinagem	Insensibilidade
Prodigalidade	Esbanjamento	Avareza

Virtude	Vício por excesso	Vício por falta
Magnificência	Vulgaridade	Vileza
Respeito próprio	Vaidade	Modéstia
Prudência	Ambição	Moleza
Gentileza	Irascibilidade	Indiferença
Veracidade	Orgulho	Descrédito próprio
Agudeza de espírito	Zombaria	Rusticidade
Amizade	Condescendência	Enfado
Justa indignação	Inveja	Malevolência

Fonte: Chaui, 2005, p. 448.

Texto 2

Ai que saudades da Amélia!
(Música de Ataulfo Alves; letra de Mario Lago)

Nunca vi fazer tanta exigência
Nem fazer o que você me faz
Você não sabe o que é consciência
Nem vê que eu sou um pobre rapaz.
Você só pensa em luxo e riqueza
Tudo o que você vê você quer.
Ai, meu Deus, que saudades da Amélia!
Aquilo sim é que era mulher

Às vezes passava fome ao meu lado
E achava bonito não ter o que comer.
Quando me via contrariado
Dizia: "Meu filho, o que se há de fazer!"
Amélia não tinha a menor vaidade
Amélia é que era mulher de verdade.

Texto 3

Moral revolucionária: paixão e utopia

A questão da realização humana põe em discussão outro tópico desta abordagem da moral: o problema da felicidade humana.

O homem é feliz?

Quando falamos em realização tentamos dar um significado sociocultural concreto à palavra, mas não quisemos eliminar o universo da subjetividade humana.

Por ser uma palavra de tom fortemente subjetivo, este termo, felicidade, pode parecer um pouco "solto", e talvez um tanto utópico — no sentido negativo de utopia. Para não eliminarmos o espaço da subjetividade nesta reflexão e mesmo não subestimá-la, é preciso que recoloquemos a questão da felicidade humana de modo a torná-la mais concreta e situada. Vale dizer, "objetivá-la", nestes termos: O homem é historicamente feliz? Quais são as condições reais para a expressão desse ideal subjetivo de felicidade humana e ao mesmo tempo para a concretização desse projeto (social e histórico), que é o homem na busca do cumprimento de seu destino?

Assim colocada a pergunta, não temos como fazer um discurso abstrato e aéreo e apenas como ideal subjetivo e utópico em torno da felicidade humana. Além do mais, aí o problema da felicidade humana aparece como questão fundamentalmente moral. Por quê? Porque é vista a partir das condições reais para concretização desse ideal, dessa "utopia", dessa aposta no futuro. Mas aqui, concretamente, precisamos repor a questão da compreensão dos valores. De que modo?

É preciso salientar, ainda que de passagem, que vivemos em uma sociedade profundamente consumista. E até o ideal de felicidade nos parece distorcido porque aparece demasiadamente "fabricado". Neste ideal que todo homem carrega amarra-se à idéia, também consumista, de desejo e de prazer. O sentido de prazer, como questão eminentemente de valores, aparece trabalhado pelo esquema de consumo de idéias representadas (ideologias) e não criadas e vividas, a provocar nossos desejos.

Vamos esclarecer com um exemplo que talvez nos ajude a avançar melhor: Sobretudo nossa geração pós-64, no Brasil, se orienta demasiadamente a partir do canto de sereia do consumo capitalista e deixa que o valor ideal do consumismo se torne valor real para nós.

Se existe alguma coisa que o capitalismo faz bem, é mexer com nossos desejos. E isso é o que mais nos tira do real e nos põe no ideal. Exemplificando: conheço muitos jovens pobres que, por questão de moda, deixam de se alimentar adequadamente para adquirir um par de patins. Por quê? Porque a "curtição" do momento é pisar numa pista de "rolling skate" para fazer bancada às garotas. Pois é! É lá que a patota se encontra. Se não estou com eles, fujo da convivência, fico chato, careta. Se vou sem os patins não tenho presença. O que fazer? A vida é uma só! A sensação de "liberdade" que a curtição dos patins me provoca (esta "liberdade" também defendida por quem transa asa delta, "Wind surf", motéis de "alta rotatividade" na zona sul do Rio etc.) é um valor supremo de consumo que me deixa em dia com o que há de mais sensacional, prazeroso. Assim, essa "geração de abandonados" vai caindo numa espécie de "orgia solta" sem perceber que esta felicidade do consumo a está até desencorajando e desrealizando aquela verdadeira potencialidade de criação de valores reais.

É preciso salientar, no entanto, que o exemplo dado sobre a geração jovem pós-64 (os que nasceram nas décadas de 60 e 70) não tem o sentido de atirar pedras nem contra o jovem, muito menos o rico: o único que pode dar para si suas 24 horas diárias ao prazer de viver.

O problema da realização da moral humana, a valer do exemplo, não está a nível apenas do comportamento em si mesmo. Não sou contra a prática do esporte, do sexo, enfim, a ocupação do espaço urbano para o encontro das pessoas no sentido de buscar a realização pela convivência. Já salientamos que as raízes da moral não estão no ato ou no comportamento em si, mas em tudo o que confere sentido (antropológico) ou razoabilidade ao ato humano. Além do mais, considero esta nossa geração maravilhosa quanto aos modos e à coragem para questionar valores do passado, buscar novos valores. Esta nossa geração carrega em si uma capacidade intuitiva para questionar e viver os valores de modo muito mais livre e corajoso que nossos pais ou nossos avós. Não é preciso muitos exemplos para mostrar que a moral anterior aos anos 60 e 70 era muito mais rígida, legalista e "moralista" que a busca da compreensão e realização da moral hoje.

Quando chamo nossa geração de "abandonada" refiro-me a um mundo de valores que antecede e recai sobre suas costas, à forma como esta geração é considerada, e a um mundo que é preparado para seu futuro. Esta geração está jogada num esquema perigoso, num mundo fabricado para ela sem que a mesma perceba e reflita. Refiro-me, sobretudo, à "fabricação da felicidade", que é algo, apenas em tese, profundamente moral, dada a forma abstrata como a sociedade capitalista propõe. Depois de tudo o que dissemos, não tem o menor sentido voltar-se contra os desejos de uma geração. Mas é preciso saber quando é que os mesmos são fabricados. Os ratos de laboratório de Pavlov, que bebiam água sob condicionamento, também tinham seus desejos fabricados e manipulados.

Pois bem, voltemos à questão das questões: *o que é ou o que torna o homem feliz?* Vamos concretizar mais esta questão: *que homem pode ser (moralmente) feliz?*

(Otaviano Pereira, 1983, p. 58-60)

Exercícios e dicas culturais

1. A partir do *quadro aristotélico das virtudes e dos vícios*, identifiquem os *valores ético-morais* presentes no seu cotidiano, no comportamento dos indivíduos, em seus juízos de valor e posicionamentos. Vocês podem pesquisar em jornais, revistas de grande circulação, programas de TV etc. Discutam o resultado, refletindo sobre seu *significado* com base no quadro de Aristóteles.

2. Comparem a tese aristotélica do *meio-termo* com a figura da *Amélia* do Texto 2. O que vocês pensam sobre a proposta de Aristóteles e a de Ataulfo Alves e Mario Lago?

3. Com base na tese de Aristóteles e na figura de Amélia, discutam a questão da moral e dos deveres e normas após assistir a alguns dos filmes a seguir:

- *A excêntrica família de Antônia* (Dir.: Marleen Gorris)
- *Ladrões de bicicleta* (Dir.: Vittorio de Sica)
- *Maus hábitos* (Dir.: Pedro Almodóvar)
- *Seven: os sete crimes capitais* (Dir.: David Fincher)

3.1 Para ajudar na discussão, seguem as leituras:

- *Psicanálise e moral* (Jurandir Freire Costa, 1989)
- *Nos labirintos da moral* (Mario Sergio Cortella e Yves de la Taille, 2005)
- *Questões da vida cotidiana e da moral* (Leon Trotsky, 2005)

2.2. Exigências sociais e motivações morais singulares

Textos de apoio

Texto 1

Moral da ambigüidade

[...] É a existência humana que faz surgir no mundo os valores de acordo com os quais ela poderá julgar os empreendimentos em que se engajará; mas ela não se situa primeiramente para além de todo o pessimismo como de todo o otimismo, pois o fato de sua irrupção original é pura contingência; não há nada antes da existência da razão de existir assim como não há razão de não existir. O fato da existência não pode ser estimado, uma vez que é o fato a partir do qual todo o princípio de estimação se define; ele não pode ser comparado a nada, pois não há nada fora dele para servir de termo de comparação [...]. O homem existe. Não se trata para ele de se perguntar se sua presença no mundo é útil, se a vida vale a pena ser vivida: são questões destituídas de sentido. Trata-se de saber se ele quer viver e em que condições.

Mas se o homem é livre para escolher ele próprio as condições de uma vida válida aos seus olhos, ele não pode escolher qualquer coisa e agir de qualquer modo? [...].

A liberdade é a fonte de que surgem todas as significações e todos os valores; ela é a condição original de toda justificação da existência; o homem que busca justificar sua vida deve manter antes de tudo e absolutamente a própria liberdade: ao mesmo tempo em que ela exige a realização de fins concretos, de projetos singulares, ela se exige universalmente [...].

O enclausuramento perpétuo é a mais terrível das penas, porque conserva a existência em sua pura facticidade, mas interdita-lhe qualquer legitimação. Uma liberdade só pode se querer sem se querer como movimento indefinido; ela deve absolutamente recusar as coerções que interrompem seu impulso para si mesma; essa recusa assume uma face positiva quando a coerção é natural: recusamos a doença curando-nos; mas ela reveste a face negativa da revolta quando o opressor é uma liberdade humana. Não poderíamos negar o ser: o ser em-si, e sobre esse ser pleno, essa pura positividade, a negação não tem poder; não se escapa a essa plenitude: uma casa destruída é uma ruína, uma corrente quebrada é uma ferragem: atinge-se tão-somente a significação e através dela o para-si que nela se projetava; o para-si porta o nada em seu cerne e pode ser aniquilado tanto na própria irrupção de sua existência, quanto no mundo no qual ele existe: a prisão é negada quando o prisioneiro escapa. Mas a revolta enquanto puro movimento negativo permanece abstrata; ela só se realiza como liberdade quando retorna ao positivo, isto é, quando dá a si um conteúdo através de uma ação: evasão, luta política, revolução; então a transcendência humana visa com a destruição da situação dada a todo o futuro que decorrer de sua vitória; ela reata sua relação indefinida consigo própria.

(Simone de Beauvoir, 2005, p. 19; 26; 31)

Texto 2

Extratos sobre a alteridade e a tolerância

1

[...] Eu venho me rebelando há um certo tempo contra a palavra "tolerância", e gostaria de conversar um pouco a respeito da idéia que ela transmite. Na minha área, no campo das Ciências da Religião, fala-se muito em tolerância religiosa [...]. Ela aparece, por exemplo, em Locke quando ele escreve um tratado acerca da tolerância, discutindo a própria capacidade de convivência de uma sociedade religiosamente cindida, dividida... Que foi, sem dúvida, um impulso fundamental para que o mercado pudesse ter um pouco de paz no mundo europeu do século XVIII. Mas eu me rebelo porque acho que a palavra "tolerância" produz quase um seqüestro semântico, pois quando alguém a usa, está querendo dizer que *suporta* o outro. Afinal tolerar é suportar [...]. Eu o suporto, agüento. Você não é como eu, aceito isso, mas continuo sendo eu mesmo. Não quero ter contato, só respeito a sua individualidade. Em vez de utilizar a palavra "tolerância", tenho preferido uma outra: "acolhimento". Há uma diferença entre tolerar que você não tenha as mesmas convicções que eu — sejam religiosas, políticas ou outras — e acolher suas convicções. Porque acolher significa que eu recebo na qualidade de alguém como eu.

(Mario Sergio Cortella, In: Cortella e La Taille, 2005, p. 28-29)

2

Jean Jaurès fazia questão de não confundir respeito e tolerância. Acreditava que a palavra tolerância era perigosa, em todo o caso, insuficiente, condescendente, inclusive injuriosa: "Vocês são tolerados!" A tolerância é uma atitude muito ambígua ("Para isso, existem casas...", dizia Claudel). Tolerar é julgar-se em condições de dominar, julgar; é ter de si mesmo um conceito o bastante positivo para aceitar o outro com todos os seus defeitos. É necessário tomar um rumo completamente diferente e tomar consciência da contribuição dos outros, que se torna tanto mais rica quanto maior for a diferença em relação a si mesmo.

(Albert Jacquard, 1997, p. 3-4)

3

O problema dos limites da tolerância não pode ser situado no plano das idéias, ainda que a realidade não deixe de se relacionar com elas, mas na realidade mesma [...]. É aí que se devem buscar os limites da tolerância, entendida como convivência não somente de idéias distintas e opostas — às quais não se pode renunciar — mas como convivência de práticas ou formas de vida não apenas distintas, mas até antagônicas. Mas aqui, e particularmente no tipo de prática, conduta ou forma de vida que é a política, é onde se torna pertinente a pergunta que nos inquieta: pode-se tolerar tudo, ou o mesmo, em todos os momentos? E se não se pode e se não se deve tolerar, qual é o critério para distinguir o tolerável do intolerável? Se a tolerância penetra na convivência não apenas das idéias, mas das práticas e condutas distintas e opostas, pode-se e deve-se tolerar a prática política que mina ou destrói tanto um plano como outro?

(Adolfo Sánchez Vázquez, 1999, p. 122-123)

2.2.1. *Formas de alienação moral*

Texto de apoio

Texto 1

Kafka — Diante da Lei

Diante da Lei há um guarda. Um camponês apresenta-se diante deste guarda, e solicita que lhe permita entrar na Lei. Mas o guarda responde que por enquanto não pode deixá-lo entrar. O homem reflete e pergunta se mais tarde o deixarão entrar.

— É possível — disse o porteiro —, mas não agora.

A porta que dá para a Lei está aberta, como de costume; quando o guarda se põe de lado, o homem se põe a espiar. O guarda vê isso, ri-se e lhe diz:

— Se tão grande é o teu desejo, experimenta entrar apesar de minha proibição. Mas lembra-te que sou poderoso. E sou somente o último dos guardas. Entre salão e salão também existem guardas, cada qual mais poderoso do que o outro. Já o terceiro guarda é tão terrível que não posso suportar seu aspecto.

O camponês não havia previsto estas dificuldades; a Lei deveria ser sempre acessível para todos, pensa ele, mas ao observar o guarda, com seu abrigo de peles, seu nariz grande e como de águia, sua barba longa de tártaro, rala e negra, resolve que mais lhe convém esperar. O guarda dá-lhe um banquinho e permite-lhe sentar-se a um lado da porta. Ali espera dias e anos. Tenta infinitas vezes entrar, e cansa o guarda com suas súplicas. Com freqüência o guarda mantém com ele breves palestras, faz-lhes perguntas sobre seu país, e sobre muitas outras coisas; mas são perguntas indiferentes, como as dos grandes senhores, e para terminar, sempre lhe repete que ainda não pode deixá-lo entrar. O homem, que se abasteceu de muitas coisas para a viagem, sacrifica tudo, por mais valioso que seja, para subornar ao guarda. Este aceita tudo, com efeito, mas lhe diz:

— Aceito-o para que não julgues que tenhas omitido algum esforço.

Durante esses longos anos, o homem observa quase continuamente o guarda: esquece-se dos outros, e parece-lhe que este é o único obstáculo que o separa da Lei. Maldiz sua má sorte, durante os primeiros anos temerariamente e em voz alta; mais tarde, à medida que envelhece, apenas murmura para si. Retorna à infância, e, como em sua longa contemplação do guarda, chegou a conhecer até as pulgas de seu abrigo de pele, também suplica a estas que o ajudem a convencer ao guarda. Finalmente, sua vista enfraquece-se, e já não sabe se realmente há menos luz, ou se apenas o enganam seus olhos. Mas em meio da obscuridade distingue um resplendor, que surge inextinguível da porta da Lei. Já lhe resta pouco tempo de vida. Antes de morrer, todas as experiências desses longos anos se confundem em sua mente em uma só pergunta, que até agora não formou. Faz sinais ao guarda para que se aproxime, já que o rigor da morte endurece seu corpo. O guarda vê-se obrigado a baixar-se muito para falar com ele, porque a disparidade de estaturas entre ambos aumentou bastante com o tempo, para detrimento do camponês.

— Que queres saber agora? — pergunta o guarda. — És insaciável.

— Todos se esforçam por chegar à Lei — diz o homem —; como é possível então que durante tantos anos ninguém mais do que eu pretendesse entrar?

O guarda compreende que o homem já está para morrer, e, para que seus desfalecentes sentidos percebam suas palavras, diz-lhe junto ao ouvido com voz atroadora:

— Ninguém podia pretender isso, porque esta entrada era somente para ti. Agora vou fechá-la.

(F. Kakfa, 1965, p. 71)

Exercícios e dicas culturais

1. O texto de Simone de Beauvoir (*Moral da ambigüidade*) pode ser discutido em relação aos fundamentos da liberdade, fazendo uma comparação entre o existencialismo e o marxismo. Mas existem muitas outras questões que podem ser discutidas. Vocês também podem pesquisar sobre a autora e ler seus romances e suas obras sobre a questão da mulher, como a famosa *O segundo sexo*.

2. Os textos sobre a *intolerância* remetem a um debate interessante que pode envolver questões éticas e políticas, dimensões profissionais, pessoais, trazendo a questão da "neutralidade" para a roda. Bom debate!

3. Para a discussão do texto de Kafka, pode-se assistir aos filmes *Dogville*, de Lars Von Trier, e *Laranja mecânica*, de Stanley Kubric, *O cheiro do ralo*, de Heitor Dhalia, *Tiros em Columbine*, de Michael Moore, *Dersu Usala*, de Akira Kurosawa. A discussão pode pautar-se na temática da alienação e da moral, baseada no seguinte roteiro:

3.1 Fazer uma relação entre o texto e os filmes, identificando as questões éticas que eles suscitam.

3.2 Identificar a relação entre a lei moral e a questão da repressão, nos contextos apresentados.

3.3 Fazer uma análise das situações com base nos estudos sobre a alienação e a coisificação das relações sociais.

2.3. Exigências éticas humano-genéricas

Texto de apoio

Texto 1

Arte e sociedade

Um artista só pode exprimir a experiência daquilo que seu tempo e suas condições sociais têm para oferecer. Por essa razão, a subjetividade de um artista não consiste em que a sua experiência seja fundamentalmente diversa da dos outros homens de seu tempo e de sua classe, mas consiste em que ela seja mais forte, mais consciente e mais concentrada. A experiência do artista precisa apreender novas relações sociais de maneira a fazer que outros também venham a tomar consciência delas: ela precisa dizer *hic tua res agitur.* Mesmo o mais subjetivo dos artistas trabalha em favor da sociedade. Pelo simples fato de descrever sentimentos, relações e condições que não haviam sido descritos anteriormente, ele canaliza-os do seu "Eu" aparentemente isolado para um "Nós"; e este "Nós" pode ser reconhecido até na subjetividade transbordante da personalidade de um artista. Esse processo, todavia, nunca é um retorno à primitiva coletividade do passado; ao contrário, representa um impulso na direção de uma nova comunidade cheia de diferenças e tensões, na qual a voz individual não se perde numa vasta unissonância. Em todo autêntico trabalho de arte, a divisão da realidade em individual e coletiva, em singular e universal, é interrompida; porém é mantida como fator a ser incorporado em uma unidade recriada.

Só a arte pode fazer todas essas coisas. A arte pode elevar o homem de um estado de fragmentação a um estado do ser íntegro, total. A arte capacita o homem para compreender a realidade e o ajuda não só a suportá-la como a transformá-la aumentando-lhe a determinação de torná-la mais humana, mais hospitaleira para a humanidade. *A arte, ela própria, é uma realidade social.* A sociedade precisa do artista, este supremo feiticeiro, e tem o direito de pedir-lhe que ele seja consciente de sua função social. Tal direito nunca foi discutido numa sociedade em ascensão, ao contrário do que ocorre nas sociedades em decadência. A ambição do artista que se apoderou das idéias e experiências do seu tempo tem sido sempre não só a de representar a realidade como a de plasmá-la. O Moisés de Michelangelo não era só a imagem artística do homem do Renascimento, a corporificação em pedra de uma nova personalidade consciente de si mesma. Era também um mandamento em pedra dirigido aos contemporâneos de Michelangelo e a seus dirigentes: "É assim que vocês precisam ser. A época em que vivemos o exige. O mundo a cujo nascimento presenciamos o requer".

(Ernst Fischer, 1979, p. 56-57)

Exercícios e dicas culturais

1. O inspirador texto de Ernst Fischer, sobre a necessidade da arte, retoma as questões que abordamos no texto sobre as *Exigências éticas humano-genéricas*. Como dissemos, o contato com as atividades artísticas possibilita a conexão com exigências que ampliam a consciência ética dos indivíduos, pois a beleza não está separada do conjunto das atitudes e dos valores que eticamente são acumulados na história da humanidade.

Você já teve uma experiência diante de uma manifestação artística (por exemplo, uma escultura, uma pintura, uma música, uma dança etc.)

que o tenha levado a uma conexão com sua dimensão humano-genérica? Quando isso ocorre, você se esquece de si mesmo, como indivíduo singular, sentindo-se — por inteiro — parte da humanidade, admirando-se, no sentido de se identificar conscientemente com aquele produto com que está se relacionando (produzindo modificações em seu gosto estético, enriquecendo-o como indivíduo).

O exercício sugerido nesta unidade consiste em experiências desse tipo. Sugerimos que vocês vivenciem atividades diferentes das que costumam realizar em sala de aula. Em vez de fazer um trabalho, sob a forma de um seminário, convidem os professores para visitar um museu ou assistir a um concerto musical, a uma peça, a uma apresentação de dança.

É importante tomar contato com uma *obra de arte* que vocês não conheçam, mas que tenha um significado universal, uma obra clássica.

É fundamental registrar (anotar, gravar, fotografar) essa experiência artística e depois discutir com os(as) colegas, retomando a leitura do nosso texto sobre as *Exigências éticas humano-genéricas*, assim como de outras leituras que acharem interessantes.

2. Essa experiência pode ser vivenciada várias vezes e de formas diferenciadas. Experimente-as para saber qual delas é mais prazerosa para você. Sugestões de experiências através da música.

- *Sinfonia número 5*, de Beethoven.
- *Seis suítes para cello*, de Bach, executadas por Yo-Yo Ma.
- Trilhas dos filmes *A Liberdade é Azul, A Igualdade é Branca; A Fraternidade é Vermelha*, de Krzysztof Kielowski, compostas por Zbigniew Preisner.
- *The Koln Concert*, de Keith Jarrett.

3. Os filmes abaixo tratam da arte e da vida.

- *Camile Claudel* (Dir.: Bruno Nuytten)
- *Sonhos* (Dir.: Akira Kurosawa)
- *Cinema Paradiso* (Dir.: Guiseppe Tornatore)

4. O cinema é uma atividade enriquecedora, pois permite entender melhor a vida, em seus múltiplos aspectos culturais, em diversas interpretações e manifestações históricas. A *sétima arte* nos mostra mil faces

da vida e de como os homens gostariam que ela fosse; viajamos nos amores dos personagens; refletimos sobre os vícios e as virtudes da humanidade; descobrimos os seus segredos mais ocultos, seus devaneios e temores. Neste exercício, sugerimos que você e sua turma mergulhem no cinema brasileiro, para conhecer um pouco mais sobre a nossa cultura.

O exercício consiste em uma pesquisa sobre a história do cinema brasileiro. Em primeiro lugar é preciso saber que em todas as capitais deve haver uma *cinemateca*, um ótimo lugar para conhecer a história do cinema, em geral. Nada de Internet. Pesquisem ao vivo, aproveitem para ver um bom filme, procurando sempre as salas especializadas em *filmes de arte*, que obviamente não se encontram nos *shoppings*, cujos cinemas em geral exibem apenas filmes comerciais. Isso vale também para as videolocadoras. Existem as que alugam filmes que não interessam a quem pretende uma reflexão crítica e as que têm uma seção de filmes de arte, onde estão os filmes europeus, asiáticos etc.

Em sua pesquisa, descubram por que existe no Brasil uma fase chamada de "cinema da retomada". E também se existe uma relação entre o cinema e a censura. Façam uma lista dos principais filmes de cada etapa do cinema brasileiro para, então, assisti-los em grupo, fazendo um debate e vinculando os seus temas ao estudo da ética. A partir dessa pesquisa, pode-se propor o uso do cinema como recurso em sala de aula.

Aí vão algumas sugestões.

Filmografia brasileira

- *Ação entre amigos* (Dir.: Beto Brant)
- *Antônia* (Dir.: Tata Amaral)
- *Brava gente brasileira* (Dir.: Lucia Murat)
- *Bye Bye Brasil* (Dir.: Cacá Diegues)
- *Cabra marcado para morrer* (Dir.: Eduardo Coutinho)
- *Carlota Joaquina* (Dir.: Carla Camurati)
- *Central do Brasil* (Dir.: Walter Salles Jr.)
- *Chuvas de verão* (Dir.: Cacá Diegues)
- *Cidade de Deus* (Dir.: Fernando Meirelles)

- *Cronicamente inviável* (Dir.: Sergio Bianchi)
- *Dois perdidos numa noite suja* (Dir.: José Joffily)
- *Domésticas* (Dir.: Fernando Meirelles)
- *Dona Flor e seus dois maridos* (Dir.: Bruno Barreto)
- *Eternamente Pagu* (Dir.: Norma Bengell)
- *Lavoura arcaica* (Dir.: Luís Fernando Carvalho)
- *Memórias do cárcere* (Dir.: Nelson Pereira dos Santos)
- *Noite vazia* (Dir.: Walter Hugo Khouri)
- *O homem que virou suco* (Dir.: João Batista de Andrade)
- *O invasor* (Dir.: Beto Brant)
- *Sábado* (Dir.: Ugo Giorgetti)
- *Um céu de estrelas* (Dir.: Tata Amaral)
- *Ensaio sobre a cegueira* (Dir.: Fernando Meireles)

5. Que tal escrever uma peça de teatro baseada em uma *criação coletiva*, feita pelo grupo a partir de um tema tratado no curso? Ou fazer um *jornal* para expor as obras literárias, os ensaios e poesias da turma?

Capítulo 3

História e sociedade: os sujeitos ético-políticos

3.1. Entre a ética e a política: os (des)caminhos da liberdade

A reflexão ética tem nos levado por caminhos de encontro com a liberdade. É evidente que ela se destaca dentre as capacidades humanas e as exigências éticas. Continuemos, pois, ao seu lado, em uma breve viagem pela história, buscando entender, nos limites deste estudo, algumas de suas configurações marcantes, enquanto possibilidade de objetivação prática posta pelas condições de cada momento e como indagação e resposta de alguns pensadores que influenciaram a cultura e o conhecimento da humanidade.

Vimos que os gregos são autores da filosofia, o que lhes confere um relevo especial no contexto da democracia e das cidades-Estado (*pólis*), como Atenas e Esparta, permitindo uma aproximação entre "o *potencial de desenvolvimento do indivíduo e da espécie humana*" (Heller, 1998, p. 215). Não por acaso coube a eles a construção dos primeiros ensinamentos e sistematizações éticas, inseparáveis da participação dos cidadãos nos destinos da cidade, dando materialidade à unidade entre

ética e **política**. A racionalidade, o amor à sabedoria e a fidelidade à política constituíam um conjunto de exigências éticas que serviam de mediação entre o indivíduo e a sociedade sem o subordinar totalmente a ela, como ocorria nas comunidades primitivas. Vázquez chama a atenção para essa diferença:

> [...] O indivíduo se sente membro da comunidade, sem que, de outro lado, se veja — como nas sociedades primitivas — absorvido totalmente por ela. Essa compreensão da existência de um domínio pessoal, ainda que totalmente inseparável da comunidade, é de capital importância do ponto de vista moral, pois conduz à consciência da responsabilidade pessoal que constitui parte da moral. (Vázquez, 1977, p. 32-33)

Dissemos que com Sócrates já surge a noção grega de **autodomínio** como decisão que não é submetida a uma lei externa, mas ao domínio moral interno do sujeito (Jaeger, 1989). Essa noção permanece viva em **Aristóteles**, para quem a ética é principalmente um saber prático — devido ao seu vínculo orgânico com a política e a vida pública — e **vontade** a**utônoma**, no sentido do sujeito que dá a *si mesmo as normas de ação*. **Razão**, **liberdade**, **autodeterminação** e **política** constituem o núcleo ético-filosófico da herança dos antigos para a cultura ocidental: o homem é um ser político e racional, o que o capacita para o conhecimento e para a vida pública: ele é capaz de dominar seus instintos e deliberar racionalmente, livre de determinações externas.

Sabemos que tais conquistas valiosas só foram acessíveis para parcela da sociedade. Devido à rígida estratificação e à hierarquia social, só os cidadãos, ou seja, os *homens livres*, podiam decidir os destinos da *pólis* e ter acesso ao conhecimento, à cultura e ao poder. Da cidadania estavam excluídos os escravos, as mulheres e os estrangeiros.

A divisão social do trabalho, fundada na propriedade privada, tornou viável a apropriação do trabalho e da vida *do outro* — o escravo — tratado como um objeto, como coisa. Aristóteles, expressando a consciência de sua época histórica, entendia que *cada ser ocupava um lugar e uma função na ordem do universo*, e que a realização das virtudes obedecia a essa ordem. Sendo assim, embora o escravo e o cidadão fossem igualmente dotados de virtudes, elas eram diferenciadas: a virtude do senhor residia na capacidade de mando; a do escravo na obediência; só através dela o escravo poderia realizar sua natureza. Embora não elimine o produto histórico a que deu origem — produto histórico valoroso e representativo de conquistas humanas no campo do conhecimento e do desenvolvimento da cultura —, essa situação evidencia, contraditoriamente, a presença da alienação, através da exploração do trabalho, demonstrando que a afirmação do gênero humano coexiste com sua negação.

Na verdade, essa contradição já se mostrava no interior da *pólis*, uma vez que a sociedade idealizada pelos filósofos como uma cidade feliz e justa não poderia existir concretamente em uma sociedade escravista. Como bem observa Marilena Chaui (1992, p. 348), o ideal da *bela totalidade ética* definida por Hegel — de uma comunidade de perfeita integração entre ética e política — não existiu de fato. No entanto, foi *desejada como valor e experimentada por parte da sociedade*. O que Chaui aponta é muito importante para assinalar a presença de contradições, no contexto da *pólis*:

> Quando Édipo é designado como *tyrannikós* (e não como rei, *basileus*), o que se procura indicar é a sua desmedida injusta — parricídio e incesto. Quando o ostracismo é criado como instituição política, assinala o receio da cidade de que, alguém vencendo todos os outros pelo desempenho físico e argumentativo, ganhasse a supremacia e, sozinho, dominasse a *pólis*. Se a instituição foi criada, o perigo existia. A *hybris* — a desmedida — sempre rondou o ideal da vida ética justa. (Chaui, 1992, p. 493)

É assim que a história se desenvolve nas formas até agora existentes, quais sejam, nas sociedades fundadas na exploração do trabalho, na propriedade privada e na divisão social do trabalho. Desse modo, as tendências dominantes de cada época coexistem com possibilidades de negação, com maior ou menor intensidade, dependendo do contexto, das forças sociais, dos projetos humanos. As tendências éticas dos antigos — em sua valorização da razão filosófica e da liberdade articulada à práxis política democrática — são negadas na Idade Média, quando a religião passa a organizar, de forma dominante, o conteúdo moral das ações humanas. As instituições tidas como fundamentais — *a família, a igreja e as corporações* — base de sustentação socioeconômica e político-ideológica da vida social, funcionavam como *mediadoras* entre o indivíduo e a comunidade. Daí a presença de modos de vida baseados na defesa de valores como: **tradição**, **autoridade** e **propriedade**. Nesse contexto, a ética adquire uma configuração fortemente subordinada ao poder espiritual da igreja e da doutrina cristã, que introduz noções estranhas aos antigos, como a idéia de **dever** e de **culpa**, tornando problemática a noção de autonomia, como afirma Marilena Chaui:

> Ao exigir a submissão da vontade humana a uma vontade transcendente e essencialmente boa, que define desde a eternidade os valores e comportamentos morais, segundo uma finalidade que não é mais a da felicidade social, política e terrena, mas a da salvação extraterrena e extratemporal [...] subordina o ideal de virtude à idéia do dever e da obrigação [...] tornando problemática e quase impossível a finalidade da ética dos antigos, isto é, a autonomia, o dar-se a si mesmo sua norma de ação. (Chaui, 1992, p. 349)

A **ética cristã**, que influencia fortemente a cultura ocidental, baseia-se nas "verdades reveladas" por Deus, através da Bíblia, de documentos religiosos, quer dizer, de mandamentos que não podem ser contestados racionalmente. Através de pensadores como Santo Agostinho e Santo Tomás de Aquino, a filosofia de Platão e Aristóteles é retomada à luz dos dogmas cristãos, daí decorrendo formas de pensar que predominam durante toda a Idade Média. Uma de suas características reside na ruptura em face do conceito de autonomia, substituído pela idéia de **livre-arbítrio**, assim definido por Chaui:

> A famosa dicotomia entre liberdade e necessidade é trazida para a teologia cristã e se transforma num paradoxo insolúvel para a ética dos

cristãos, sobretudo porque a vontade divina se exprime por mandamentos e decretos anteriores e superiores aos homens, de sorte que ser livre é obedecer à exterioridade do comando divino. O vínculo entre virtude e obediência, virtude e obrigação, virtude e dever, apaga a idéia de liberdade como esfera humana e do humano e, portanto, como autonomia. (Chaui, 1992, p. 349-350)

No interior do Renascimento, **Maquiavel** inaugura a *teoria política moderna*. Em sua obra *O Príncipe*, escrita em 1513, ele defende a tese de que o poder político se depara com situações diante das quais se torna necessário assumir determinadas atitudes que não seriam permitidas na esfera moral privada. Com isso, ele instaura a conhecida polêmica entre a **ética** e a **política**, rompendo com as formas tradicionais de tratamento da questão dos meios e dos fins na ação política.

Maquiavel nega a concepção grega, em sua consideração da unidade entre ética e política, e a concepção cristã, que defendia a teoria do *bom governo*,[1] segundo a qual os destinos da cidade dependeriam das qualidades morais do governante. Despojando as decisões éticas e políticas de sua transcendência e de sua naturalização, desvela a *imanência histórica* das decisões éticas e políticas: não existe uma vida "feliz", como queriam os gregos; a política é uma instância do poder, marcada pela discórdia existente entre os homens, movidos por interesses privados. Afirma, então, que *os fins justificam os meios*, quer dizer, todos os meios devem ser usados para a objetivação do resultado desejado: os *maus meios são os meios inadequados, independentemente de ser bons ou maus.*

Já no Renascimento, emergem formas de vida cuja dinâmica restringe a dominação de um pensamento centrado em valores absolutos e transcendentes. Num mundo onde *tudo é efêmero*, ou, como afirmaram Marx e Engels (1978, p. 98), "*onde tudo que era sólido se evapora no ar*", as

1. Vigente na Idade Média, a teoria do "bom governo" é a expressão do poder teológico investido na figura do governante como "representante" de Deus e como modelo a ser seguido. Desenvolve-se em Bizâncio e na Europa um gênero literário que dura até o século XVIII: o "Espelho dos Príncipes", um manual ético-político para a educação do governante (Chaui, 1992).

possibilidades passam a ser consideradas relativamente em função do momento: "a perfeição deixa de constituir uma forma absoluta, pois quando tudo está em transformação só pode existir uma constante busca de perfeição" (Heller, 1982, p. 14-17).

Do humanismo nascente ao individualismo burguês, os valores adquirem densidade histórica; o homem é tratado como *indivíduo autônomo*, em função de sua *racionalidade* e de sua mobilidade social. Alicerçada no trabalho, tendo em vista o desenvolvimento das forças produtivas, a **liberdade** se objetiva como capacidade humana e **valor imanente**.

Brotam condições para o florescimento de valores modernos: *fluidez, universalidade, heterogeneidade, pluralismo, versatilidade*, entre outros fazem parte da dinâmica das forças sociais instituídas durante o fim da Idade Média, anunciando a emergência do *modo de produção capitalista*. Nessa dinâmica, é possível a permanência de um sistema de valores fixo, rígido, imutável, absoluto, como eram o sistema moral e a ética vigentes durante o feudalismo? Observa-se que as condições objetivas não favorecem essa continuidade. Com a emergência das relações sociais burguesas, o que se evidencia é sua ruptura — que é um processo.

Uma das primeiras mudanças a se tornarem evidentes, segundo Heller (1982, p. 232), é a que se refere ao chamado *bem supremo*: o valor mais importante de cada momento histórico. Para os antigos, era a *felicidade*. Platão a concebia como *a idéia do bem*; Aristóteles, como a *dedicação ao Estado* e para isso era preciso ser virtuoso e ter bens materiais. No Renascimento, em face das rupturas assinaladas acima, o bem supremo é trazido para a vida cotidiana, até que se torna sem significado valorar qualquer noção de *bem supremo*, como mostra Heller:

> Numa época estática é possível realizar e manter o máximo e, além disso, a preservação do máximo é de fato um valor. Numa época dinâmica, no entanto, o estado de felicidade não é um valor, dado que é um estado de realização; mas para uma idade dinâmica nada existe de supremo para além do qual não exista algo de ainda mais supremo. (Heller, 2000, p. 232)

A fluidez das relações burguesas não permite relações estáticas ou duradouras. A *Reforma Protestante*, com Lutero, evidencia uma nova relação dos indivíduos com os símbolos da fé, que Heller chama de *humanização do mito*: são questionadas as formas de mediação entre os indivíduos e Deus, e os santos e figuras sacras passam a se apresentar como figuras humanas:

> Maria deixa de ser a Rainha do céu, passando mais a ser a mãe temerosa pelo seu filho, uma burguesa mais ou menos distinta ou, muito simplesmente, o ideal da beleza feminina. Os santos, "sem véu", no sentido literal da expressão, apresentam as proporções reais da vida terrena. (Heller, 1982, p. 67)

Na medida em que o homem pode se mostrar sujeito a imperfeições, como já dissemos, inviabiliza-se a predominância de noções absolutas e de quadros de valores rígidos. Assim, o conceito de *justiça* também se modifica. Vejamos o que Heller tem a dizer:

> [...] Com o aparecimento das relações burguesas, o conceito de justiça perdeu o ser caráter unívoco, e o problema do como se impôs ainda mais no primeiro plano. Verificou-se que não era igualmente possível a todos procederem bem, e que nem todos possuíam os meios necessários para tal; além disso, o que era justo para um ponto de vista poderia ser injusto para outro, e atuar de maneira justa para com uma pessoa podia significar praticar a injustiça para com a outra. (Heller, 2000, p. 236)

A nova sociabilidade burguesa leva a uma delimitação dos espaços *público e privado* em função das necessidades da produção e das relações sociais que se caracterizam por sua *impessoalidade*, *racionalidade*, por seu *dinamismo* e *diversificação.* A nova configuração das escolhas — não mais baseadas na tradição e na experiência, e sim na razão e na autonomia — expressa o afastamento do sagrado da vida pública. O espaço público não é mais tratado como lugar do *bem comum*, mas como o lugar onde a *liberdade política* da *cidadania* se choca com a *luta pelos interesses*, o que se reflete nas teorias políticas, em Maquiavel, Hobbes, Locke, entre outros, assim como na filosofia moderna, através de pensadores como Rousseau, Kant, Hegel, Marx.

Na filosofia moderna, a partir do *racionalismo* de Descartes, a liberdade se põe como eixo central da investigação filosófica: a indagação sobre a *liberdade* é remetida à *razão* e à *autonomia* do indivíduo. Contudo, ao mesmo tempo em que a liberdade se consolida como exigência ético-moral, os interesses batem à porta, revelando uma contradição insolúvel para os teóricos que buscavam compreender a dinâmica das novas relações sociais. Como vimos, Maquiavel não teve dúvidas em afirmar o campo dos interesses como espaço do poder e, como tal, orientado por motivações de ordem diferente das dirigidas às exigências morais privadas.

Depois dele, **Thomas Hobbes**, também no século XVII, defendeu a idéia de que o homem é *mau e egoísta por natureza* ou, em suas famosas palavras: *o homem é o lobo do homem*. A partir desse egoísmo natural, os homens teriam decidido abrir mão de sua liberdade natural originária para viver em sociedade, transferindo seus *direitos naturais*, por meio de um *contrato*, a um *soberano* que deveria, então, ser capaz de garantir a paz e a segurança.

No contexto do pensamento social progressista, que influencia o ideário iluminista da Revolução Francesa, no século XVII, o inglês **John Locke** funda a *teoria liberal*, segundo a qual os homens têm determinados *direitos naturais*, como *o direito à vida, à propriedade e à liberdade*. O direito à propriedade — adquirido pelo trabalho — deve ser garantido pelas leis e pelo Estado. As várias formas de liberdade consistem na não interferência dos indivíduos e das instituições na objetivação desses direitos dos cidadãos, ou seja, ninguém pode impedir que os indivíduos sejam proprietários; ao contrário, esse direito deve ser promovido.

Entre os séculos XVII e XVIII, os economistas ingleses **Adam Smith** e **David Ricardo** dedicam-se a sistematizar os princípios da **economia política clássica**. Assim como Locke, Smith e Ricardo entenderam que as categorias e instituições econômicas são naturais, permanecendo invariáveis, em sua estrutura fundamental, ao longo da história. Expressando uma concepção progressista, no patamar das conquistas burguesas, apreenderam a economia política e suas categorias de modo abrangente; por isso, segundo Netto e Braz, nas mãos desses autores a Economia Política se erguia como "fundante de uma teoria social, um elenco articulado de idéias que buscava oferecer uma visão de conjunto da vida social" (Netto e Braz, 2006, p. 18).

A *Declaração dos Direitos do Homem e do Cidadão*, aprovada em 1789, na França revolucionária, inscreveu *a liberdade* e a *igualdade* como *direitos de todos perante a lei*, contrapondo-se às leis feudais que legitimavam a desigualdade entre servos e nobres. A valorização do trabalho como meio de ascensão social, a realização individual e a expansão do mercado de trabalho, agora voltado à industrialização, a ruptura com as formas de vida tradicionais passam a expressar novos códigos morais baseados no pluralismo e na relatividade dos valores.

No século XVIII, **Jean-Jacques Rousseau** buscou equacionar a questão da liberdade, elaborando uma resposta diversa da de seus contemporâneos. Também baseado na idéia do contrato social, mas discordando da concepção de que os homens são egoístas por natureza, entendeu que existe uma *natureza humana essencialmente boa e generosa.* Para ele, o estado de harmonia original foi rompido pelo surgimento da propriedade privada, quando o primeiro homem decidiu cercar a sua terra, dando origem à luta de interesses entre os homens. Para se proteger desse estado de egoísmo generalizado, os homens decidiram perder a liberdade original, criando a sociedade e uma organização política a fim de se fazer representar como *cidadãos.* Assim, considerou que a liberdade depende da *democracia*, tratada em termos da **soberania** da *vontade geral ou da pessoa moral coletiva livre* (Chaui, 2005, p. 374).

Karl Marx, como vimos, fez uma crítica radical à sociedade burguesa, mostrando que a liberdade e a igualdade prometidas com as revoluções burguesas não podem se realizar de forma universal. Em seu texto *A questão judaica*, ele discute os direitos da *Declaração dos Direitos do*

Homem, de 1789, explicando que liberdade liberal destina-se a proteger a propriedade:

> A liberdade, por conseguinte, é o direito de fazer e empreender tudo aquilo que não prejudicar os outros. O limite dentro do qual todo homem pode mover-se inocuamente em direção ao outro é determinado pela lei, assim como as estacas marcam o limite ou a linha divisória entre duas terras. (Marx, 1991, p. 42)

Quanto à igualdade e à segurança afirmadas na *Declaração*, Marx afirma:

> Falta considerar ainda os outros direitos humanos. A palavra *égalité* não tem aqui significado político e nada mais é do que a igualdade da liberdade tal como acima definida: todo homem é igualmente considerado tal como uma mônada fundada sobre si mesma [...]. E a segurança?
>
> A segurança é o mais elevado conceito social da sociedade burguesa, o conceito de *polícia*, segundo o qual toda a sociedade somente existe para garantir a cada um de seus membros a conservação de sua pessoa, de seus direitos e de sua propriedade. (Marx, 1991, p. 44).

Marx mostra que a *Declaração dos Direitos do Homem* apresenta a liberdade e outros direitos como direitos universais. No entanto, eles não são universalizáveis por serem subordinados ao direito à propriedade privada, direito tido como natural e inalienável. Vejamos a sua afirmação:

> [...] A liberdade é, portanto, o direito de fazer tudo aquilo que não prejudique os outros [...]. A aplicação prática do direito de liberdade é o direito à *propriedade privada*. Mas em que consiste este último direito?
>
> [...] O direito à propriedade é, pois, o direito de desfrutar de sua fortuna e dela dispor *a son gré*, sem se importar com os outros homens e independentemente da sociedade: é o direito do interesse pessoal. É esta liberdade individual e a sua aplicação que constituem a base da sociedade burguesa. (Marx, 1991, p. 42)

E Marx tem razão, pois, na sociedade capitalista, o *direito à propriedade* é sagrado e assegurado legalmente. Nesse sentido, ele desvenda uma problemática que foi objeto da reflexão filosófica e teórica do seu tempo. Como veremos a seguir: os grandes filósofos e teóricos da sociedade moderna responderam de formas diferentes à questão da liberdade e dos interesses privados.

A questão judaica foi escrito em 1843. Anos mais tarde, ao redigir os *Grundrisse*,[2] já tendo avançado na compreensão da sociedade burguesa, Marx reafirma as potencialidades dessa etapa histórica, em relação às anteriores, tendo como medida o desenvolvimento das formas produtivas:

> O capital supõe a *produção da riqueza* como tal, ou seja, o desenvolvimento universal das forças produtivas e a subversão incessante da sua própria base, como condição de sua reprodução [...]. O limite do capital consiste em que todo o seu desenvolvimento se efetua de maneira antagônica, e a elaboração das forças produtivas sociais, a riqueza universal da ciência etc. aparecem como alienação do trabalhador [...]. Mas essa forma contraditória é ela mesma transitória e produz as condições reais de sua própria abolição. (Marx, 1970, II, p. 37)

Nesse sentido, seguindo Marx, no capitalismo o ser social tem condições de apreender o seu próprio processo histórico. Todavia, a objetivação universal dessas possibilidades supõe a superação dessa sociedade, como Heller afirma:

> A consciência de que o homem é um ser histórico constitui um produto do desenvolvimento burguês: a condição da realização do homem é a negação da existência burguesa. (Heller, 1982, p. 9).

Esse antagonismo se expressa no pensamento filosófico, no conhecimento ético e na práxis política. No contexto de emergência da ética

---

2. Os manuscritos sobre a crítica da economia política, escritos em 1857-1858, são os esboços de sua obra mais conhecida: *O Capital*.

moderna, apresenta-se através da busca de equacionamento entre a liberdade, por um lado, e os interesses político-econômicos, por outro. Tendo rompido com a ordem metafísica, que, através do pensamento tomista, centralizava e ordenava os valores ético-morais, a ética moderna se organiza em torno de outra ordem: a ordem do mercado. Logo, trata-se de uma ética que apresenta uma contradição, pois afirma a liberdade e os valores universais em uma sociedade que se reproduz sob a lógica dos interesses privados (Chaui, 1992).

Segundo Chaui, só existem *duas saídas para a ética moderna*: 1) verificar a utilidade de cada interesse, elegendo-o em critério de manutenção ou exclusão das paixões, o que possibilita deduzir os valores morais das paixões que são úteis para os novos interesses socioeconômicos e políticos; 2) separar o campo das necessidades e dos interesses do campo da liberdade. O primeiro caminho é o do **utilitarismo moral**, da moral dos interesses privados; o segundo é o aberto por Kant, de uma **ética transcendental**, que afirma os valores universais, mas os remete para uma razão abstrata, separada do empírico, da vida social. Diz Chaui:

> Relativismo e universalismo legam para nós uma dupla moralidade: aquela que afirma que os fins justificam os meios e aquela que exige a adequação racional entre a proporção entre meios e fins. (Chaui, 1992, p. 351)

No interior do pensamento filosófico progressista herdeiro do *ilumunismo*, a *filosofia clássica alemã*, com **Immanuel Kant** e **Georg W. Friedrich Hegel**, encontra respostas diversas para a questão da liberdade. Kant responde de modo idealista ao antagonismo entre a liberdade e os interesses privados: necessidades e liberdade se separam, restando à liberdade habitar o mundo das decisões formais incondicionadas. Hegel sabe que a realização da liberdade supõe a satisfação das necessidades que estão na sociedade civil: campo dos interesses e das classes sociais. E ele encontra tal realização no Estado: o universal capaz de concretizar a razão na história; o lugar de objetivação da **eticidade**.

Na sociedade contemporânea, no *campo da filosofia*, a busca da realização da liberdade articulada à razão tem um representante significativo: o *existencialismo sartriano*. Radicalizando a liberdade existencial do indivíduo, **Jean-Paul Sartre** aborda a responsabilidade e o compromisso ético diante de um mundo de pura contingência: não há forma de relacionamento com o mundo que não envolva um compromisso com a liberdade individual.

No âmbito da *práxis política*, a sociedade moderna gerou três linhas políticas que tomaram diferentes direcionamentos em relação à liberdade, merecendo ser destacadas: as *correntes liberais, os movimentos socialistas e as tendências políticas orientadas ideologicamente pelo pensamento conservador*. Em termos teóricos, suas fontes localizam-se respectivamente na *teoria liberal* (e recentemente no *neoliberalismo*), no pensamento de *Marx e no marxismo*, na *matriz positivista*, especialmente no pensamento de **Auguste Comte** e de seus seguidores, no *pensamento conservador* do inglês **Edmund Burke** e de tradicionalistas como **Bonald** e **De Maistre**.

Não sendo elaborados com finalidades estritamente éticas e situando-se em campos opostos, o pensamento de Marx e o de Comte afirmam e negam a ordem burguesa. Nesse sentido, têm uma perspectiva ideológica, quer dizer, não são teoricamente neutros: a *teoria social de Marx* tem uma vinculação teórica e política com um *projeto revolucionário*, ou seja, de negação e superação da ordem burguesa; o *positivismo*, ao contrário, vincula-se a um *projeto de conservação da ordem social, adequando-se às necessidades de conservação, gestão e reforma da ordem burguesa* (Netto, 2006, p. 19).

Na medida em que essas matrizes intelectuais são construções históricas, continuam a exercer influência nos movimentos e ideais que afirmam ou negam a ordem social burguesa. Em termos de valores éticos e políticos, o positivismo oferece uma resposta conservadora à problemática moderna da liberdade e dos interesses privados: a resposta da **ordem**. A liberdade só pode existir onde houver **ordem**, **hierarquia** e **au-**

toridade para preservar a propriedade privada: um dos pilares da sociedade e base de sustentação da família.

Marx não elaborou uma ética e negou qualquer filiação filosófica; tendo uma perspectiva revolucionária, entendia que *não seria através de reformas morais que a sociedade capitalista poderia superar seus problemas estruturais.* A desigualdade e a impossibilidade de os valores se realizarem de forma universal, a riqueza de poucos em detrimento da miséria de muitos e a exploração de homens e mulheres através do trabalho e de outras formas de vida são situações que, segundo ele, só podem ser rompidas com a superação da sociedade capitalista como totalidade. Desse modo, o fato de não ter sistematizado uma ética não significa que Marx negasse a ética. Ao contrário, seu posicionamento ético diante da realidade do seu tempo era claro. Nesse aspecto, concordamos com Heller, quando afirma que, *sem premissas de valor, Marx seria um crítico imanente do capitalismo e sem uma investigação imanente do capitalismo seria um anti-capitalista romântico* (Heller, 1978, p. 42).

O projeto político de Marx contém uma ética: uma **ética revolucionária** que dá suporte valorativo à sua teoria política da revolução. Trata-se de uma ética dirigida teleologicamente para a **emancipação humana**, tendo por parâmetros o conceito de **riqueza humana** que ele define nos *Grundrisse,* ao se referir a uma outra etapa histórica, de superação da sociedade burguesa:

> Em todas as formas, ela [a riqueza representada pelo valor] se apresenta sob forma objetiva, quer se trate de uma coisa ou de uma relação mediatizada por uma coisa, que se encontra fora do indivíduo e casualmente a seu lado [...], mas, *in fact,* uma vez superada a limitada forma burguesa, o que é a riqueza se não a universalidade dos carecimentos, das capacidades, das fruições, das forças produtivas etc., dos indivíduos, criada no intercâmbio universal? O que é a riqueza se não o pleno desenvolvimento do domínio do homem sobre as forças da natureza, tanto sobre as da chamada natureza quanto sobre as da sua própria natureza? O que é a riqueza se não a explicitação absoluta de suas faculdades criativas, sem outro pressuposto além do desenvolvimento histórico anterior, que torna

finalidade em si mesma essa totalidade do desenvolvimento, ou seja, do desenvolvimento de todas as forças humanas enquanto tais, não avaliadas segundo um metro já dado? Uma explicitação na qual o homem não se reproduz numa dimensão determinada, mas produz sua própria totalidade? Na qual não busca conservar-se como algo que deveio, mas que se põe no movimento absoluto do devir? (Marx, 1970, I, p. 372)

3.2. Ética e filosofia: os caminhos da razão

A compreensão dos caminhos que podem levar à objetivação da liberdade percorre a investigação de diferentes filósofos que, ao longo da história, se dedicaram à investigação da ética e dos dilemas humanos que fazem parte da reflexão filosófica. E não é estranho que assim seja, uma vez que a liberdade é uma categoria fundante da práxis e da capacidade ética do ser social. Nessa pequena viagem pela história da filosofia — lugar de nascimento e desenvolvimento da reflexão ética —, selecionamos alguns dos pensadores que influenciam a formação do pensamento ético da sociedade contemporânea. Nesse momento, destacamos a relação entre *liberdade e razão*, através de uma concepção ética que afirma a autodeterminação do sujeito nas decisões éticas: concepção inaugurada pelos gregos, negada pela ética cristã e retomada na sociedade moderna e contemporânea, em diferentes versões.

Começamos pelos filósofos gregos: **Sócrates**, **Platão** e **Aristóteles**, pois é indiscutível a sua presença na cultura ocidental e, como vimos, foi com eles que a reflexão e a sistematização ética tiveram início. Mas, sobretudo, porque o seu legado permanece na história, especialmente em seu núcleo valorizador da *razão teórica e da liberdade.*

Para ilustrar a forma como, na Idade Média, a liberdade se despolitizou transformando-se em *livre-arbítrio*, e a razão teórica passou a se subordinar à revelação, escolhemos apresentar **Tomás de Aquino** como o pensador que formulou as bases da ética cristã e da Doutrina Social da Igreja.

Buscando apontar uma das expressões do antagonismo fundante da sociedade burguesa, qual seja, a coexistência entre a reprodução das possibilidades de liberdade e a sua negação, situamos alguns pensadores que — no contexto de emergência da sociedade burguesa — representam um pensamento progressista: **Rousseau**, **Kant** e **Hegel**. Rousseau é apontado como a grande influência dos movimentos socialistas, por sua crítica à propriedade privada e sua proposta humanista e democrática. Kant e Hegel, pensadores da filosofia clássica alemã, buscam responder a uma grande problemática do seu tempo: como resolver a questão da liberdade tendo em vista os interesses privados?

Na sociedade contemporânea destacamos um filósofo cuja obra é inteiramente voltada à questão da liberdade. Considerado por Marilena Chaui (2005, p. 34) como uma das três mais significativas teorias filosóficas sobre a liberdade, a filosofia de **Sartre**, o existencialista ateu, retoma a ética aristotélica, no sentido da autodeterminação — radicalizando-a na direção da sua abordagem individual da liberdade de escolha em face das situações vividas. Para Sartre, o indivíduo está *condenado a ser livre.*

Sócrates (470-399 a.C.)

A filosofia é inseparável do nascimento das cidades gregas, a partir do ano 800 a.C. quando os primeiros pensadores — os **pré-socráticos** — indagavam sobre a origem (*arqué*) do mundo (*cosmos*). Anaximandro, Tales de Mileto, Demócrito e Anaxágoras ofereceram diferentes respostas que se encaminharam para duas grandes linhas de compreensão:

1) A de **Heráclito de Éfeso** (540-480 a.C.), que ficou conhecido como o filósofo do **devir**, graças ao seu entendimento de que tudo muda, de que o mundo está em constante *transformação*. Baseado na idéia de que o fogo é o princípio do mundo, em seu eterno movimento de destruição e de fusão, são de Heráclito as famosas frases: *Não nos banhamos duas vezes no mesmo rio; da luta dos contrários nasce a mais bela harmonia.*

2) A de **Parmênides de Eléia** (540-450 a.C.), que defendeu o princípio da permanência como fundamento do mundo. As coisas não podem mudar: permanecem, em seus princípios fundamentais, imutáveis. Buscando provar que Heráclito estava incorreto, quer dizer, que a transformação não é o princípio do mundo, Parmênides institui a *doutrina do ser* que permanece igual, ou seja, que não pode se transformar em *não ser*, ou em *devir*. Assim, o ser (as coisas e seres existentes) é *eterno* e permanece *idêntico a si mesmo*; não pode estar submetido ao *devir*; logo, o *ser é ou não é*, não existe uma terceira possibilidade.

A reflexão ética surgiu no momento em que as indagações filosóficas mudaram de objeto: quando as questões que preocupavam os filósofos passaram a se concentrar no homem e não mais no cosmos. Isso foi favorecido pelo nascimento da democracia, que floresceu nas cidades gregas a partir do século V a.C., especialmente em Atenas e Esparta, que detinham a hegemonia política e cultural sob o governo de Péricles. Participavam da democracia os cidadãos ou os homens livres, o que excluía os estrangeiros, as mulheres e os escravos. Nas assembléias, eram votadas e decididas as leis da cidade; as questões políticas também eram discutidas em praça pública e nos conselhos e tribunais populares, favorecendo a consciência ética e política dos indivíduos. Os *sofistas*, que detinham o dom da oratória e da argumentação, defendiam a idéia de que o importante não era a verdade do argumento, mas a capacidade de convencimento do orador. Assim, em suas escolas, ensinavam aos jovens ricos como convencer através da oratória, mesmo apoiando-se em falsos argumentos.

Os primeiros filósofos a tratar das questões éticas nesse contexto foram Sócrates, Platão e Aristóteles, que buscaram instituir uma forma de conhecimento capaz de superar o conhecimento empírico e de se distinguir por sua fundamentação rigorosa. Por esse motivo, a partir dos gregos, a filosofia passou a caracterizar-se sobretudo pela busca dos fundamentos ou princípios do fenômeno que investiga, o que, na história da filosofia metafísica, se convencionou tratar a partir do **ser**: a filosofia busca, prioritariamente, os *fundamentos do ser*, dando origem ao conceito de **ontologia**, que significa o estudo ou a **teoria do ser** em geral.

Para Sócrates, a filosofia não ensina a verdade; ela ajuda a revelar a verdade; por isso seu método filosófico se chamava o *parto das idéias (maiêutica)*. Em que consistia a maiêutica? Sócrates dialogava com as pessoas na rua, de modo que — através de sucessivas perguntas e respostas — elas iam tomando consciência de que nada sabiam. Esse era o primeiro passo para que assumissem que agiam de acordo com o senso comum; a partir desse momento, elas poderiam buscar a *verdade* e o *bem*.

A filosofia socrática consistia fundamentalmente em garantir o aperfeiçoamento do sujeito a partir do seu autoconhecimento. Por isso um dos princípios metodológicos e éticos de Sócrates era: **conhece-te a ti mesmo**. Desse modo, também a ética era concebida como um processo de aperfeiçoamento interior que não ocorria a partir de exigências externas: o sujeito se auto-educa através do diálogo, que pode estimular sua própria busca. Quando Sócrates perguntava, por exemplo, "o que é a justiça?", e alguém respondia, "é um bem", o filósofo voltava a perguntar: "mas o que é um bem?"; e assim sucessivamente (Chaui, 2005, p. 313).

Além de ensinar a todos os que ele encontrava pela rua, sem distinção de classe, Sócrates, que era um opositor da democracia ateniense, concebia a **ética** como um conhecimento *crítico e político*. Logo, suas perguntas dirigiam-se à consciência dos indivíduos indagando sobre duas dimensões: sobre o seu conhecimento acerca dos **valores** e dos **fundamentos**; sobre o **significado** ou *sentido dos costumes e dos valores ético-políticos na vida da cidade* (Chaui, 2005, p. 313).

Werner Jaeger, um dos grandes estudiosos da cultura e da filosofia grega, autor da obra *Paidéia: a formação do homem grego*, cujo significado se aproxima do que entendemos por educação, civilização e cultura, afirma que foi graças a Sócrates que a concepção de **autodomínio** se converteu na idéia ética central da nossa civilização. Autodomínio significa, em sua origem, não ser submetido a uma lei externa. Sócrates a entendia como algo que vem do *interior* do indivíduo, não como uma simples obediência à lei como era concebida a justiça em seu contexto (Jaeger, 1989, p. 379). No contexto da *pólis*, em que não tinha sentido falar do indivíduo sem participação política (com exceção dos não cidadãos), autodomínio queria dizer *domínio moral sobre si próprio; independência de quaisquer normas que possam estar fora do indivíduo e/ou não serem aceitas por ele* (Jaeger, 1989, p. 379-381).

Sócrates foi acusado de corromper os costumes e condenado à morte. No Diálogo que se segue, elaborado por seu discípulo Platão, Sócrates se defende perante seus discípulos.

Platão — Extratos

A defesa de Sócrates

Um de vós poderia intervir: "Afinal, Sócrates, qual é a tua ocupação? Donde procedem as calúnias a teu respeito? Naturalmente, se não tivesses uma ocupação muito fora do comum, não haveria esse falatório, a menos que praticasses alguma extravagância. Dize-nos, pois, qual é ela, para que não façamos nós um juízo precipitado". Teria razão quem assim falasse; tentarei explicar-vos a procedência dessa reputação caluniosa. Ouvi, pois. Alguns de vós achareis, talvez, que estou gracejando, mas não tenhais dúvida: eu vos contarei toda a verdade.

Pois eu, Atenienses, devo essa reputação exclusivamente a uma ciência. Qual vem a ser a ciência? [...]. Para testemunhar a minha ciência, se é uma ciência, e qual é ela, vos trarei o deus de Delfos*. Conhecestes Querefonte, decerto [...]. Ora, certa vez, indo a Delfos, arriscou esta consulta ao oráculo — repito, senhores: não vos amotineis —, ele perguntou se havia alguém mais sábio que eu; respondeu a Pítia** que não havia ninguém mais sábio. Para testemunhar isso, tendes aí o irmão dele, porque ele já morreu.

Examinai por que vos conto eu esse fato; é para explicar a procedência da calúnia. Quando soube daquele oráculo, pus-me a refletir

* Em Delfos, havia um templo onde Apolo dava oráculos, predizendo o futuro. (N. T.)

** Assim se chamava a sacerdotisa do templo de Delfos, que formulava os oráculos. (N. T.)

assim: "Que quererá dizer o deus? Que sentido oculto pôs na resposta? Eu cá não tenho consciência de ser nem muito sábio nem pouco; que quererá ele, então, significar declarando-me o mais sábio? Naturalmente, não está mentindo, porque isso lhe é impossível". Por longo tempo fiquei nessa incerteza sobre o sentido; por fim, muito contra meu gosto, decidi-me por uma investigação, que passo a expor. Fui ter com um dos que passam por sábios, porquanto, se havia lugar, era ali que, para rebater o oráculo, mostraria ao deus: "Eis aqui um mais sábio que eu, quando tu disseste que eu o era!". Submeti a exame essa pessoa — é escusado dizer o seu nome; era um dos políticos. Eis, Atenienses, a impressão que me ficou do exame e da conversa que tive com ele; achei que ele passava por sábio aos olhos de muita gente, principalmente aos seus próprios, mas não o era. Meti-me, então, a explicar-lhe que supunha ser sábio, mas não o era. A conseqüência foi tornar-me odiado dele e de muitos dos circunstantes.

Ao retirar-me, ia concluindo de mim para comigo: "Mais sábio do que esse homem eu sou, é bem provável que nenhum de nós saiba nada de bom, mas ele supõe saber alguma coisa e não sabe, enquanto eu, se não sei, tampouco suponho saber. Parece que sou um nadinha mais sábio que ele exatamente em não supor que saiba o que não sei". Daí fui ter com outro, um dos que passam por ainda mais sábios e tive a mesmíssima impressão; também ali me tornei odiado dele e de muitos outros.

Depois disso, não parei, embora sentisse, com mágoa e apreensões, que me ia tornando odiado; não obstante, parecia-me imperioso dar a máxima importância ao serviço do deus. Cumpria-me, portanto, para averiguar o sentido do oráculo, ir ter com todos os que passavam por senhores de algum saber. Pelo Cão, Atenienses! Já que vos devo a verdade, juro que se deu comigo mais ou menos isto: investigando de acordo com o deus, achei que aos mais reputados pouco faltava para serem os mais desprovidos, enquanto outros, tidos como inferiores, eram os que mais visos tinham de ser ho-mens de senso. Devo narrar-vos os meus vaivéns nessa faina de averiguar o oráculo [...].

Depois dos políticos, fui ter com os poetas, tanto com os autores de tragédias como com os ditirambos e outros, na esperança de aí me apanhar em flagrante inferioridade cultural. Levando em mãos as obras em que pareciam ter posto o máximo de suas capacidades, interrogava-os minuciosamente sobre o que diziam, para ir, ao mesmo tempo, aprendendo deles alguma coisa. Pois bem, senhores, coro de vos dizer a verdade, mas é preciso. A bem dizer, quase todos os circunstantes poderiam falar melhor que eles próprios sobre as obras que eles compuseram [...].

Por fim, fui ter com os artífices; tinha consciência de não saber, a bem dizer, nada, e certeza de neles descobrir muitos belos conhecimentos. Nisso não me enganava; eles tinham conhecimentos que me faltavam; eram, assim, mais sábios que eu. Contudo, Atenienses, achei que os bons artesãos têm os mesmos defeitos dos poetas; por praticar bem a sua arte, cada qual imaginava ser sapientíssimo nos demais assuntos, os mais difíceis e isso toldava-lhes aquela sabedoria. De sorte que perguntei a mim mesmo, em nome do oráculo, se preferia ser como sou, sem a sabedoria deles nem sua ignorância, ou possuir, como eles, uma e outra; e respondi, a mim mesmo e ao oráculo, que me convinha mais ser como eu sou.

Dessa investigação é que procedem, Atenienses, de um lado, tantas inimizades, tão acirradas e maléficas, que deram nascimento a tantas calúnias, e, de outro, a essa reputação de sábio. É que, toda vez, os circunstantes supõem que eu seja um sábio na matéria que confundo a outrem. O provável, senhores, é que, na realidade, o sábio seja o deus e queira dizer, no seu oráculo, que pouco valor ou nenhum tem a sabedoria humana; evidentemente se terá servido desse nome de Sócrates para me dar como exemplo, como se dissesse: "O mais sábio dentre vós, homens, é quem, como Sócrates, compreendeu que sua sabedoria é verdadeiramente desprovida do mínimo valor". Por isso, não parei essa investigação até hoje, vagueando, interrogando, de acordo com o deus a quem, seja cidadão, seja forasteiro, eu tiver na conta de sábio, e, quando julgar que não o é, coopero com deus, provando-lhe que não é sábio [...].

Além disso, os moços que espontaneamente me acompanham — e são os que dispõem de mais tempo, os das famílias mais ricas — sentem prazer em ouvir o exame dos homens; eles próprios imitam-me muitas vezes, nessas ocasiões, metem-se a interrogar os outros; suponho que descobrem uma multidão de pessoas que supõem saber alguma coisa, mas pouco sabem, quiçá nada. Em conseqüência, os que eles examinam se exasperam contra mim e não contra si mesmos e propalam que existe um tal Sócrates, um grande miserável, que corrompe a mocidade.

(Platão, *in* Sócrates 1987, p. 8-10)

Platão (428-347 a.C.)

Platão, discípulo de Sócrates, inaugurou uma das matrizes que marcam o pensamento filosófico e a cultura ocidental, de modo geral: o **idealismo filosófico**. Com sua **teoria das idéias**, Platão responde, de certa forma, à problemática posta no seu tempo por Parmênides e Heráclito, que defendem que o mundo tem como fundamentos os princípios da permanência e da transformação. Vejamos o que Platão diz.

Segundo Platão, existem dois mundos: o *mundo sensível*, onde tudo se transforma, tudo é relativo e transitório, e o *mundo inteligível* ou das idéias, onde tudo é perfeito, imutável, absoluto. No mundo das idéias existem formas perfeitas, modelos imateriais, que são as *idéias* ou os *fundamentos* de tudo o que existe no mundo sensível. No mundo sensível existem *cópias imperfeitas* dos modelos existentes no mundo das idéias. Aqui as coisas se transformam. Só podemos conhecer as idéias através da inteligência e da *recordação.*

A *anamnese* ou *reminiscência* é, assim, a recordação do que já foi visto antes que a alma habitasse o mundo sensível. Sim, porque todos nós já vimos (nossa alma) os modelos das coisas existentes antes de nascer. Ao nascer, esquecemos. Retomando a idéia de seu mestre, do *parto das idéias*, Platão diz que, através da *dialética,* o seu método de conhecimento pode recordar as verdadeiras idéias. O conhecimento é, portanto, uma recordação, mas é também um aprendizado para quem consegue sair da escuridão.

Platão explica essas idéias através da *Alegoria da Caverna*. O filósofo é como alguém que saiu de uma caverna escura, onde todos vivem prisioneiros, acorrentados, sem conseguir ver a luz a não ser pela sombra projetada na parede. A luz representa a verdade; as sombras, o senso comum, a ignorância que é confundida com a verdade; não mais enganado pela percepção sensível, o filósofo tem o dever de comunicar aos outros a verdade do mundo inteligível.

Qual é o *fundamento ético* do idealismo platônico? O bem, assim como a verdade, existe em estado de perfeição no mundo das idéias, sendo possível se aproximar dessa perfeição. Por exemplo, no diálogo *O Banquete*, ao se referir ao amor (Eros), Platão explica como passamos do grau mais baixo da escala amorosa — o de enamoramento pela beleza de um corpo — ao nível mais alto de amor: o amor espiritual.

O conhecimento do bem também obedece a essa lógica inscrita em sua teoria das idéias, ou seja, a concepção de que no mundo inteligível estão as verdadeiras idéias do Bem e das Virtudes e no mundo sensível as suas cópias imperfeitas.

É sábio quem atinge o conhecimento do *Bem supremo* — alcançado pela vida dedicada à contemplação e a formas de vida que afastem das paixões. As verdades, assim como o Bem, estão no mundo das idéias, conhecidas pelo intelecto; logo, é preciso buscar o verdadeiro bem, que não está no mundo das paixões, da sensação, do efêmero, da aparência, do prazer imediato, mas no mundo da disciplina, da realização plena, da contemplação, da virtude, da perfeição, possibilitando a ascensão da alma a níveis elevados e metafísicos. Quem alcança esse plano é capaz de se apropriar do Bem supremo, da Verdade em si, do Belo, ou seja, dos modelos ideais de toda a ética, de toda a beleza e de todo o conhecimento existente no mundo das idéias.

Platão — Extratos

O Banquete

Sócrates: [...] O discurso sobre o amor eu ouvi um dia, de uma mulher de Mantinéia, Diotima, que nesse assunto era entendida e em muitos outros — foi ela que uma vez, porque os atenienses ofereceram sacrifícios para conjurar a peste, fez por dez anos recuar a doença, e era ela que me instruía nas questões de amor — o discurso que me fez aquela mulher eu tentarei repetir-vos [...]. Parece-me então que o mais fácil é proceder como outrora a estrangeira, que discorria interrogando-me, pois também eu quase lhe dizia outras tantas coisas tais quais agora me diz Agatão, que era o amor um grande deus, e era do que é belo; e ela me refutava exatamente como eu estou refutando a este, que nem era belo segundo minha palavra, nem bom.

E eu então: — Que dizes, ó Diotima? É feio então o amor, e mau?

E ela: — Não vais te calar? Acaso pensas que o que não for belo, é forçoso ser feio?

— Exatamente.

— E também se não for sábio é ignorante? Ou não percebeste que existe algo entre a sabedoria e a ignorância?

— Que é?

— O opinar certo, mesmo, sem poder dar razão, não sabes, dizia-me ela, que nem é saber — pois o que é sem razão, como seria ciência? — nem é ignorância — pois o que atinge o ser, como seria ignorância? — e o que é sem dúvida alguma coisa desse tipo a opinião certa, um intermediário entre o saber e a ignorância.

— É verdade o que dizes, tornei-lhe.

— Não fiques, portanto, forçando o que não é belo a ser feio, nem o que não é bom a ser mau. Assim também o Amor, porque tu mesmo o admites que não é bom nem belo, nem por isso ele deve ser feio e mau, mas sim algo que está, dizia ela, entre esses dois extremos [...].

— Que seria então o amor? perguntei-lhe. — Um mortal?

— Um grande gênio, ó Sócrates; e com efeito, tudo o que é gênio está entre um deus e um mortal.

— E com que poder? perguntei-lhe.

— O de interpretar e transmitir aos deuses o que vem dos homens, e aos homens o que vem dos deuses, de uns as súplicas e os sacrifícios, e de outros as ordens e as recompensas pelos sacrifícios; e como está no meio de ambos ele os completa, de modo que o todo fica ligado todo ele a si mesmo. Por seu intermédio é que procede não só toda a arte divinatória, como também a dos sacerdotes que se ocupam dos sacrifícios, das iniciações e dos encantamentos, e, enfim de toda a adivinhação e magia. Um deus com um homem não se mistura, mas é através desse ser que se faz todo o convívio e o diálogo dos deuses com os homens, tanto quando despertos como quando dormindo; e aquele que em tais questões é sábio é um homem de gênio, enquanto o sábio em qualquer outra coisa, arte ou ofício, é um artesão. E esses gênios, é certo, são muitos e diversos, e um deles é justamente o Amor.

— E quem é o seu pai — pergunte-lhe — e sua mãe?

— É um tanto longo de explicar, disse ela; todavia, eu te direi. Quando nasceu Afrodite, banqueteavam-se os deuses, e entre os demais se encontrava também o filho de Prudência, Recurso. Depois que acabaram de jantar, veio para esmolar do festim a Pobreza, e ficou pela porta. Ora, Recurso, embriagada com o néctar — pois vinho ainda não havia — penetrou o jardim de Zeus e, pesado, adormeceu. Pobreza então, tramando em sua falta de recurso engendrar um filho de Recurso, deita-se ao seu lado e pronto concebe o Amor. Eis por que ficou companheiro e servo de Afrodite o Amor, gerado em seu natalício, ao mesmo tempo que por sua natureza amante do belo, porque Afrodite é bela. E por ser filho o Amor do Recurso e de Pobreza foi esta a condição em que ele ficou. Primeiramente ele é sempre pobre, e longe está de ser delicado e belo, como a maioria imagina, mas é duro, seco, descalço e sem lar, sempre por terra e sem forro, deitando-se ao desabrigo, às portas e nos caminhos, porque tem a natureza da mãe, sempre convivendo com a precisão. Segundo o pai, porém, ele é insidioso com o que é belo e bom, e corajosos, decidido e enérgico, caçador terrível, sempre a tecer maquinações, ávido de sabedoria e cheio de recursos, a filosofar por toda a vida, terrível mago, feiticeiro e sofista: e nem imortal é a sua natureza nem mortal, e no mesmo dia ora ele germina e vive, enquanto enriquece; ora morre e de novo ressuscita, graças à natureza do pai; e o que consegue sempre lhe escapa, de modo que nem empobrece o Amor nem enriquece, assim como também está no meio da sabedoria e da ignorância.

(Platão, 1979, p. 33-35)

Aristóteles (384-324 a.C.)

Aristóteles permitiu que pudéssemos refletir sobre questões que não perdem a sua atualidade ao longo do tempo; por isso ele é considerado um dos clássicos, na história da filosofia e da cultura humana. Como já assinalamos ao tratar das exigências humano-genéricas, Aristóteles nos legou importantes descobertas, entre elas a concepção de que a ética, assim como a política, é um **saber prático** porque é um tipo de conhecimento que depende da nossa ação, existe como conseqüência dos nossos atos.

Como saber prático, a ética está no lugar de onde perguntamos sobre as condições em que é possível a realização da liberdade; sob quais condições devemos agir para alcançar o bem supremo que, para o filósofo, era a **felicidade**. A *fronésis* ou **prudência** torna-se, assim, uma grande virtude ética, pois nos capacita para discernir entre uma ação ou outra, entre o melhor caminho a seguir.

Aristóteles define que a ética é uma decisão humana acerca do que é possível decidir, isto é: os homens deliberam o que se encontra no campo de suas possibilidades: o campo da **razão** e das coisas que cada homem pode fazer, ou seja, *deliberamos acerca das coisas que dependem de nós* (Aristóteles, s./d., p. 83). Não deliberamos sobre o que ocorre na natureza, pois sua mudança ou permanência não dependem de nós. Mas quando se refere ao campo do possível, isto é, ao campo das ações humanas, decidimos acerca das alternativas e dos fins possíveis e é nisso exatamente que consiste uma ação ética. Diz Aristóteles:

> Não deliberamos tampouco acerca dos fins, mas sobre aquilo que diz respeito aos fins. O médico não delibera se deverá curar, nem o orador se deverá persuadir, nem o político se deverá fazer boas leis, nem nenhum dos outros delibera acerca dos fins; mas posto o fim, estuda como e por que meios será atingido. (Aristóteles, s./d., p. 85).

A capacidade ética do ser humano evidencia-se através de seu controle das paixões e instintos: exigência para as escolhas éticas. Assim, para Aristóteles, o *homem é um ser político e social*; um ser *racional que pode controlar as suas paixões e a maior prova disso é sua capacidade ética:* a excelência ou virtude (*areté*) do seu caráter (*ethos*) pode ser medida por sua capacidade de *controlar os impulsos, dando normas a si mesmo.*

Em seu *Ética a Nicômaco*, ele discute as virtudes, afirmando que a virtude consiste na disposição de escolher racionalmente o **justo meio**. Como se desenvolve essa capacidade? O filósofo chama a atenção para a importância do *hábito na formação do caráter (ethos)*, afirmando que as *ações tendem a ser imperfeitas quando são cometidas em excesso ou de forma escassa, o que não ocorre quando realizadas na justa proporção.* Aristóteles afirma:

> A virtude é, portanto, uma ordenação das intenções, que consiste na mediação em relação a nós mesmos, definidos pela razão, e estabelecida como o faria o homem sábio. É uma mediação entre dois vícios: um por excesso, outro por escassez do que é devido, seja nas paixões, seja nas ações; a virtude encontra e escolhe o justo meio. (Aristóteles, 1979, p. 34)

Por essa noção de virtude, como o *termo médio* entre dois vícios ou extremos, nota-se que o *equilíbrio* era um valor para os gregos, que não separavam suas noções de beleza e de ética, entendendo que a vida ética deveria supor uma vida bela e harmoniosa.

Aristóteles sistematiza a concepção ética de vontade racional autônoma, cuja deliberação não depende de agentes externos, mas de uma vontade consciente do agente que dá a si mesmo as normas de ação. Essa concepção, já esboçada por Sócrates em outros termos, é uma conquista dos gregos, em sua valorização da razão e da liberdade — no sentido do cidadão determinado a deliberar sobre as leis da vida pública sem aceitar a interferência de argumentos irracionais baseados na retórica. Como tal, passa à história como referência humano-genérica, sendo resgatada na idade moderna e contemporânea nas concepções filosóficas de Kant e Hegel e Sartre, entre outros.

Aristóteles — Extratos

Ética a Nicômaco. Livro II

Devemos considerar agora o que é a virtude. Visto que na alma se encontram três espécies de coisas — paixões, faculdades e disposições de caráter —, a virtude deve pertencer a uma destas.

Por paixões entendo os apetites, a cólera, o medo, a audácia, a inveja, a alegria, a amizade, o ódio, o desejo, a emulação, a compaixão, e em geral os sentimentos que não são acompanhados de prazer ou dor; por faculdades, as coisas em virtudes das quais se diz que somos capazes de sentir tudo isso, ou seja, de nos irarmos, de magoar-nos ou compadecer-nos; por disposições de caráter, as coisas em virtude das quais se diz que somos capazes de sentir tudo isso, ou seja, de nos irarmos, de magoar-nos ou compadecer-nos; por disposições de caráter, as coisas em virtude das quais nossa disposição com referência às paixões é boa ou má. Por exemplo, com referência à cólera, nossa posição é má se a sentirmos de modo violento ou demasiado fraco, e boa se a sentirmos moderadamente, e da mesma forma no que se relaciona com as outras paixões.

Ora, nem as virtudes nem os vícios são paixões, porque ninguém nos chama bom ou mau devido à nossas paixões, e sim devido às nossas virtudes ou vícios, e porque não somos louvados nem censurados por causa de nossas paixões (o homem que sente medo ou cólera não é louvado, nem é censurado o que simplesmente se encoleriza, mas sim o que se encoleriza de certo modo); mas pelas nossas virtudes e vícios somos efetivamente louvados e censurados.

Por outro lado, sentimos cólera e medo sem nenhuma escolha de nossa parte, mas as virtudes são modalidades de escolha, ou envolvem escolha. Além disso, com respeito às paixões se diz que somos movidos, mas com respeito às virtudes e aos vícios não se diz que somos movidos, e sim que temos tal ou tal disposição.

Por estas mesmas razões, também não são faculdades, porquanto ninguém nos chama bons ou maus, nem nos louva ou censura pela simples capacidade de sentir as paixões. Acresce que possuímos as faculdades por natureza, mas não nos tornamos bons ou maus por natureza. Já falamos disto acima.

Por conseguinte, se as virtudes não são paixões nem faculdades, só resta uma alternativa: a de que sejam disposições de caráter.

Não basta, contudo, definir a virtude como uma disposição de caráter; cumpre dizer que espécie de disposição é ela.

Observemos que toda virtude ou excelência não só se coloca em boa condição a coisa de que é a excelência como também faz com que a função dessa coisa seja bem desempenhada. Por exemplo, a excelência do olho torna boa tanto o olho quanto a sua função, pois é graças a excelência do olho que vemos bem. Analogamente, a excelência de um cavalo tanto o torna bom em si mesmo como bom na corrida, em carregar o seu cavaleiro e em aguardar de pé firme o ataque do inimigo. Portanto, se isto vale para todos os casos, a virtude do homem também será a disposição de caráter que o torna bom e que o faz desempenhar bem a sua função.

Como isso vem a suceder, já o explicamos atrás, mas a seguinte consideração da natureza específica da virtude lançará nova luz sobre o assunto. Em tudo que é continuo e divisível pode-se tomar mais, menos ou uma quantidade igual, e isso quer em termos da própria coisa, quer relativamente a nós; e o igual é um meio-termo entre o excesso e a falta. Por meio-termo no objeto entendo aquilo que é eqüidistante de ambos os extremos, e o que é um só e o mesmo para todos os homens; e por meio-termo relativamente a nós, o que não é demasiado nem demasiadamente pouco, seis é o meio-termo, considerado em função do objeto, porque excede e é excedido por uma quantidade igual: esse número é intermediário de acordo com uma proporção aritmética. Mas o meio-termo relativamente a nós não deve ser considerado assim: se dez libras é demais para uma determinada pessoa comer e duas libras é demasiadamente pouco, não se segue daí que o treinador prescreverá seis libras; porque isso também é, talvez, demasiado pouco para a pessoa que deve comê-lo, ou demasiadamente pouco para Milo e demasiado para o atleta principiante [...].

Se é assim, pois, que cada arte realiza bem o seu trabalho — tendo diante dos olhos o meio-termo e julgando suas obras por esse padrão; e por isso dizemos muitas vezes que às boas obras de arte não é possível tirar nem acrescentar nada, subentendendo que o excesso e a falta destroem a excelência dessas obras, enquanto o meio-termo a preserva; e para este, como dissemos, se voltam os artistas, no seu trabalho —, e se, ademais disso, a virtude é mais exata e melhor que qualquer arte, como também o é a natureza, segue-se que a virtude deve ter o atributo de visar o meio-termo. Refiro-me à virtude moral, pois é ela que diz respeito às paixões e ações. Nas quais existe excesso, carência e um meio-termo.

Por exemplo, tanto o medo como a confiança, o apetite, a ira, a compaixão, em geral o prazer e a dor, podem ser sentidos em excesso ou em grau insuficientes; e, num caso como no outro, isso é um mal. Mas senti-los na ocasião apropriada, com referência aos objetos apropriados, para com as pessoas apropriadas, pelo motivo e da maneira conveniente, nisso consistem o meio-termo e a excelência característicos da virtude [...].

A virtude é, pois, uma disposição de caráter relacionada com a escolha e consistente numa mediania, isto é, a mediania relativa a nós, a qual é determinada por um princípio racional próprio do homem dotado de sabedoria prática.

(Aristóteles, 1979, p. 71-73)

Tomás de Aquino (1221-1274)

Segundo a nossa interpretação, no mundo feudal predominou uma concepção filosófica que penetrou na vida social pela força de sua sustentação político-ideológica — a Igreja — nesse período: a filosofia tomista, base da doutrina cristã. Elaborado por Tomás de Aquino com o objetivo de oferecer uma interpretação racional às *verdades* da revelação, o tomismo ou filosofia aristotélico-tomista é, pois, um sistema filosófico-teológico: parte do dogma da existência de Deus, tratado como *fim último* da existência humana.

Sendo assim, a razão humana é naturalmente subordinada à fé e à revelação. Em primeiro lugar, não cabe à razão humana demonstrar o que Deus revelou (o que pertence ao domínio da fé), pois a fé deixaria de ter sentido, mas a razão pode servir à fé, demonstrando os seus pressupostos, quais sejam: que Deus existe, que é uno, que tem determinados *atributos que podem inferir-se das coisas por ele criadas* (Abbagnano, 1985). Por outro lado, sendo Deus criador da natureza humana, a razão é também derivada de Deus. Desse modo, a razão pode se contrapor à revelação; a razão humana é subordinada à fé e se houver uma contradição é sinal de que *não se trata de uma verdade racional, mas de contradições falsas* (Abbagnano, 1985, p. 26).

Partindo da filosofia de Aristóteles, mas interpretando-a segundo os pressupostos da fé, Tomás de Aquino desenvolve os fundamentos da ação humana — incluindo as ações éticas — a partir dos princípios ditados pela fé, o que ele expõe em sua *Suma teológica*. Influenciado pelo *estoicismo*, entende existir uma *lei eterna* que governa todo o universo e se encontra na mente divina e da qual decorre uma *lei natural*, que — sendo reflexo da lei eterna no homem — determina a sua tendência ou inclinação natural: 1) para o *bem natural*; 2) para *determinados atos* como a procriação; 3) para o bem segundo a *natureza racional do homem* que é a de *conhecer a verdade*, entre outros.

Da *lei eterna* decorrem as *leis divinas* e as *leis humanas*. As divinas são reveladas aos homens; são necessárias, eternas e justas, indicando ao homem o seu *fim último*, ou seja, aquilo que — dirigindo-se a Deus —, aproxima os homens de sua **perfectibilidade**, ou da atualização de suas **potencialidades**. Assim, para o teólogo, existem três espécies de lei: a lei eterna ou divina, a lei natural e a humana, incluindo a *lei moral*.

Para Tomás de Aquino, ao obedecer às **leis morais**, os homens realizam sua essência, o que os aproxima de Deus, finalidade de sua existência. Por que isso ocorre? Vimos que o homem *tende naturalmente ao bem*; sendo assim, sua essência ou sua natureza humana é boa. As leis morais, sendo derivadas das leis divinas, são leis humanas que tendem ao *bem* e contam com a confirmação dada pela revelação que determina as virtudes e os deveres derivados do *Bem Supremo*. Compreende-se que — apesar de tender ao bem, a natureza humana é dotada de *livre-arbítrio*, sendo, portanto, livre para escolher. A tendência para a justiça não é determinada por Deus. Se fosse, não existiria o *mal* nesse mundo: a "presença do mal é decorrente do livre-arbítrio do homem" (Abbagnano, 1985, p. 46), e até mesmo a *culpa* ou o *pecado* são "expressão de uma escolha discordante entre a razão humana e a lei divina" (idem, p. 47). Desse modo, o homem *é capaz de discernir entre o bem e o mal*; tende ao bem por natureza; e além disso dispõe de uma capacidade de entender os princípios que levam ao bem, quer dizer, ele tem as condições para escolher o bem. Mas pode, por sua escolha consciente, afastar-se do bem.

O conceito de **pessoa humana** é fundamental para a filosofia cristã: trata-se de uma referência que identifica todos os homens a uma *essência* comum: Deus, princípio e fim da existência humana e fonte da *dignidade* de todo ser humano e da *perfectibilidade* a que todo humano tende *por natureza*. O **bem comum** ou a *felicidade geral*, outra noção importante para a filosofia tomista, é entendido como responsabilidade ética das instituições básicas da sociedade: a família, encarregada da educação moral dos filhos; a Igreja, que se encarrega da vida espiritual da comunidade.

A ética cristã é *prescritiva*, uma vez que o seu conceito de livre-arbítrio refere-se a escolhas de virtudes que, no limite, já estão definidas pela revelação traduzida pela Igreja. Essas virtudes dividem-se em *virtudes teológicas* (que dizem respeito à nossa relação com Deus) e *virtudes cardeais e morais* (que definem o nosso comportamento social e moral). As virtudes teológicas são: a *fé*, a *esperança* e a *caridade*. As virtudes cardeais são: a *coragem*, a *justiça*, a *temperança* e a *prudência*. As virtudes morais são: a *sobriedade*, a *prodigalidade*, a *castidade*, a *mansidão*, a *generosidade*, a *modéstia*, o *trabalho* (Chaui, 2005, p. 314).

Em oposição às virtudes, a ética cristã toma como base os *pecados capitais* para determinar quais são os *vícios*, isto é, para ter o parâmetro da oposição ao bem. Os sete pecados capitais: *gula, avareza, preguiça, luxúria, ira* ou *cólera, inveja, e soberba* ou *orgulho* definem aqueles atos morais que se afastam do bem, pois o mal é concebido como a privação do bem.

Como bem analisa Marilena Chaui, a ética cristã *despolitiza* a liberdade na medida em que, com o conceito de livre-arbítrio, transfere o sentido que os antigos davam à relação dos homens com a vida pública para a relação entre cada homem e Deus, quer dizer, de uma relação ético-política e pública para uma relação privada e subjetiva. Além disso, transforma a noção de liberdade aristotélica — como vontade racional e consciente, capaz de dominar as paixões —, em uma vontade fraca, cindida entre o bem e o mal e em uma consciência marcada por componentes estranhos à autonomia racional, tal como os antigos entendiam: a idéia de **dever**, de **pecado** e de **culpa**.

Tomás de Aquino — Extratos

Suma teológica

O homem possui livre-arbítrio?

Assim procedemos quanto ao primeiro artigo: parece que o homem não possui o livre-arbítrio.

Objeção um. De fato, aquele que possui livre-arbítrio faz o que quer. Ora, como diz São Paulo (Epístola aos Romanos 7,19): "Não faço o bem, que quero, e faço o mal, que não quero". Portanto, o homem possui livre-arbítrio.

Objeção dois. Além disso, quem possui o livre-arbítrio pode querer ou não, agir ou não. Porém, isso não ocorre com o homem, pois segundo São Paulo (Epístola aos Romanos 7,19) "isso não depende nem da vontade nem dos esforços do homem". Portanto, o homem não possui o livre-arbítrio.

Objeção três. Além disso, de acordo com Aristóteles (*Metafísica*, I, p. 2), "o que é livre é causa de si mesmo". Por conseguinte, aquilo que é movido por outra coisa não é livre. Deus move a vontade, como afirmam os Provérbios (21,1): "O coração do rei está nas mãos do Senhor, ele o dirige para tudo o que lhe compraz". E segundo a Epístola aos Filipenses (2,13), "é Deus que realiza em vós o querer e o fazer". Portanto, o homem não possui o livre-arbítrio.

Objeção quatro. Além disso, todo aquele que possui o livre-arbítrio é senhor de seus atos, mas o homem não o é, pois está escrito em Jeremias (10,23): "O homem não é dono de seu caminho, o viajante não determina os próprios passos". Assim sendo, o homem não possui o livre-arbítrio.

Objeção cinco. Além disso, diz Aristóteles (*Ética a Nicômaco*, I, p. 11): "A maneira como cada um vê os fins depende da maneira como cada um é". Ora, não está em nosso poder determinar como somos, isto pertence à natureza. É natural, então, nos orientarmos para um fim determinado. E, conseqüentemente, não o fazemos pelo livre-arbítrio.

Ao contrário, como diz o Eclesiástico (15,14), "Deus criou o homem no começo e o entregou ao seu próprio arbítrio"; e a Glossa 6 acrescenta: "isto é, à liberdade de seu arbítrio".

Respondo dizendo: o homem possui o livre-arbítrio, caso contrário seriam vãos os conselhos, as exortações, as ordens, as proibições, as recompensas e as punições; como evidência disso deve-se considerar que algumas coisas agem sem juízo. Por exemplo, a pedra que se move para baixo e todas as outras coisas que carecem de conhecimento. Outras agem com juízo, mas este não é livre, como no caso dos animais. Por exemplo, a ovelha quando vê o lobo julga que deve fugir, mas tal decisão não é livre, pois ela julga não por comparação, mas por instinto natural. Isso acontece com todos os juízos dos animais. Porém o homem age com juízo porque, devido a sua capacidade cognitiva, julga se deve fugir de alguma coisa ou procurá-la. Mas como seu juízo não resulta de uma aplicação do instinto natural a uma ação particular, e sim de uma comparação realizada pela razão, o homem age de acordo com seu livre juízo, podendo orientar-se para diferentes decisões. A razão pode, com efeito, em relação ao contingente, seguir direções. opostas, como nos mostram os silogismos dialéticos e os argumentos retóricos. Como as ações particulares são contingentes, o juízo da razão sobre elas se aplica a diversas ações e não a uma única determinada. Portanto, é necessário que o homem possua o livre-arbítrio pelo simples fato de ser racional.

Resposta à primeira objeção. Como já foi dito, embora o apetite sensível obedeça à razão, pode em alguns casos ir contra ela, desejando algo contrário do que ela determina. É neste sentido que o homem não faz o bem quando deseja contra a razão, segundo o comentário de santo Agostinho a essa passagem.

Resposta à segunda objeção. O texto do Apóstolo (São Paulo) não deve ser entendido como afirmação de que o homem não poderia querer ou correr de acordo com a sua vontade livre, mas sim de que o livre-arbítrio é insuficiente se o homem não for movido e auxiliado por Deus.

Resposta à terceira objeção. O livre-arbítrio é causa de seu movimento, pois é através dele que o homem se move para agir. Contudo, não é necessário à liberdade que o que é livre seja a causa primeira de si mesmo, nem que, para ser causa de algo, seja a sua causa primeira. Deus é a causa primeira, move as causas naturais e as voluntárias. Assim como quando move as causas naturais isso não impede que seus atos sejam naturais, ao mover as causas voluntárias tampouco impede que seus atos sejam voluntários. Ao contrário, Deus opera em cada um segundo a Sua própria natureza.

Resposta à quarta objeção. Ao se dizer que "não está no homem o seu caminho", isso diz respeito à execução daquilo que ele escolhe e que pode ser impedido, caso o homem queira. A escolha está em nós, mas pressupõe o auxílio de Deus.

Resposta à quinta objeção. Deve ser dito que há duas qualidades no homem, uma natural e outra proveniente do exterior. A qualidade natural consiste tanto na parte intelectiva quanto no corpo e nas potências que lhe dizem respeito. Devido ao fato de o homem ser o que é pela qualidade natural intelectiva, o homem deseja naturalmente o fim último, ou seja, a beatitude. Ora, tal desejo é natural e não depende do livre-arbítrio, como fica claro no que vimos anteriormente. Em relação ao corpo e suas potências, o homem, de certa forma, possui determinada compleição ou disposição por influência das causas corpóreas. Contudo, essas causas não podem influir na parte intelectiva por esta não ser parte de um corpo. E devido à maneira como cada um é, pelas características corpóreas, tais finalidades lhe parecem ser o fim, porque é com base em tal disposição que o homem se inclina a escolher ou rejeitar algo. Mas essas inclinações estão sujeitas ao juízo da razão, ao qual o apetite inferior obedece, como já dissemos antes. Portanto, não prejudica o livre-arbítrio. Quanto às qualidades oriundas do exterior, são como hábitos e paixões com base nas quais alguém se inclina mais para um lado do que para outro. Porém, mesmo essas inclinações estão sujeitas ao juízo da razão. O mesmo acontece com essas qualidades que estão sujeitas à razão, uma vez que está em nosso poder adquiri-las, causando-as ou nos dispondo a elas ou mesmo rejeitando-as. Portanto, não há nada disso que seja contrário ao livre-arbítrio.

(Aquino *apud* Marcondes, 2007, p. 64-67)

Jean-Jacques Rousseau (1712-1778)

Rousseau enfrentou a problemática moderna da relação entre o indivíduo e a sociedade tendo como suposto o direito à liberdade e à igualdade. Para ele, a liberdade é um direito natural inalienável: os homens nascem livres, logo, se renunciarem à sua liberdade estarão renunciando à sua humanidade. Nesse sentido, a liberdade é princípio ético universal e categoria ontológica central na filosofia de Rousseau.

Segundo ele, no estado de natureza, os homens viviam em harmonia através do **amor universal** de cada um por si mesmo e para com os seus semelhantes. A sociedade, marcada pelos interesses de posse desencadeados pela propriedade privada, rompeu com essa harmonia, transformando o amor em egoísmo. Indagando sobre as possibilidades de objetivação social da liberdade, Rousseau defende que é preciso encontrar formas de convivência social capazes de garantir uma comunhão entre os homens, de modo que cada um conserve sua soberania e liberdade. Suas obras mais conhecidas, o *Contrato social* e *Emílio* tratam, respectivamente, das formas políticas e pedagógicas que, segundo ele, podem superar os males da vida em sociedade, garantindo aos homens a liberdade e a soberania.

Liberdade e soberania são princípios ético-políticos para Rousseau. A soberania fundamenta-se na vontade geral, em uma sociabilidade que supõe uma consciência valorizadora da liberdade e da democracia:

> Para Rousseau, o soberano é o povo, entendido como vontade geral, pessoa moral coletiva livre e corpo político de cidadãos. Os indivíduos, pelo contrário, criaram-se a si mesmos como povo e é a este que transferem os

direitos naturais para que sejam transformados em direitos civis. Assim sendo, o governante não é o soberano, mas o **representante** da soberania popular. (Chaui, 2005, p. 374)

A concepção política de Rousseau supõe, portanto, a consciência moral, como diz Chaui: a submissão à vontade geral, possuidora de uma "inflexibilidade que nenhuma força humana pode superar", conduz a uma liberdade que "resguarda o homem do vício e a uma moralidade que o eleva até a virtude" (Chaui *apud* Rousseau, 1978, p. XXI).

Pode-se observar a visão ética de Rousseau tanto em suas considerações sobre o contrato social como em sua pedagogia — caminhos práticos através dos quais seria possível alcançar a felicidade social e individual. Concebendo a bondade como parte da natureza humana rompida pela civilização, Rousseau enfatiza a educação como um instrumento de desenvolvimento das potencialidades naturais e de afastamento do "mal". Trata-se de um processo em que o educando vai progressivamente aprendendo como agir, ou seja, o que não deve e o que deve fazer para ser feliz; um processo de educação moral voltado à consciência dos princípios que regem o dever: a **liberdade** e a **igualdade**.

Para o filósofo, a consciência do dever e a tendência ao bem são inatas e, como tais, não se apresentam como *obrigação externa*, mas como a consciência da própria natureza humana, sendo reveladas na educação como *autodeterminação* ou *autonomia*: uma obediência a leis internas ditadas pela consciência.

> O dever simplesmente nos força a recordar nossa natureza originária e, portanto, só em aparência é imposição exterior. Obedecendo ao dever (à lei divina inscrita em nosso coração), estamos obedecendo a nós mesmos, aos nossos sentimentos e nossas emoções e não à razão, pois esta é responsável pela sociedade egoísta e perversa. (Rousseau *apud* Chaui, 2005, p. 345)

Nesse caso, para Rousseau, a autonomia supõe uma decisão interna: uma lei moral que vem do coração, da natureza humana que conservou vestígios de uma bondade original. O dever pode parecer algo imposto porque a sociedade corrompeu a nossa bondade original. Assim, Rousseau se distingue dos Iluministas para os quais a razão era fundadora da autonomia; para ele, a razão é utilitarista e marcada pelo egoísmo. A obediência ao dever se apresenta, então, como uma consciência moral do dever que é inata e destinada a uma moral do coração, quer dizer, voltada à bondade natural.

Sua proposta educativa é exposta em *Emílio*, um menino educado para a conservação da *natureza humana primitiva* perdida com a educação tradicional. A educação não deve se voltar para a virtude e a verdade, e sim deixar a criança se desenvolver de modo espontâneo, de forma que nada venha do exterior, mas do íntimo, dos sentimentos que serão naturalmente disciplinados, dando origem aos valores morais.

Sua compreensão do processo educativo elucida sua concepção ética, que se aproxima da idéia socrática de **autodeterminação**, pois, embora ele enfatize a força dos sentimentos na formação dos valores morais, deixa clara a sua posição de que o homem deve ser formado para não aceitar nenhuma autoridade externa aos seus sentimentos e à sua razão:

> Formar o homem da natureza não significa fazer dele um selvagem que haveria de abandonar no meio dos bosques, mas uma criatura que, vivendo um turbilhão da sociedade, não se deixa arrastar nem pelas paixões nem pelas opiniões dos homens, uma criatura que vê com seus próprios olhos e sente com seu coração, e que não reconhece outra autoridade senão a própria razão. (Rousseau *apud* Abbagnano, 1985, p. 211)

Rousseau — Extratos

Discurso sobre a origem e os fundamentos da desigualdade entre os homens

O primeiro homem que, tendo cercado um terreno, teve a idéia de proclamar "isto é meu", e encontrou homens ingênuos o bastante para acreditar nele, foi o verdadeiro fundador da sociedade civil.

Quantos crimes, quantas guerras, quantos assassinatos, quantas misérias, quantos horrores poderia ter evitado ao gênero humano aquele que, arrancando as estacas ou cobrindo o fosso, tivesse gritado aos seus semelhantes: Cuidai-vos ao escutar esse impostor; se esquecerdes que os frutos são de todos e a terra não é de ninguém estareis perdidos! [...].

Cada um começou a olhar para os outros e, por sua vez, a querer ser olhado; assim, a estima pública começou a ter valor. Aquele que cantava e dançava melhor do que os outros, o mais bonito, o mais forte, o mais hábil ou mais eloqüente tornou-se o mais considerado, e este foi o primeiro passo para a desigualdade e ao mesmo tempo para o vício; dessas primeiras preferências nasceram, de um lado, a vaidade e o desprezo, e de outro, a vergonha e a inveja; e a fermentação provocada por essas duas leveduras deu lugar a produtos funestos para a felicidade e a inocência [...].

Mas a partir do momento em que um homem precisou da ajuda de outro, e tão logo percebeu que podia ser útil a um só homem dispor de provisões para dois, a igualdade desapareceu, a propriedade foi introduzida, o trabalho tornou-se necessário e as vastas florestas transformaram-se em aprazíveis campos que tiveram que ser melhorados com o suor dos homens e onde logo se viu a escravidão e a miséria germinarem e crescerem junto com as messes [...].

Finalmente a ambição insaciável, o anseio de aumentar a própria fortuna pessoal, menos por uma verdadeira necessidade do que para se colocar acima dos demais, infunde em todos os homens uma triste tendência a se prejudicar reciprocamente, uma inveja tão mais perigosa porque, para alcançar com maior segurança o seu propósito, ela se cobre freqüentemente com a máscara da benevolência. De um lado, tem-se o espírito de concorrência e rivalidade; de outro, a oposição de interesses e, sempre, o desejo escondido de tirar vantagem à custa de outrem. Todos esses males são o primeiro efeito da propriedade e a seqüência inseparável da desigualdade nascente [...].

Essa foi ou deve ter sido a origem da sociedade e das leis, que colocaram novos entraves ao fraco e deram novas forças ao rico, destruíram definitivamente a liberdade natural, estabeleceram para sempre a lei da propriedade e da desigualdade, transformaram uma hábil usurpação em um direito irrevogável e, daí por diante, em benefício de alguns ambiciosos, submeteram todo o gênero humano ao trabalho, à servidão e à miséria.

(Rousseau *apud* Nicola, 2005, p. 310-314)

Immanuel Kant (1724-1804)

Em seu tempo histórico, Kant busca uma resposta ética para o antagonismo entre a defesa da liberdade e a luta por interesses privados. Sua saída é transcendental, pois sua ética permanece fiel aos princípios universais, mas se torna incompatível com a vida empírica.

Kant distingue a *razão pura* da *razão prática*; a primeira tem como matéria a realidade exterior, determinada segundo leis necessárias de causa e efeito, que independem da ação humana. A razão prática, por sua vez, não opera com leis necessárias exteriores; cria as suas próprias leis, que são as leis morais. A lei moral tem, pois, fundamento interior: funda-se na *consciência do dever*.

A doutrina do *imperativo categórico* baseia-se no princípio da universalidade: uma norma é moral quando pode ser universalizável, quando ultrapassa os casos particulares e os interesses. Opondo-se ao utilitarismo moral, Kant entende que uma ação só é moral quando é independente de objetos externos, de móveis empíricos, sensíveis, logo, de utilidade ou de interesses e conseqüências concretas. É desse modo que **necessidade** e **liberdade** se separam: o mundo empírico é o espaço da necessidade; a liberdade é o espaço das ações humanas, da capacidade racional e teleológica que não se realiza, segundo ele, por necessidades causais.

É nesse sentido que o filósofo distingue as ações que se realizam *por* dever e *conforme* o dever. Em *A metafísica dos costumes*, ele afirma que conservar a vida é um dever que todos realizam, mas isso não é uma ação *por dever, não tem nenhum valor intrínseco e a máxima que o exprime nenhum conteúdo moral. Os homens conservam sua vida conforme o dever,* por uma inclinação imediata, ou seja, objetivando não morrer. No entanto, diz ele,

> Quando as contrariedades e o desgosto sem esperanças roubaram totalmente o gosto de viver, quando o infeliz, com fortaleza de alma, mais enfadado do que desalentado ou abatido, deseja a morte, e conserva, contudo, a vida sem a amar, não por inclinação ou medo, mas por dever, então sua máxima tem um conteúdo moral. (Kant, 1980, p. 112)

A ação moral é aquela que se realiza *por dever*, ou seja, *é um fim em si mesma*. Nas palavras de Kant:

> Uma ação praticada por dever tem o seu valor moral não no propósito que com ela se quer atingir, mas na máxima que a determina; não depende, portanto, da realidade do objeto da ação, mas somente do princípio do querer segundo o qual a ação, abstraindo de todos os objetos da faculdade de desejar, foi praticada [...]. O valor moral de uma ação não reside, portanto, no efeito que dela se espera [...]. Nada senão a representação da lei em si mesma que em verdade só no ser racional se realiza, enquanto é ela, e não o esperado efeito, que determina a vontade, pode consistir o bem excelente a que chamamos moral. (Kant, 1980, p. 114)

A razão prática, enquanto liberdade, institui as normas morais visando à realização das finalidades éticas; ao mesmo tempo, é capaz de autodeterminação, quer dizer, de dar a si mesma as leis. Aqui se coloca uma noção de dever que difere da concepção cristã, assemelhando-se ao conceito de autodomínio ou autonomia já apresentado pelos gregos, conforme explica Chaui:

> O dever, portanto, longe de ser uma imposição externa feita à nossa vontade e à nossa consciência, é a expressão da nossa liberdade, isto é, a presença da lei moral em nós; manifestação mais alta da humanidade em nós. Obedecer ao dever é obedecer a si mesmo como ser racional que dá a si mesmo a lei moral. Por liberdade da vontade, o sujeito moral, isto é, a razão prática universal, dá a si mesmo os valores, os fins e as normas de nossa ação moral. Por isso somos seres autônomos. (Chaui, 2005, p. 316)

Para Kant, o homem é, por natureza, um ser egoísta, ambicioso, movido por sentimentos, impulsos, paixões, desejos de vingança, de morte. Nossa vontade não é livre. Como seres naturais, somos submetidos a essas forças que não dominamos; são forças movidas por leis exteriores, leis causais e que nos motivam a agir por interesse, por egoísmo. Desse modo, usamos as pessoas como meios para conseguir o que queremos; pior do que isso, agimos assim imaginando que estamos agindo livremente. Assim, diz Kant, é preciso distinguir as ações quando são realizadas *por dever* e *por querer*.

O dever não prescreve normas e não se refere a cada situação particular; é uma forma imperativa universal, isto é, válida para toda ação moral. Assim, as ações *por dever* são fundadas num *imperativo incondicional*, ou seja, sem vinculação a nenhuma condição ou conseqüência empírica: *o dever é a necessidade de uma ação por respeito à lei* (Kant, 1980, p. 114).

E desse modo Kant define o seu célebre **imperativo categórico**:

> Uma vez que despojei a vontade de todos os estímulos que lhe poderiam advir da obediência a qualquer lei, nada mais resta que a conformidade a uma lei universal das ações em geral que possa servir de único princípio à vontade, isto é, devo proceder sempre de maneira que eu possa querer também que a minha máxima se torne uma lei universal. (Kant, 1980, p. 115)

O imperativo categórico visa a um princípio universal, a uma máxima que deve ser realizada sempre — por dever — e em si mesma, ou seja, porque é necessário que assim seja, porque é nosso dever realizá-la, porque a nossa consciência ética ordena incondicionalmente que assim seja. Ela não pode ser realizada por nenhum motivo ou conseqüência prática. É uma lei moral interior que se realiza segundo três máximas morais:

> Age apenas segundo uma máxima tal que possas ao mesmo tempo querer que ela se torne lei universal;

> Age de tal maneira que uses a humanidade, tanto na tua pessoa como na pessoa de qualquer outro, sempre e simultaneamente como fim e nunca simplesmente como meio;
>
> Age como se a máxima de tua ação devesse servir de lei universal para todos os seres racionais. (Kant, 1980, p. 129-135).

Ao dimensionar o imperativo categórico na direção do princípio de universalidade, Kant objetiva o reconhecimento dos homens entre si, enquanto genericidade não alienada, o que se traduz pelo imperativo prático de nunca usar o homem como meio. Essa máxima vem influenciar a cultura humanista ocidental ao afirmar a dignidade humana, traduzindo-a pelo tratamento do homem como fim de todas as ações humanas.

Kant tem o mérito de ter tentado garantir — no interior da ordem burguesa — uma fundamentação filosófica destinada a garantir determinados valores e princípios universalmente valorosos. Nesse sentido, ele expressa, no seu tempo histórico, uma apreensão crítica das contradições entre o ideário emancipador, do qual é herdeiro, e seus impedimentos objetivos. Todavia, sua perspectiva é idealista, quer dizer, para não enfrentar a contradição objetiva da realidade, qual seja, a luta entre os interesses privados, ele optou por se desligar da realidade, colocando a liberdade em um patamar transcendental, indeterminado, ou seja, determinado em si mesmo. Por isso, sem enfrentar a história real, não apreendeu as determinações sociais do que ele detectou como sendo um conjunto de características dos indivíduos (ambição, desejos e paixões etc.). Assim sendo, ele generalizou tais características para a humanidade, naturalizando-as e tratando-as como forças causais que dominam o homem de modo externo, entendendo-as como tendências históricas, conforme analisa Heller:

> A idéia de que os motivos do homem da sociedade burguesa — da humanidade empírica — nunca podem reduzir-se somente ao egoísmo, à ambição, à ânsia de domínio e de avidez de bens [...] não aparece nas manifestações de Kant [...] uma vez que ele aspira a uma homogeneiza-

ção absoluta e, dessa forma, homogeneiza a humanidade do mero egoísmo. (Heller, 1984, p. 30)

Desse modo, buscou superar os interesses particulares, mas fazendo isso através de uma radicalização da capacidade racional, dirigida ao dever incondicional e formal, erigiu uma barreira entre os princípios e normas éticas e as exigências da vida cotidiana e da vida social, em geral.

Nesse sentido, a ética kantiana não responde às necessidades de um conhecimento histórico, mas reproduz uma forma de compreensão ética bastante difundida na sociedade burguesa: a que concebe os valores de modo idealista, quer dizer, como princípios formais universais, imperativos categóricos que independem de determinações e conseqüências históricas particulares. Ao se transformar em uma concepção ética assimilada no âmbito da vida cotidiana, contribui para difundir valores universais abstratos, possibilitando que as exigências ético-morais não sejam reconhecidas como parte integrante da vida cotidiana.

Kant — Extratos

Fundamentos da metafísica dos costumes

1) Uma pessoa, por uma série de desgraças, chegou ao desespero e sente tédio da vida, mas ainda está bastante em posse da razão para poder perguntar a si mesma se não será talvez contrário ao dever para consigo mesma atentar contra a própria vida. E procura agora saber se a máxima da sua ação se poderia tornar uma lei universal da natureza. A sua máxima, porém, é a seguinte: *Por amor a mim mesmo, admito como princípio que, se a vida, prolongando-se, me ameaça mais com desgraças do que me promete alegrias, devo encurtá-la.* Mas pergunta-se agora se esse princípio do amor de si mesmo se pode tornar em lei universal da natureza. Vê-se então em breve que uma natureza, cuja lei fosse destruir a vida em virtude do mesmo sentimento cujo objetivo é suscitar a sua conservação, se contradiria a si mesma e portanto não existiria como natureza. Por conseguinte, aquela máxima não poderia de forma alguma dar-se como lei uni-

versal da natureza, e portanto é absolutamente contrária ao princípio supremo de todo o dever.

2) Uma outra pessoa vê-se forçada pela necessidade a pedir dinheiro emprestado. Sabe muito bem que não poderá pagar, mas vê também que não lhe emprestarão nada se não prometer firmemente pagar em prazo determinado. Sente a tentação de fazer a promessa; mas tem ainda consciência suficiente para se perguntar: Não é proibido e contrário ao dever livrar-se de apuros desta maneira? Admitindo que se decida a fazê-lo, a sua máxima de ação seria: *Quando julgo estar em apuros de dinheiro, vou pedi-lo emprestado e prometo pagá-lo, embora saiba que tal nunca sucederá.* Este princípio de amor de si mesmo a mim mesmo ou da própria conveniência pode talvez estar de acordo com todo o meu bem-estar futuro, mas agora a questão é de saber se é justo. Converto assim esta exigência do amor de si mesmo em uma lei universal, e coloco a seguinte questão: Que aconteceria se a minha máxima se tornasse uma lei universal? Vejo então imediatamente que ela nunca poderia valer como lei universal da natureza e concordar consigo mesma, mas que, pelo contrário, ela se contradiria necessariamente. Pois a universalidade de uma lei que permitisse a cada homem que se julgasse em apuros prometer o que lhe viesse à idéia com a intenção de não o cumprir, tornaria nada tornaria impossível qualquer promessa e a finalidade que com ela se pudesse obter, porque ninguém acreditaria em qualquer coisa que lhe prometessem e rir-se-ia de tais declarações como de vãos enganos.

3) Uma terceira pessoa encontra em si um talento natural que, cultivado, poderia fazer dela um homem útil sob muitos aspectos. Mas encontra-se em circunstâncias cômodas e prefere ceder ao prazer a esforçar-se por alargar e melhorar as suas felizes disposições naturais. Mas está em condições de poder perguntar a si mesma se, além da concordância que a sua máxima do desleixo dos seus dons naturais tem com a sua tendência para o gozo, ela concorda também com aquilo que se chama dever. E então vê que na verdade uma natureza, como uma tal lei universal poderia subsistir, mesmo que o homem (como o habitante do Mar do Sul) deixasse enferrujar os seus talentos e só cuidasse de empregar a sua vida na ociosidade, no prazer, na propagação da espécie, em uma palavra, no gozo; mas não pode querer que isso se transforme em lei universal da natureza, ou

> que exista dentro de nós como instinto natural. Pois como ser racional quer ele necessariamente que todas as suas faculdades se desenvolvam, porque lhe foram dadas e lhe servem para todos os tipos de fins possíveis.
>
> (Kant, 1980, p. 130-131)

Georg W. Friedrich Hegel (1770-1831)

A compreensão do tratamento que Hegel dá à questão da liberdade supõe uma introdução a alguns pressupostos de sua compreensão dialética. Para Hegel, a dialética é tanto o movimento do real como o método filosófico que permite sua apropriação racional; pela dialética se apreendem os princípios das categorias em seu processo de constituição. À razão dialética cabe superar a oposição entre ser e pensar a partir da reconstrução da lógica interna do movimento das categorias no real e de sua exposição sistemática. Com isso, a filosofia estará também explicitando a lógica de articulação das categorias no pensamento, ou seja, o método apropriado ao conhecimento da realidade em sua essência.

Todas as coisas são negativas porque têm ao mesmo tempo uma realidade imediata — *o que elas são* — e potencialidades — *o que elas podem vir a ser*. A existência, em sua essência, só pode ser compreendida quando for apreendida em sua **negatividade**; mas esta não é construída pelo pensamento; é um dado ontológico passível de ser apropriado racionalmente se estiverem dadas as condições objetivas para a superação da existência imediata e se o pensamento conseguir reconstruir esse movimento do real.

Portanto, a negatividade é componente ontológico da realidade e do método dialético; segundo Hegel, é um *estado de privação que força o sujeito a procurar remédio*, como explica Marcuse:

> O processo dialético tem sua força motivadora na pressão para superar a negatividade. A dialética é um processo num mundo onde o modo de existência dos homens e das coisas é engendrado por relações contradi-

tórias; assim, cada conteúdo particular só se expande ao mudar-se em seu oposto. Este último é parte constitutiva do primeiro e o conteúdo do todo é a totalidade das relações contraditórias nela implicadas. (Marcuse, 1978, p. 73)

No processo gradativo de explicitação das *contradições*, ocorre uma *superação*, pela *negação da negação*. Nesse momento de síntese, os elementos anteriores são repostos em um nível superior; a contradição é suspensa para dar lugar a uma *identidade* entre ideal e real, ou unidade da totalidade do real. Bornheim assim explica o significado da síntese em Hegel:

> Hegel designa a síntese com a palavra *Aufhebung*, e ele mesmo explica que ela tem o tríplice sentido de tomar, conservar e elevar; o que toma conserva através do todo do processo, mas o ergue a uma instância superior. É importante observar que o processo dialético não se desenvolve como algo de exterior, como se se tratasse de etapas que se substituem gradativamente... Cada passo do processo implica uma determinação progressiva [...]. O que caracteriza o processo dialético é que o progredir no sentido de uma determinação sempre mais ampla coincide com um retroceder no sentido de uma fundamentação do momento inicial. (Bornheim, 1983, p. 51)

Seu sistema ético trata do desenvolvimento da cultura e das atividades conscientes e racionais dos homens. Tendo uma concepção histórica, não aceita a separação kantiana entre o campo da liberdade, ou da lei moral, e o do mundo empírico. Para ele, os homens são históricos, sendo determinados objetivamente pela cultura e pelas instituições sociais como a família, o Estado e a sociedade civil. Diz Chaui:

> Hegel critica Rousseau e Kant por dois motivos. Em primeiro lugar por terem dado mais atenção à relação entre sujeito humano e natureza (isto é, à relação entre razão e paixões) do que à relação entre sujeito humano e cultura ou história [...]; em segundo lugar, Hegel os critica por terem admitido a relação entre ética e sociabilidade dos seres humanos com laços muito frágeis, isto é, por terem concebido a sociabilidade como **relações pessoais**

diretas entre indivíduos, quando deveriam tê-la tomado como **relações sociais**, fixadas pelas instituições sociais. (Chaui, 2005, p. 318)

A objetivação da liberdade — tratada por Hegel como autoconsciência que se realiza no mundo do *ethos*, do político, do jurídico, isto é, da cultura historicamente criada pelo homem — permite-lhe romper com a distinção kantiana entre liberdade e necessidade, situando a normatividade do agir humano nas instituições sociais. Daí o caráter histórico de sua ética:

> A liberdade só é plena quando se faz "mundo" [...]. A liberdade é energia que não fica presa na esfera da interioridade subjetiva, mas se realiza nas leis, nos costumes e nas instituições que regem a vida comum dos homens. (Oliveira, 1993, p. 219)

A unidade dialética entre singular e universal coloca-se, pois, como a possibilidade de realização da ética; a **eticidade** emerge como a unidade entre a moralidade e a objetividade do direito, o que significa afirmar que as instituições sócio-históricas são o espaço de objetivação da liberdade em sua forma plena. Isso conduz a uma superação da oposição entre interioridade e exterioridade, isto é, entre a **consciência moral** e o **mundo empírico**; com isso, a normatividade é remetida às relações sociais, à história.

Vimos que uma das críticas de Hegel a Kant fundamenta-se em sua oposição ao caráter abstrato do dever kantiano. Hegel considera que o formalismo kantiano separa a forma e o conteúdo moral das ações, separação que ele busca superar através da relação entre a consciência moral e as esferas sociais efetivadoras da liberdade, isto é, apreendendo a unidade entre o **dever-ser** voltado à liberdade e o **ser da liberdade** realizado socialmente.

Para que tal unidade se efetive, é preciso que a *consciência moral* coincida com a liberdade posta nas leis sociais, o que significa que a esfera do direito dá à moralidade a possibilidade de se tornar objetiva e *universal*, ou seja, ética. Ao mesmo tempo, a moralidade adquire um conteúdo histórico concreto; constrói-se na história, no processo de **autoconsciência**, o que revela um aspecto da grandiosa contribuição de Hegel: *não se trata de eliminar as contradições, mas de apreendê-las como componentes ontológicos da construção da moralidade.* Nesse sentido, a moral não é pensada como um conjunto de valores estáticos e abstratos. Segundo Oliveira,

> O dever-ser perde a forma de puro dever-ser e se dá o ser, uma existência, a instância do mundo da cultura, da realidade histórica do reino do direito e dos costumes. (Oliveira, 1993, p. 221)

Concebida historicamente, a liberdade supõe a universalização das vontades individuais, o que Hegel entende ser possível na sociedade burguesa. Analisando o processo de racionalização da existência, ele concebe o mundo antigo como um momento de unidade entre o indivíduo e a sociedade, que é dissolvido na sociedade moderna: mundo do mercado, dos interesses privados e de liberdade formal.

Sua perspectiva ontológica leva à apreensão do trabalho como *autoatividade*, componente ontológico do ser social; ao mesmo tempo, Hegel compreende a alienação inscrita na sociabilidade burguesa. Nesta sociedade, o produto do trabalho e do conhecimento é governado por leis incontroláveis, possibilitando com que o homem não se reconheça como sujeito e o pensamento se transforme num ideal abstrato, independente do homem.

Hegel analisa criticamente as condições de trabalho no âmbito das relações mercantis capitalistas, antecipando a crítica de Marx à alienação do trabalho. Segundo ele, na sociedade burguesa,

> Quanto mais o homem domina seu trabalho, mais impotente ele mesmo se torna [...] quanto mais mecanizado se torna o trabalho, menor valor ele tem e mais arduamente deve o indivíduo trabalhar [...]. As faculdades do indivíduo são restringidas de modo ilimitado e a consciência do operário é degradada ao mais baixo nível de embotamento. (Hegel *apud* Marcuse, 1978, p. 84)

Assim, Hegel percebe o trabalho alienado como autonegação de sua natureza, que ele entende ser a de auto-realização, pois através do trabalho o homem se autoconstrói como ser espiritual. Como autonegação, o trabalho é ausência de liberdade; e o contexto que gera tal autonegação humana é

> Um espetáculo de miséria e de corrupção física e moral; [é o resultado] de uma sociabilidade construída na base do arbítrio dos indivíduos, o que produz uma massa de homens que não podem atingir o fim de sua inserção nesse todo: a satisfação de suas necessidades. (Hegel *apud* Oliveira, 1993, p. 246)

O Estado é para Hegel a instância de efetivação da liberdade e da universalidade concreta, o que remete à **eticidade** ou moralidade objetiva; nas palavras de Coutinho:

> A eticidade encontra no Estado — e no Estado entendido não apenas como uma esfera particular entre outras, não apenas como governo, mas como totalidade sintética das várias esferas da vida social, como a "manifestação concreta" do Espírito Objetivo — a sua figura efetivamente adequada. (Coutinho, 1994, p. 132)

A afirmação do Estado como expressão da universalização da liberdade aponta para a síntese hegeliana: sua consideração de que tais condições podem ser plenamente realizadas nos marcos da sociedade burguesa. Com isso, Hegel afirma tal sociedade como o momento de reconciliação entre a razão e o real, ou seja, afirma o presente como realização plena da liberdade, o que, para ele, corresponde à plena realização do **Espírito Absoluto**.

As questões apontadas remetem à problemática da metafísica em Hegel. Apesar de avançar na direção de uma ontologia histórica, ele não consegue romper com a perspectiva metafísica na medida em que permanece limitado ao idealismo e resolve a contradição através de uma identidade que afirma o "fim da história" e dá prioridade ao espírito. De acordo com Bornheim:

Em Hegel, aquele realismo social a rigor termina não existindo, já que o diferente do pensar sempre é uma aparência: a história de Hegel é em última instância a história da Idéia. Há, por isso, um grande paradoxo na filosofia hegeliana: de um lado, topamos com a valorização da grande ação histórica, mas, de outro, não há liberdade, tudo é Idéia absoluta. (Bornheim, 1983, p. 128)

Hegel — Extratos

Estética — a idéia e o ideal

Rememorando o que já dissemos quanto ao conceito do belo e da arte, insistimos mais uma vez sobre o seu duplo aspecto: o de conteúdo e de fim, de significação, por um lado, o de expressão, de manifestação, de realidade, por outro. Entre estes dois aspectos existe uma interpenetração tal que o exterior, o particular só tem razão de ser como expressão do interior. Na obra de arte nada mais há senão o que se refere ao conteúdo e serve para o exprimir. Aquilo a que chamamos conteúdo, significação, é o simples em si, a própria coisa reduzida às determinações mais e ao mesmo tempo mais compreensivas, por tal diferindo da execução. Assim acontece, por exemplo, que se pode indicar o conteúdo de um livro em duas frases ou proposições, e o livro não deverá conter senão o que foi indicado no resumo com as linhas gerais do conteúdo. Esta coisa simples, este tema que, por assim dizer, fornece uma base à execução, é o abstrato; pelo contrário, a execução é que é o concreto.

Mas os dois termos desta oposição não existem para permanecerem indiferentes um ao outro numa justaposição puramente exterior (como, por exemplo, uma cor ou uma grandeza é exteriormente alheia a uma figura matemática, um triângulo a uma elipse, na simplicidade do seu conteúdo), pois a significação, embora abstrata, enquanto simples conteúdo está destinada a realizar-se, quer dizer, tornar-se concreta. Surge, então, um dever ser. Qualquer que seja o valor próprio de um conteúdo, não nos pode satisfazer o seu caráter abstrato pois exigimos algo mais. De uma exigência insatisfeita se trata, de um sentimento de insuficiência experienciado pelo sujeito que busca suprimir-se para se transformar em satisfação. Será o conteúdo neste sentido considerado, antes de tudo, como subjetivo como puramente exterior; opõe-se-lhe o objetivo, e da oposição ressalta a exigência de objetivar o subjetivo. Esta oposição entre o subjetivo e o objetivo, e a necessidade de a suprimir, constituem um fato geral que sempre se verifica em tudo [...].

Por isso a vida não é afirmativa antes de suprimir esta negação de si própria. O maior privilégio dos viventes consiste em ter percorrido este processo da oposição, da contradição e da negação até a conciliação dos dois termos opostos; o que é afirmativo imediatamente e assim permanece, sem precisar resolver o problema da conciliação, nada tem com a vida. A vida progride para a negação, com a dor que ela arrasta, e só se afirma perante si mesma após o apaziguamento da oposição e da contradição.

(Hegel, 1980, p. 162-163)

Jean-Paul Sartre (1905-1980)

A filosofia de Sartre é inseparável de sua vida, no contexto do pós-guerra, em Paris. Fundador da Revista *Tempos Modernos*, importante veículo de discussão filosófica, Sartre dedicou-se a várias atividades intelectuais: além da filosofia, produziu obras de literatura, de teatro, escreveu romances, novelas, biografias, ensaios, entre outros. Fiel à sua filosofia, engajou-se em diversos movimentos: na Resistência Francesa à ocupação nazista, entre 1940 e 1944, no movimento de libertação da Argélia, colônia francesa até 1962, nas *barricadas do desejo*, em maio de 68. No fim de sua vida, atuou como intelectual orgânico junto aos movimentos sociais minoritários: presidiários, homossexuais, negros etc. Ajudou a criar o jornal *Libération* e participou intensamente de atos e manifestos em defesa de direitos humanos e dos ideais libertários, como o anti-semitismo na URSS, a defesa de um socialismo libertário, apoio aos dissidentes soviéticos.

Segundo Coutinho (2006), Sartre tem períodos políticos diferenciados: o primeiro Sartre (*O Ser e o Nada*) negava a possibilidade de uma liberdade coletiva; em 1944, assume uma posição *engajada* em um movimento que se apresentava como uma alternativa ao Partido Comunista Francês (PCF), insistindo em se diferenciar do marxismo. Entre 1952 e 1954, ele se aproxima do PCF, apoiando a União Soviética, embora, nas palavras de Coutinho: *ao contrário do que comumente se pensa, ele jamais tenha se filiado formalmente a este partido* (Coutinho, 2006, p. 96).

Seu modo de vida irreverente, compartilhado com Simone de Beauvoir, mulher independente, intelectual ícone dos movimentos feministas, caracterizava-se pela negação dos padrões convencionais de comportamento, o que era então veiculado como uma filosofia de vida, dado o entrelaçamento entre sua vida privada, sua obra filosófico-literária e sua vida política.

Foi assim que influenciou gerações, pois o existencialismo transformou-se em um *modo de vida*, um *ethos* incorporado pelos jovens do mundo todo, o que incluía, inevitavelmente, as longas reflexões existenciais nos cafés enfumaçados, mas, principalmente, uma *busca de coerência ética entre o modo de pensar — a filosofia — e a vida cotidiana*. A ruptura com as convenções e a irreverência em face da autoridade percorreram toda a vida pessoal e intelectual de Sartre, adquirindo contornos e conteúdos diferenciados, de acordo com sua maturidade teórica, política e ética. Em 1964, Sartre recusou o maior prêmio literário, o Prêmio Nobel, por entender que recebê-lo significaria legitimar a autoridade da Academia Real da Suécia, responsável pela atribuição do referido prêmio (Almeida, 1988, p. 23).

Seu existencialismo ateu, uma filosofia da existência e do indivíduo, é marcado pela angústia, por situações-limite, pela idéia de que o homem vive em "situações", quer dizer, "em aberto", podendo mudar a sua vida a qualquer momento, dependendo das escolhas que fizer. Para Sartre, as situações de enfrentamento existencial exigem escolhas levando inevitavelmente o indivíduo a se perguntar sobre o sentido da vida. É quando ele se depara com a *angústia*, a *náusea*, o *absurdo*, ou seja, com sensações que expressam a sua consciência da *falta de sentido da existên-*

cia, com *o nada*, com a presença da morte, que é uma realidade constante, e com a inexistência de Deus. Em suas palavras:

> Se o homem não é, mas se faz, e, em se fazendo, assume a responsabilidade por toda a espécie humana, se não há valor ou moral dados *a priori*, mas se, em cada caso, precisamos resolver sozinhos, sem ponto de apoio e, no entanto, para todos, como haveríamos de não sentir ansiedade quando temos de agir? (Sartre, 1984, p. 14)

A primeira fase de sua produção filosófica foi marcada pela influência da fenomenologia de Husserl, que ele descobriu em 1930, em Berlim. Dois anos depois, em meados de 1935, Sartre redigiu cerca de 400 páginas de um tratado filosófico que seria o esboço de *O Ser e o Nada*, principal obra de sua fase fenomenológica, publicada em 1943. A segunda fase foi decorrência de sua aproximação com o marxismo; seus pressupostos estão em duas obras: *Questão de método* e *Crítica da razão dialética*, publicadas em 1960.

A **liberdade** é uma categoria ontológica na filosofia de Sartre. O homem se define como um *ser de projetos e de escolhas* ou, como diz ele, *o homem é condenado a ser livre*, o que significa dizer que ele não pode fugir dessa condição ontológica ineliminável de ter sempre que escolher:

> Assim não temos nem atrás de nós, nem diante de nós, no domínio luminoso dos valores, justificações ou desculpas [...] o homem está condenado a ser livre. Condenado porque não criou a si próprio; e, no entanto, livre porque, uma vez lançado ao mundo, é responsável por tudo quanto fizer. (Sartre, 1984, p. 12)

Vê-se que o homem é seu próprio fundamento, ou seja, a existência do homem precede a sua essência; criada por ele mesmo, nas situações da vida. Na ausência de um Deus ou de um ser que seja fundamento, ou seja, responsável pela existência humana, só resta ao homem se *responsabilizar* por si mesmo; logo, ele *é responsável pelo que fizer de si mesmo*, pelas escolhas que determinarão a sua vida. Desse modo, coerente com seu ateísmo, Sartre afirma o existencialismo baseado na tese de que *a vida não tem sentido a não ser o que é dado pelo próprio homem, que é responsável pelo que fez ou fizer de si, por aquilo que é.* A responsabilidade, ao lado da liberdade, emerge como categoria ontológica fundamental.

A liberdade percorre a totalidade das obras sartrianas, aparecendo como eixo de sua vida, enquanto preocupação filosófica e moral. Suas obras literárias e artísticas são marcadas por situações-limite: situações de conflitos intensos diante das quais os personagens têm que fazer escolhas, o que os coloca de frente com a questão da liberdade, posta sempre como problema, a maioria das vezes como dilema. A trilogia *Os caminhos da liberdade,* escrita entre 1945 e 1949, traça um caminho que vai da **liberdade individual** até a liberdade encontrada no **engajamento político**. No primeiro livro, *A idade da razão,* os protagonistas vivem experiências vinculadas a escolhas individuais. Mathieu procura a liberdade individual; Brunet renuncia à sua liberdade para militar politicamente; Daniel procura a liberdade sem qualquer motivo; e Jacques abandona os sonhos de liberdade de juventude para se casar. No segundo, *Sursis,* os personagens vivenciam dramas políticos, tornando a sua liberdade individual secundária: o engajamento político dá sentido à vida individual. *Com a morte na alma* fecha a trilogia, atestando a tese de que a liberdade é engajamento: Mathieu arrisca sua vida para atrasar a investida das tropas alemãs.

Segundo Marilena Chaui, Sartre está entre os três grandes filósofos da liberdade, sendo que a sua concepção de liberdade retoma a de Aristóteles, para quem *é livre quem é determinado por si mesmo.* Para Sartre, a liberdade é incondicional: em uma circunstância dada podemos tomar várias decisões; não podemos mudar a circunstância, mas podemos decidir o que fazer de nós, diante dela:

> A primeira grande teoria filosófica da liberdade é exposta por Aristóteles em sua obra *Ética a Nicômaco* e, com variantes, permanece através dos séculos chegando até o século XX, quando foi retomada por Sartre. Nesta concepção, a liberdade se opõe ao que é condicionado externa-

mente (necessidade) e ao que acontece sem escolha deliberada (contingência) [...] Em sua obra *O Ser e o Nada*, o filósofo francês Jean-Paul Sartre levou essa concepção ao ponto limite. Para ele, a liberdade é a escolha incondicional que o próprio homem faz de seu ser e de seu mundo. (Chaui, 2005, p. 334)

Sartre — Extratos
O existencialismo é um humanismo

Dostoiévski escreveu: "Se Deus não existisse, tudo seria permitido". Aí se situa o ponto de partida do existencialismo. De fato tudo é permitido se Deus não existe, fica o homem, por conseguinte, desamparado porque já que não encontra nele próprio, nem fora dele, nada a se agarrar. Para começar, não encontra desculpas. Com efeito, se a existência precede a essência, nada poderá jamais ser explicado por referência a uma natureza humana dada e definitiva, ou seja, não existe determinismo, o homem é livre, o homem é liberdade. Se, por outro lado, Deus não existe, não encontramos já prontos valores ou ordens que possam legitimar a nossa conduta. Assim, não teremos, nem atrás de nós, nem diante de nós, no reino luminoso dos valores, nenhuma justificativa ou desculpa. Estamos sós, sem desculpas. É o que posso expressar dizendo que o homem está condenado a ser livre. Condenado porque não se criou a si mesmo; e como, no entanto, é livre, uma vez que foi lançado no mundo, é responsável por tudo o que faz.

O existencialista não crê na força da paixão. Não pensará nunca que uma bela paixão é uma torrente devastadora que conduz o homem, fatalmente, a determinados atos e que, por conseguinte, tal paixão é uma desculpa. Pensa, sim, que o homem é responsável por essa sua paixão. O existencialista não pensará também que o homem pode conseguir auxílio de um sinal qualquer que o oriente no mundo, pois considera que é o próprio homem quem decifra o sinal como bem entende. Pensa, portanto, que o homem, sem apoio e sem ajuda, está condenado a inventar o homem a cada instante. Ponge escreveu, num belíssimo artigo: "O homem é o futuro do homem". É exatamente isso. Apenas se por essas palavras se entender que esse futuro está inscrito no céu, que Deus o vê, nesse caso é um erro, já que, assim, nem sequer seria um futuro. Mas se se entender que, qualquer que seja o homem que surja no mundo, ele tem um futuro virgem que o espera, então a expressão está correta.

(Sartre, 1984, p. 9)

Sartre — Extratos

A existência precede a essência

No século XVIII, o ateísmo dos filósofos, elimina a noção de Deus, porém suprime a idéia de que a essência precede a existência. Essa é uma idéia que encontramos com freqüência: encontramo-la em Diderot, em Voltaire e até mesmo num Kant. O homem possui uma natureza humana e esta natureza, que é o conceito humano, encontra-se em todos os homens, o que significa que cada homem é um exemplo particular de um conceito universal — o homem. Em Kant, resulta de tal universalidade que o homem da selva, o homem da Natureza, tal como o burguês, deve encaixar-se na mesma definição, já que possuem as mesmas qualidades básicas. Assim, pois, ainda aí, a essência do homem precede essa existência histórica que encontramos na natureza [...].

O existencialismo ateu, que eu represento, é mais coerente. Declara ele que, se Deus não existe, há pelo menos um ser no qual a essência precede a existência; um ser que existe antes de poder ser definido por qualquer conceito, e que esse ser é o homem ou, como diz Heidegger, a realidade humana. Que será aqui o dizer-se que a existência precede a essência? Significa que o homem primeiramente existe, se descobre, surge no mundo; e que só depois se define. O homem, tal como o concebe o existencialista, se não é definível, é porque primeiramente não é nada. Só depois será alguma coisa e tal como a si próprio se fizer. Assim, não há natureza humana, visto que não há Deus para a conceber. O homem é não apenas como ele se concebe, mas como ele quer que seja, como ele se concebe depois da existência, como ele se deseja após esse impulso para a existência: o homem não é mais que o que ele faz. É também a isso que se chama a subjetividade, e o que nos censuram sob este mesmo nome. Mas que queremos dizer nós com isso, senão que o homem tem uma dignidade maior do que uma pedra ou uma mesa? Porque o que nós queremos dizer é que o homem primeiro existe, ou seja, que o homem, antes de tudo, é o que se lança para um futuro, e o que é consciente de se projetar no futuro [...]. Mas se verdadeiramente a existência precede a essência, o homem é responsável por aquilo que é. Assim, o primeiro esforço do existencialismo é o de pôr todo homem no domínio do que ele é e de lhe atribuir a total responsabilidade da sua existência. E quando dizemos que o homem é responsável pela sua existência não queremos dizer que o homem é responsável pela sua restrita individualidade, mas que é responsável por todos os homens.

(Sartre, 1984, p. 5-6)

3.3. O modo capitalista de se comportar: moral e valores

Vimos que a sociedade capitalista encerra uma contradição: contém um dinamismo que tende à universalização das forças produtivas, mas impede a apropriação universal da riqueza humana desenvolvida. Assim, universalidade e sociabilidade caracterizam a produção em seu conjunto, mas seus avanços se realizam à custa dos trabalhadores; como observa Lukács: "o crescimento cultural do gênero humano só pôde se realizar em detrimento de inteiras classes de homens" (Lukács, 1979, p. 55).

É por essa razão que afirmarmos que a sociedade burguesa evidencia a *pobreza e a riqueza* do gênero humano, criando *modos de ser* em oposição, que coexistem pela afirmação e negação de si mesmos, o que não elimina a presença de um *ethos* dominante, que expressa as necessidades objetivas de (re)produção da vida social: o *modo de ser capitalista* ou ***ethos* burguês**.

O modo de ser capitalista é fundado em uma sociabilidade regida pela mercadoria, ou seja, em uma *lógica mercantil*, produtora de *comportamentos coisificados*, expressos na valorização da *posse material* e *espiritual*, na *competitividade* e no *individualismo*; um modo de ser dirigido a atender às necessidades desencadeadas pelo mercado.

A **coisificação** das relações humanas transforma escolhas, capacidades, sentimentos, afetos e valores em objetos de desejo e de posse.

Mais do que isso, inverte-se o valor da existência humana e das coisas ao fetichizar os objetos, dotando-os de humanidade e transferindo suas "virtudes" aos compradores, como diz Marx ao se referir ao dinheiro, com sua *propriedade de tudo comprar*:

> Aquilo que eu como *homem* não consigo, aquilo que, portanto, todas as minhas forças essenciais individuais não conseguem, consigo-o eu pelo *dinheiro*. O dinheiro faz, assim, de cada uma destas forças essenciais algo que ela, em si, não é. (Marx, 1993, p. 150)

Coisas materiais se expressam como qualidades humanas que, ao ser consumidas, passam a dar sentido à existência. Com isso, meio e fim da vida humana invertem-se, pois as finalidades da existência adquirem o sentido de utilidade enquanto coisas; como Heller explica:

> No desenvolvimento alienado, isto é, na "condição" de alienação da riqueza, todo fim se converte em meio e todo meio em fim [...]. O homem se converte em meio para outro homem; um meio para a satisfação de seus fins privados, de sua avidez. (Heller, 1978, p. 54)

O **utilitarismo moral** é uma das faces do modo capitalista de se comportar, pois, obscurecidas pelo poder das coisas, as relações humanas são valorizadas segundo sua utilidade: é bom o que for útil; é útil o que satisfizer necessidades materiais. Com isso, (re)criam-se necessidades que não se voltam para a ampliação da qualidade das relações humanas, mas para sua quantificação, em termos de utilidade material, em função de sua posse. Nesse sentido é que podemos afirmar que o capitalismo inverte o valor das relações e necessidades humanas; nas palavras de Marx:

> Quem pode comprar a valentia é valente, por mais covarde que seja. Uma vez que o dinheiro não se troca por uma qualidade determinada, por uma coisa determinada, [por] forças essenciais humanas, mas por todo o mundo objetivo humano e natural, ele troca, portanto — encarado sob o ponto de vista de seu possuidor —, toda a qualidade por um outro — mesmo pela qualidade e objeto que lhe (sejam) contraditórios; ele é a

> fraternização das impossibilidades, constrange os contraditórios a beijarem-se. (Marx, 1993, p. 234)

O empobrecimento das necessidades que ampliam as forças essenciais do ser social não se efetiva somente pela quantificação das necessidades, mas também pela sua **homogeneização**, ou seja, "todas as necessidades se reduzem à necessidade de ter e esta as homogeneíza" (Heller, 1978, p. 65). Nesse quadro, o utilitarismo se expressa na constituição de um *ethos* superindividualista, pois supõe *o indivíduo como proprietário de si mesmo*, dando suporte ao individualismo possessivo que se objetiva como sujeito de necessidades e desejos voltados ao eu:

> O indivíduo numa sociedade de mercado possessivo é humano em sua qualidade de proprietário de sua própria pessoa; sua humanidade realmente depende de sua independência de quaisquer relacionamentos contratuais com outros, exceto os que são de seu interesse; sua sociabilidade realmente consiste de uma série de relações de mercado. (Macpherson, 1979, p. 283)

Egocêntrico, proprietário de si mesmo, voltado ao seu *eu*, eis o indivíduo burguês cujos desejos são ilimitados e para os quais a produção não cessa de criar novos desejos. Sua autonomia é sinônimo de satisfação de necessidades inesgotáveis e fugazes, o que supõe ter garantias de que o seu espaço não será invadido por outro indivíduo, entendendo-se por espaço a sua propriedade em todas as dimensões materiais (sua casa, seu corpo, seus objetos, seu carro, seu trabalho etc., uma vez que o mundo gira em torno do *eu*). Na medida em que cada indivíduo se vê como *proprietário de si mesmo*, deve não somente satisfazer todas as suas necessidades (pois é para isso que ele é livre e autônomo) como, também, comportar-se de tal modo que sua autonomia não seja posta em risco. Daí a normatização de um acordo ético entre os indivíduos: *a liberdade de um acaba onde começa a do outro.*

Livre, isto é, "sem o outro", que é para ele um limite, o indivíduo deve também separar sua vida pública de sua vida pessoal, sua singularidade de sua dimensão genérica, sua subjetividade de sua sociabilidade. Somente pela fragmentação de si mesmo, enquanto totalidade, é que o indivíduo pode desempenhar papéis diferenciados, às vezes opositivos, sem que, com isso, comprometa sua identidade. Na medida em que suas várias dimensões não são apreendidas como totalidade — mas como soma de partes isoladas entre si —, o indivíduo pode alienar-se de partes de sua vida, tratando-as como dimensões opostas.

O *outro* não é visto apenas como um *estorvo*: para o *ethos* individualista, o outro é o *inferno,* como bem mostrou Sartre, pois ele pode colocar limites à liberdade individual. Além disso, devido à reificação das relações sociais, o outro é tratado como um *objeto descartável,* pois a lógica mercantil supõe relações efêmeras e o fugaz não implica compromissos; logo, não existe espaço para uma ética fundada em uma cumplicidade entre pares que têm um mesmo projeto e compartilham de valores comuns. A tendência individualista reproduz uma ética impessoal, fundada em relações superficiais e fragmentadas, que não exigem grandes compromissos, tornando possível a objetivação de relações coisificadas, pois a própria exteriorização de um e de outro se dá segundo a lógica da posse e do consumo de objetos e de relações como mercadorias descartáveis. Ao se transformar em objetos passíveis de ser consumidos, os valores morais incorporam, também, essa lógica mercantil.

O consumo de objetos materiais passa a ser uma exigência de *integração social* que fornece identidade social, dá prazer, ocupa o lugar do lazer e satisfaz carências afetivas e emocionais: ao estabelecer mediações de valor com os objetos, *subverte motivações e exigências morais,* que são incorporadas à lógica mercantil. A mercantilização da moral é reproduzida pelo indivíduo singular, no âmbito da vida cotidiana, através de suas tendências já assinaladas por nós. Ela permite, entre outros aspectos, a reprodução de um indivíduo dilacerado, pois a fragmentação que perpassa as várias esferas da vida social cria uma sociabilidade na qual a moral, a ética, a filosofia, as artes, são vividas e concebidas como instâncias abstratas, desvinculadas das relações de poder, de classe, de trabalho. Cada uma delas subdivide-se em esferas autônomas, aparentemente independentes entre si, cada qual com uma referência de valor: a moral sexual, a moral privada, a moral pública, a moral familiar, a moral feminina e a masculina, desdobrando-se nas diferentes fragmentações que compõem o universo do indivíduo burguês. Ao mesmo tempo, o individualismo favorece a valorização da subjetividade e de uma moralidade individualizada em torno da singularidade do "eu" que se opõe à sociabilidade; como mostra Mészáros:

> A liberação do homem, frente ao domínio da natureza, é realizada através da sociedade, mas devido à alienação esta realização aparece não como uma independência relativa das necessidades naturais, mas como uma "liberdade" para as limitações das relações sociais, como um culto cada vez mais intenso da "autonomia" individual. Esse tipo de alienação e reificação, produzindo uma aparência enganosa de independência para o indivíduo, uma aparência de auto-suficiência e autonomia, transforma o "mundo individual" num valor absoluto, em abstração da relação desse mundo com a sociedade, com o "mundo exterior". A "autonomia individual" fictícia representa o pólo positivo da moral e as relações sociais contam apenas como "interferência", como uma simples negatividade. (Mészáros, 1981, p. 233)

O modo de ser capitalista se reproduz e se legitima **eticamente** através do sistema de normas, deveres e representações pertinentes às necessidades objetivas de (re)produção da sociabilidade mercantil; nesse sentido, precisa da **ideologia dominante**, enquanto conjunto de ideais e valores que buscam a coesão social favorecedora da legitimação da ordem social burguesa.

3.3.1. Ethos *e ideologias*

Na sociedade de classes, a moral participa de uma função ideológica precisa: *contribui para a veiculação de modos de ser e de valores que favorecem a legitimação da ordem social dominante*. Vamos discutir agora esse aspecto, tomando como referência a ideologia liberal burguesa e o *ethos* capitalista.

As ideologias originam-se de teorias ou filosofias, isto é, de elaborações teóricas que — ao explicitar os fundamentos da sociedade e do homem, sob uma determinada perspectiva de classe — se transformam em instrumento de luta social, de enfrentamento de antagonismos. Isto porque a luta social não visa apenas a transformação da sociedade; pode objetivar também a sua manutenção e legitimação. Segundo Lukács, um pensamento *não nasce necessariamente como ideologia, transforma-se em ideologia* à medida que passa a desempenhar *uma função precisa junto às lutas sociais, em qualquer nível destas* (Waisman, 1989, p. 420).

Analisada dessa forma, a ideologia é entendida por sua *função social*. Segundo Lukács, os costumes e as convenções, reproduzidos pela moral, são formas ideológicas que nascem espontaneamente, diferenciando-se com o desenvolvimento da sociedade. Em suas palavras:

> Formas ideológicas muitíssimo importantes, como o costume, as convenções etc., nascem espontaneamente, e mesmo quando, no curso de sua diferenciação, se dão ideologias específicas nesta esfera, que às vezes podem adquirir um forte peso, a sua reprodução espontânea, por obra da sociedade, permanece o canal principal de sua existência, continuidade e transformação social. (Lukács *apud* Waisman, 1989, p. 423)

Entendida a partir de sua função social e tratada no âmbito da sociedade de classes, *a ideologia é um conjunto de idéias e de valores que desempenha funções na luta de classes*; nesse sentido, configura-se como instrumento de luta de classes. Como instrumento de legitimação das classes dominantes, funciona como modo de pensar e valorar a realidade sob a ótica da burguesia e das relações mercantis, contribuindo para a reprodução de uma cultura fortalecedora das relações sociais capitalistas. Como instrumento de luta social, comporta formas de oposição a essas idéias e valores: negações que adquirem funções ideológicas na medida em que expressam idéias e projetos representativos das classes sociais que se opõem à dominação: as classes trabalhadoras e seus aliados.

Como a moral se reproduz ideologicamente? Vimos que a moral atende às necessidades de integração social através do processo de socialização primária do indivíduo singular e de sua reprodução social realizada no âmbito da vida cotidiana. Nesse nível, a moral se reproduz fundamentalmente como sistema normativo: conjunto de valores e normas que representam um determinado modo de ser dominante e que devem ser assimilados através do hábito para se transformar em deveres. Ora, para que essa integração funcione, é preciso que as idéias, valores e princípios que compõem esse *ethos* sejam universais — uma vez que devem ser aplicáveis a toda a sociedade. Para isso, conta-se com os princípios universais abstratos que fazem parte do sistema moral, como já dissemos. Mas isso não basta para dar sustentação à moral. Além de ser aplicável a *todos*, é preciso que *todos* aceitem o sistema moral. É nesse sentido que a ideologia adquire uma função importante na luta social: ela serve tanto à pretensa universalidade dos valores éticos, contribuindo para sua legitimação, como para o ocultamento das contradições, favorecendo a reprodução das formas reificadas de veiculação das exigências e motivações morais, limitando-as à singularidade e ao individualismo.

A ideologia liberal burguesa, enquanto modo de pensar e valorar a realidade, na ótica da burguesia, contribui para a reprodução do *ethos* dominante, como se ele fosse representativo do modo de ser do conjunto da sociedade. O que permite que uma teoria se transforme em ideologia e seja incorporada no âmbito do senso comum é a sua adequação à lógica constitutiva das relações sociais de uma dada formação social, ou seja: na sociedade de classes, uma ideologia se torna dominante quando representa, no nível das idéias, as necessidades materiais e espirituais de (re)produção de tal sociedade. Como tal, a ideologia dominante coexiste com outras ideologias, geradas no âmbito das contradições que inscrevem as classes sociais no processo de (re)produção da vida social.

Em sua origem, antes de se transformar em ideologia, as idéias liberais foram formuladas teoricamente pelo inglês John Locke, nos séculos XVII-XVIII. Inscrita no pensamento progressista que influenciou o Iluminismo, a **teoria liberal clássica** é a expressão de um pensamento otimista em face de uma sociedade na qual o trabalho surgia como possibilidade de ascensão social e de ruptura com os privilégios feudais. Nesse contexto, Locke entendeu a sociedade como uma *associação de indivíduos livres e iguais* fundada em direitos naturais. Vejamos como ele fundamentou suas idéias.

De acordo com Locke, os homens têm certos direitos naturais: à vida, à liberdade e aos bens necessários à conservação da vida, o que é obtido pelo trabalho. Essa fundamentação permitia romper com os privilégios da herança, que era a forma de propriedade existente no feudalismo; daí sua importância para a burguesia. No entanto, para justificar a origem da propriedade, Locke recorre à lei divina, naturalizando-a, criando assim um princípio tão absoluto quanto o que acabara de romper. O direito natural à propriedade, como fruto do trabalho,[3] justificado em nome de Deus, naturaliza a desigualdade social de modo que a riqueza passa a ser considerada fruto do trabalho, desconsiderando-se que esse trabalho só gera riqueza — na medida, e na mesma proporção, em que cria pobreza.

O liberalismo defende a **liberdade econômica**, ou seja, a não interferência do Estado na economia. Ao Estado cabe assegurar o respeito à propriedade privada, por meio de leis e de seu aparato de segurança. Como Marx bem disse em *A questão judaica*, a liberdade, em todas as suas dimensões, está subordinada à garantia de manutenção da propriedade privada. Liberdade de mercado e liberdade para a sociedade civil, tratada como uma esfera separada do Estado; logo, como instância

3. "Deus", escreve Locke, "é um artífice, um obreiro, arquiteto e engenheiro que fez uma obra: o mundo. Este, como obra do trabalhador divino, a ele pertence. É seu domínio e sua propriedade. Deus criou o homem à sua imagem e semelhança, deu-lhe o mundo para que ele reinasse, e ao expulsá-lo do Paraíso, não lhe retirou o domínio do mundo, mas lhe disse que o teria com o suor do seu rosto. Por todos esses motivos, Deus instituiu, no momento da criação do mundo e do homem, o direito à propriedade privada como fruto de trabalho. Por isso, sendo de origem divina, ela é um direito natural" (Chaui, 2005, p. 374-375).

de relações sociais entre indivíduos privados. O liberalismo defende a liberdade de consciência, o que significa a liberdade de cada um para escolher o seu caminho — religioso, estético, ético, profissional etc. — dentro das possibilidades dadas, desde que respeite dois princípios básicos: *não coloque em risco a propriedade alheia; não invada os limites da liberdade alheia.*

A compreensão de que os indivíduos têm autonomia para agir de acordo com sua vontade e interesses vincula-se à idéia de que todos têm oportunidades iguais para ascender socialmente e competir no mercado para se tornar proprietários. Para que essa liberdade seja resguardada, é preciso haver uma sociedade política que — com suas leis — assegure a igualdade de direitos, ou seja, dê oportunidades para cada um decidir com autonomia.

É certo que se entende que o êxito de cada um depende somente da vontade e do esforço pessoal de cada indivíduo, o que implica uma noção de justiça social: o Estado só faz regulamentar o que já foi decidido pelo mercado em condições de liberdade e igualdade. Isso, no entanto, não significa que se considere que todos podem chegar ao mesmo nível de riqueza, uma vez que se concebe que os indivíduos nascem com potencialidades e capacidades diferenciadas e se esforçam em níveis diferenciados. Sendo assim, as diferenças sociais são tratadas como conquistas individuais que devem ser recompensadas ou como problemas pessoais psicossociais ou morais, como diz Macpherson, referindo-se a Locke:

> A suposição de que os homens naturalmente são por igual capazes de se arranjarem por conta própria não foi inútil. Permitiu a Locke, em sã consciência, reconciliar as grandes desigualdades da sociedade observadas com a igualdade de direitos naturais, postulada. Se os homens são, por natureza, igualmente racionais, no sentido de igualmente capazes de cuidar de si próprios, pode-se supor que os que ficaram para trás na corrida às propriedades só podem pôr a culpa em si próprios. (Macpherson, 1979, p. 256)

Ainda que seja importante entender Locke em seu contexto, no qual a defesa da propriedade significava a ruptura com os privilégios feudais e a defesa do trabalho, seu entendimento político-ideológico das relações sociais burguesas é de afirmação da nova ordem social, o que limita a sua crítica: Locke é otimista quanto às possibilidades de realização da liberdade nessa ordem social e considera legítima a existência da desigualdade, determinada pela propriedade e pelo esforço pessoal de cada um, através do trabalho.

Na medida em que a liberdade é tratada de forma individual, a lei é incumbida de fixar os limites da liberdade de cada indivíduo diante dos demais. Nas palavras de Locke:

> O objetivo da lei não é abolir ou restringir, mas preservar e ampliar a liberdade; pois em todos os Estados criados capazes de leis, onde não há lei, não há liberdade, pois a liberdade tem de ser livre de restrições e violência de terceiros, o que não se pode dar se não há lei; mas a liberdade não é, como nos dizem, uma liberdade para cada homem fazer o que bem lhe apraz (pois quem poderia ser livre, quando o capricho de qualquer outro homem pudesse dominá-lo?), mas sim uma liberdade de dispor e ordenar, conforme lhe apraz, a sua própria pessoa, ações, posses, e toda a propriedade, dentro do permitido pelas leis sob as quais ele vive, sem estar, portanto, sujeita à vontade arbitrária de outrem, mas seguindo livremente a própria vontade. (Locke *apud* Jorge Filho, 1992, p. 197-198)

É nessa direção que a moral se expressa, tanto na forma da lei, como na racionalidade individual. Na esfera pública, ou seja, na sociedade política, vincula-se às leis constitucionais: o modo de agir em relação ao que é melhor para cada um e para o bem comum é determinado por lei; segundo Simões:

> Os valores morais adquirem uma forma própria e distinta, expressa por direitos e deveres fundamentais de natureza constitucional. (Simões, 1990, p. 56)

Ainda que o liberalismo considere a igualdade e a liberdade como direitos naturais, isso significa direito formal, perante a lei. A sociedade política deve assegurar que todos tenham direito de desenvolver igualmente seus *talentos e capacidades* — isso quer dizer: cada qual chegará ao máximo do que é capaz. Nesse sentido, a *desigualdade social é justificada segundo o princípio de que o nível de riqueza será diferenciado segundo o esforço e as capacidades de cada um.*

A liberdade adquire, então, um sentido preciso: direito natural de todos (por isso assegurada *formalmente* para todos), será, no entanto, diferenciada *conforme a diversidade dos talentos* e de acordo com o *esforço individual para ascender socialmente.* Nesse contexto, também a necessidade adquire um sentido diferente para cada indivíduo: os homens são indivíduos com necessidades que precisam ser satisfeitas; todos têm direito à liberdade e a propriedade é uma forma de obtê-la; o trabalho é o meio de efetivação desse direito à posse individual de bens, exigência natural e ética. Entretanto, *todos não terão as mesmas necessidades*; ou seja, *será necessário para cada um o que corresponder às suas capacidades e esforços*; a propriedade, portanto, é uma necessidade que varia segundo características individuais e subjetivas, uma vez que se considera que todos terão igualdade de oportunidades para o trabalho.

Por essas características, a liberdade defendida pelo liberalismo *supõe a desigualdade*; vincula a posse de bens materiais à felicidade, numa sociedade fundada na propriedade privada dos meios de produção e do trabalho, como aponta Vieira:

> No âmbito da democracia liberal, a desigualdade social, a dominação de uma classe social sobre outra, pode ser admitida desde que esteja assegurada a igualdade da cidadania. Como conseqüência da ordem burguesa e do capitalismo, a cidadania revela-se indispensável à continuidade da desigualdade social, e não entra em conflito com ela. A cidadania exprime a liberdade humana apenas no sentido de os homens terem direitos e estarem protegidos pela lei comum a todos. (Vieira, 1992, p. 71)

Trata-se de uma liberdade que se pretende universal em uma sociedade de interesses de classe privados. Como a propriedade não é acessível a todos, mas é desejada em termos de valor, essa situação histórica é explicada em termos da **vontade pessoal**, dos **talentos** e **esforços** dos indivíduos. As contradições do pensamento político moderno e da teoria liberal clássica só podem, assim, ser esclarecidas em função de suas possibilidades históricas. Vinculado ao processo de rupturas desencadeado pela sociedade burguesa, tal pensamento expressa a liberdade em face das sociedades precedentes; considera o homem a partir da burguesia revolucionária que liberou o trabalho de suas vinculações morais e religiosas instituindo o contrato, a proteção da lei, a mobilidade dos indivíduos no mercado.

Por tais características, esse pensamento pôde ser otimista em relação ao futuro: escolha, mobilidade social, diversidade, dinâmica, universalidade são elementos reais que, apreendidos idealmente, foram incorporados a uma projeção social traduzida ética e politicamente como possibilidade de liberdade e igualdade, numa etapa inicial do capitalismo — a do capitalismo concorrencial — em que se entendia que a competição no mercado poderia ser autodeterminante, na direção da produção e apropriação da riqueza. Netto assim se refere a tal contexto:

> A dinâmica socioeconômica (capitalista) tornaria acessível a todos os indivíduos a condição necessária (propriedade privada via trabalho) para se investirem dos direitos de participação político-social (cidadania). Reduzida à sua expressão mais elementar, a proposição lockiana determinava uma relação e uma equação meridiana: o indivíduo trabalhador — proprietário = cidadão. Ambas — relação e equação — permitem a Locke pensar todo indivíduo como potencialmente cidadão e minimizar os problemas referentes à exclusão da ordem civil. (Netto, 1986b, p. 143)

Com o desenvolvimento da sociedade burguesa e a reificação, igualdade e liberdade tornam-se generalizações abstratas que se configuram como valores positivos, mas não podem realizar-se, de fato, para o conjunto da sociedade. Observa-se, portanto, que as antinomias presentes no liberalismo clássico revelam contradições objetivas que o pensamento teórico não pode "solucionar" a não ser que radicalize sua crítica no âmbito da apreensão da contradição como componente histórico inerente a essa etapa histórica e possa apreendê-lo em seus elementos de superação.

As contradições objetivas — dadas fundamentalmente pela discrepância entre o desenvolvimento das forças produtivas que possibilitam a ampliação das capacidades humanas e a apropriação privada da riqueza humana — possibilitam apreensões teóricas parcializadas e contraditórias, o que se expressa ideologicamente, por exemplo, nas teorias que contêm ao mesmo tempo elementos conservadores e progressistas. A transformação de um desses pólos em dominante depende de uma série de condições históricas e de novas apreensões que, em sua dimensão de continuidade histórica ao nível do pensamento teórico, podem superar ou reafirmar, em novas bases, o que potencialmente estava dado pelo pensamento anterior.

Vimos que, na sociedade de classes, o conhecimento torna-se ideologia quando é generalizado enquanto estratégia de legitimação ideal das classes que detêm o poder material e espiritual. Quando passa a ser internalizado na vida cotidiana, o pensamento liberal é reproduzido de forma acrítica, possibilitando o ocultamento de suas contradições internas e de sua justificação das relações sociais burguesas. Assim, a ideologia liberal reproduz a reificação e o fetiche, na medida em que oferece uma visão de mundo que explica a existência das desigualdades sociais sob o ponto de vista de sua manutenção.

No âmbito das determinações que incidem sobre a constituição do *ethos* burguês, a ideologia liberal explica a desigualdade de forma a responsabilizar pessoalmente os indivíduos por suas condições sociais, donde sua reprodução como preconceito e moralismo. Chaui explica bem essa atitude:

> A ideologia burguesa, através de seus intelectuais, irá produzir ideais que confirmem essa alienação, fazendo, por exemplo, com que os homens

> creiam que são desiguais por natureza e por talento, ou que são desiguais por desejo próprio, isto é, os que honestamente trabalham enriquecem e os preguiçosos, empobrecem. Ou, então, faz com que creiam que são desiguais por natureza, mas que a vida social, permitindo a todos o direito de trabalhar, lhes dá iguais chances de melhorar — ocultando, assim, que os que trabalham não são senhores de seu trabalho e que, portanto, suas "chances de melhorar" não dependem deles, mas de quem possui os meios e condições do trabalho. (Chaui, 1980, p. 78-79)

Através do senso comum, constroem-se estereótipos que mecanicamente funcionam como juízos de valor sobre a realidade; a desigualdade, tratada como determinação natural, possibilita a culpabilização dos indivíduos por sua condição social. A discriminação se reproduz, portanto, através de um quadro de valores morais, em que "virtudes" e "vícios" conjugam-se a determinados padrões de comportamento tidos como corretos/incorretos.

Afirmamos que a força da ideologia é dada por seu vínculo orgânico com a lógica interna de reprodução das relações sociais que conformam um dado modo de produção, isto é, não se trata de uma elaboração construída idealmente e de forma externa ao sistema em que se insere; a ideologia é parte constitutiva da estrutura social; uma expressão da consciência dos homens; logo, corresponde a um modo de pensar que expressa a sociedade de um ponto de vista das classes fundamentais existentes.

Na sociedade de classes, a ideologia dominante tem a função de unificar as contradições, de ocultar as desigualdades e a luta de classes, de dissimular a dominação, reproduzindo-a no âmbito das idéias. Na sociedade de classes, a ideologia dominante serve à dominação, pois, segundo Marx e Engels,

> Cada nova classe, que toma o lugar da outra, antes dela dominante, é obrigada, para alcançar os fins a que se propõe, a apresentar seus interesses como sendo o interesse comum a todos os membros da sociedade, isto é, para expressar isso mesmo em termos ideais: é obrigada a empres-

> tar às suas idéias a forma de universalidade, a apresentá-las como sendo as únicas racionais, as únicas universalmente válidas. (Marx e Engels, 1982, p. 74)

A ideologia, por sua função social de fornecimento de um conjunto de representações, normas e valores cuja legitimação pressupõe a adesão do senso comum, possibilita a não apreensão da essência das relações sociais, ou seja, a reprodução da *coisificação* das relações sociais.

No entanto, entendida de uma forma ampla, a ideologia não é uma "inversão" da realidade; ela expressa modos de ser objetivos, daí sua caracterização, por Lukács, como "forma de elaboração ideal da realidade que serve para tornar a práxis social dos homens consciente e operativa" (Lukács, 1981, p. 3). Concebida dessa forma, a ideologia é passível de ser considerada como um modo de consciência que pode, também, estar orientada para a práxis, para necessidades que superem a cotidianidade, o que ocorre diante de situações onde o apelo ideal e valorativo não se restringe à singularidade, mas ao humano-genérico. Assim, Heller afirma:

> É indiscutível que uma ação correspondente aos interesses de uma classe ou camada pode se elevar ao plano da práxis, mas nesse caso superará o da cotidianidade. A teoria da cotidianidade, nestes casos, converte-se em *ideologia*, a qual assume uma certa independência relativa diante da práxis cotidiana, ganha vida própria e, conseqüentemente, coloca-se em relação primordial não com a atividade cotidiana, mas com a práxis. (Heller, 2000, p. 32-33)

É possível considerar que, na sociedade de classes, a ideologia exerce a função de orientação ideal em face das lutas de classe; donde sua vinculação com a práxis política e com a ética. Nesse contexto, ela pode expressar tanto os interesses e necessidades dominantes, como se instituir como oposição, no sentido de recusa de tais idéias e valores, tendo em vista a constituição de outros referenciais, o que não significa afirmar sua desvinculação absoluta com a alienação e a vida cotidiana, com interesses e necessidades parciais.

3.3.2. Conservadorismo moral

Dissemos que a primeira metade do século XIX, na Europa, foi um momento histórico marcado por lutas democrático-populares, promovendo um rearranjo das forças conservadoras lideradas pela burguesia. É esse o cenário em que se movem as forças de negação tanto das conquistas da Revolução Francesa como dos avanços dos movimentos socialistas: os estratos sociais e intelectuais ligados à antiga nobreza e à Igreja católica, representantes do **pensamento conservador**.

Inimiga histórica dos ideais iluministas, a reação conservadora que se apresenta em finais do século XIX, articulada em torno de tendências românticas restauradoras do passado feudal, tem como referência fundamental o pensamento de Edmund Burke, na Inglaterra, e o tradicionalismo, com De Maistre, Bonald e Lamennais, na França.[4]

Profundamente contrário às idéias do Iluminismo, do liberalismo e do utilitarismo, o conservadorismo fundamenta-se na valorização do passado, da **tradição**, da **autoridade** baseada na **hierarquia** e na **ordem**; nega a razão, a democracia, a liberdade com igualdade, a indústria, a tecnologia, o divórcio, a emancipação da mulher, enfim, todas as conquistas da época moderna. Para Burke, a história é a experiência trazida do passado e legitimada no presente pelas tradições, o que vem negar o espírito dinâmico contido no ideário moderno de valorização do presente, tendo como perspectiva o futuro.

Segundo Nisbet, uma das marcas do pensamento conservador é sua oposição ao racionalismo e sua valorização da **experiência** e do **preconceito**:

---

4. De Maistre (1753-1821) e Bonald (1745-1840) inserem-se na corrente filosófica do tradicionalismo, que tem como características principais: a negação do racionalismo, a valorização do poder hierárquico das instituições básicas, como a família e a Igreja, a defesa da ordem e das tradições. Por isso, ambos, assim como Burke, são inimigos declarados da Revolução Francesa, do Iluminismo e do liberalismo.

> O "preconceito" é a essência de toda uma maneira de conhecer, compreender e sentir; uma maneira que ele via em contraste total com as maneiras de pensar que floresceram no Iluminismo francês e depois, momentaneamente, na Revolução [...] que arvoravam a luz da busca individual da verdade contra o que estava consagrado pela tradição e pela experiência. (Nisbet, 1987, p. 57)

Para Burke, o conhecimento não pode derivar da razão, mas dos sentimentos, do empírico, da experiência imediata característica do preconceito, que ele assim define:

> É de pronta aplicação numa emergência, compromete previamente o espírito num caminho estável de sabedoria e virtude e não deixa o homem hesitante no momento da decisão, céptico, embaraçado, indeciso. (Burke *apud* Nisbet, 1987, p. 58)

Burke e seus seguidores defendem a reatualização das instituições feudais com suas tradições e valores: a *família, a Igreja e as corporações*. A organicidade dessas instituições é buscada na *autoridade*, concebida como uma cadeia de hierarquias semelhantes às do feudalismo: "uma cadeia de grupos e associações que ia do indivíduo à família, à paróquia, à Igreja, ao Estado e por fim a Deus" (Nisbet, 1987, p. 67).

Recuperando os modos de ser do passado feudal, o conservadorismo defende a *autoridade* e a *autonomia* dos grupos intermediários, portanto, das instituições privadas. Bonald, por exemplo, diz:

> Autoridade — e daí a liberdade ou autonomia — da família é sacrossanta; nem o Estado nem a Igreja têm o direito de transgredir as prerrogativas ligadas ao parentesco. (Bonald *apud* Nisbet, 1987, p. 70)

Dessa forma, o conservadorismo afirma a ordem monárquica, opondo-se à democracia; como afirma Burke:

> Uma democracia perfeita [...] é a coisa mais despudorada do mundo. E assim como é a mais despudorada, é também a mais destemida (Burke *apud* Nisbet, 1987, p. 79)

Burke não esconde sua aversão à liberdade liberal:

> A única liberdade a que me refiro é uma liberdade ligada à ordem, que não só coexiste com a ordem e a virtude, mas não pode existir sem elas [...]. O primeiro requisito de uma sociedade é que existam meios para reprimir as paixões dos homens. (Burke *apud* Nisbet, 1987, p. 65)

Desse modo, enquanto o liberalismo defende a liberdade e a igualdade perante a lei, o conservadorismo as entende como incompatíveis: a finalidade da liberdade é a da proteção à propriedade, enquanto a igualdade pretende um "*nivelamento dos valores imateriais e materiais, desigualmente distribuídos, o que é prejudicial para a liberdade dos mais fortes*" (Burke *apud* Nisbet, 1987, p. 51).

Em um aspecto o conservadorismo concorda com o liberalismo: a propriedade é um princípio inviolável. No entanto, diferenças em relação às leis e aos costumes vinculados à família, à propriedade e à tradição separam as duas perspectivas, como aponta Nisbet:

> Toda a essência da perspectiva conservadora sobre a propriedade e da componente fortemente romano-feudal dessa perspectiva encontra-se, evidentemente, nos costumes e leis da primogenitura e "morgadio". Ambas eram destinadas a proteger o caráter familiar da propriedade, a impedir que se tornasse na possessão, incerta e possivelmente transitória, de um só indivíduo. Quase tudo na lei medieval sobre a família e o casamento, incluindo a severa ênfase posta na castidade da mulher, o castigo terrível que podia ser imposto ao adultério pela esposa, veio de uma reverência quase absoluta pela propriedade, pela herança legítima da propriedade. (Nisbet, 1987, p. 98)

A família é um dos alicerces morais do conservadorismo e sua função é a de manutenção da propriedade. A mulher exerce o papel de agente socializador responsável pela educação moral dos filhos; por isso, essa perspectiva é radicalmente contrária aos movimentos femininos, entendendo-os como elemento de desintegração familiar. A moral adquire, no conservadorismo, um sentido moralizador. É porque faz parte das propostas conservadoras buscar reformar a sociedade, entendendo que a ***questão social*** decorre de *problemas morais*. É assim que se apresentam sob diferentes enfoques e tendências, objetivando a restauração da ordem e da autoridade, do papel da família, dos valores morais e dos costumes tradicionais.

Em sua veiculação ideológica de valores através da cotidianidade, o conservadorismo moral contribui para a reprodução do preconceito, importante veículo de transformação da moral em moralismo. Nesse sentido, uma ideologia que defende o irracionalismo e a conservação de modos de comportamento e valores assimilados espontaneamente e pela tradição tem grandes possibilidades de se fortalecer no âmbito das relações sociais reificadas.

O positivismo e suas derivações representam os interesses de justificação da ordem burguesa; logo, convertem-se em ideologia, como forma de luta social, no processo de busca de legitimação da ordem burguesa, no nível das idéias. Portanto, enquanto matriz teórica e ideologia, o positivismo, como dissemos, passa a ser, ao lado da matriz marxiana, uma das referências teóricas do homem contemporâneo: a perspectiva que serve à ideologia de manutenção do presente. Segundo Löwy é com Comte que o positivismo se transforma em ideologia:

> [...] Com Comte se inaugura a transmutação da visão de mundo positivista em ideologia, quer dizer, em sistema conceitual e axiológico que tende à defesa da ordem estabelecida [...]. O método positivo visa, assim, afastar a ameaça que representam as idéias negativas, críticas, anárquicas, dissolventes e subversivas da filosofia do Iluminismo e do socialismo utópico. (Löwy, 1987, p. 22-23)

Fundamentado filosoficamente na tese de que a ordem social é naturalmente harmônica e estável, Comte não considera as contradições como elementos fundantes da realidade, mas como expressões de situações de *anormalidade* que *podem e devem ser reformadas*. Por isso, a moral é um dos principais aspectos das reformas propostas, não somente por

Comte, mas também por seus seguidores; como não se pretende nenhuma transformação estrutural, as reformas voltam-se para os valores e para a moral por sua função ideológica e integradora, em busca da ordem, do consenso e da adequação à sociedade:

> Tanto o positivismo como o funcionalismo estão realmente interessados somente em certos tipos de crenças morais compartilhadas: as que são produtoras da ordem. O positivismo tendia a pressupor que, de certo modo, os valores morais compartilhados que não produziam a ordem não eram "realmente" valores morais. É evidente, por exemplo, que quando Comte falava de "liberdade de consciência" individual, referia-se a um tipo de valor moral; sem dúvida, o condenava porque conduzia os homens a conclusões diferentes e, desse modo, dissolvia o consenso social. O positivismo clássico julgava o verdadeiramente moral pelas suas conseqüências, pela sua contribuição ao consenso [...]. Em resumo, a ordem passa a ser a base fundamental em função da qual se concebe a moral. (Gouldner, 1970, p. 23)

Comte concebe a sociedade como um todo estável fundado em leis invariáveis, análogas às da natureza, e o capitalismo como um estágio em que se evidencia o progresso através da industrialização, mas também como uma sociedade que precisa ser reformada para que se realize de acordo com sua natureza: uma ordem estável, sem conflitos. Daí sua valorização do aperfeiçoamento social vinculado à **ordem**, **hierarquia** e **estabilidade**.

Para Comte, o progresso evolutivo aliado à ordem e à tecnologia tem um suporte na ciência positiva: a sociologia, enquanto instrumento de previsão e controle das leis sociais, através de um instrumental científico objetivo, fundado nas leis invariáveis da natureza e *isento de juízos de valor*. Nesse sentido, o positivismo e suas derivações supõem o conhecimento dos "fatos sociais" em sua aparência imediata, negando o conhecimento crítico-ontológico, que busca superar a imediaticidade do real, para desvelar a essência de suas relações e contradições.

Opondo-se à filosofia hegeliana, a filosofia positiva de Comte é uma tentativa de transformar a filosofia em ciência, ou seja, de romper com as características que historicamente deram sentido ao saber ontológico: a perspectiva de totalidade, a busca radical da essência e dos fundamentos do real e a dimensão de valor do conhecimento:

> Comte separou a teoria social de sua ligação com a filosofia negativa e colocou-a na órbita do positivismo. Ao mesmo tempo, abandonou a economia política como raiz da teoria social e fez da sociedade objeto de uma ciência independente, a sociologia [...]. A sociedade passava agora a ser tomada como um complexo mais ou menos definido de fatos, governado por leis mais ou menos gerais [...]. Os conceitos que explicam este domínio deveriam ser derivados dos fatos que o constituem, enquanto as decorrências, de maior alcance, dos conceitos filosóficos deveriam ser excluídas [...] Toda oposição às realidades sociais é subtraída da discussão filosófica. (Marcuse, 1978, p. 309)

A crítica de Comte à filosofia não tem somente um sentido epistemológico, mas sobretudo um significado ontológico: ele discorda da racionalidade e do sentido essencial de filosofia crítica, que é perguntar sobre o *devir*, pondo em questão o presente e a imediaticidade dos fatos. Assim, sua negação da filosofia hegeliana — que afirmou a necessidade de buscar a verdade no processo histórico de interação entre o pensamento e o mundo objetivo — é uma negação de uma ontologia histórica.

Desta forma, o que Comte nega é o caráter ontológico da dialética hegeliana e dialética mesma: para ele, o funcionamento da sociedade obedece a um determinismo, o que uma abordagem dialética contradiz. Como Marcuse observa:

> O repúdio positivista da metafísica foi, assim, associado ao repúdio da exigência do homem de alterar e reorganizar suas instituições sociais de acordo com sua vontade racional. (Marcuse, 1978, p. 312)

Torna-se evidente a vinculação entre o positivismo comtiano e o pensamento conservador, em sua oposição ao racionalismo iluminista e ao espírito revolucionário da Revolução Francesa:

O "espírito revolucionário" tinha que ser transformado pela difusão de um outro ensinamento, a saber, que a sociedade possui uma ordem natural imutável à qual o homem deve ser submisso. (Marcuse, 1978, p. 313)

Desse modo, observamos que as idéias positivistas são fundadas em determinados valores e princípios correspondentes a um *ethos passivo, obediente, resignado* diante da fatalidade da história; como mostra Marcuse:

A "resignação" é uma tônica na obra de Comte, e deriva diretamente de seu assentimento a leis invariáveis [...]. O assentimento ao princípio das leis invariáveis na sociedade prepararia os homens para a disciplina e para a obediência à ordem existente, e promoveria sua "resignação" diante dela. (Marcuse, 1978, p. 313)

A projeção de uma ordem social estável leva Comte a concentrar seus esforços na criação de mecanismos para a mudança do comportamento dos homens. Por isso, a *moralização dos costumes* é uma finalidade político-ideológica intrínseca a esse pensamento, o que adquire um significado preciso: trata-se de garantir a reprodução de um sistema moral que *assegure a ordem*, ou seja, que identifique as lutas políticas como indícios de uma *desordem* que deve ser combatida.

Considerando *moralmente* as questões políticas, Comte enfatiza a educação moral como elemento fundamental no combate à *desordem social*. Diante da crise política do século XIX, propõe uma *reorganização social* em torno da filosofia positiva, que tem como prioridade a educação moral, meio legítimo de superação do estado de crise. Disso resulta seu programa de *educação proletária*, que visa atingir a mulher e a família operária;[5] em suas palavras:

5. "A mulher e o sacerdote constituem, de fato, os dois elementos essenciais do verdadeiro poder moderador, ao mesmo tempo doméstico e cívico [...]. É só no santuário da alma feminina que se pode hoje encontrar a digna submissão de espírito exigida por uma regeneração sistemática [...]. Por toda parte vejo que só as mulheres podem oferecer-me, em virtude de sua salutar exclusão política, um ponto de apoio capaz de fazer prevalecer livremente os princípios que hão de habilitar, enfim, os proletários a colocar bem sua confiança teórica e prática" (Comte, 1977, p. 112).

> O povo está naturalmente disposto a desejar que a vã e tempestuosa discussão dos direitos seja enfim substituída por uma fecunda e salutar apreciação dos deveres [...]. Se o povo está agora, e deve permanecer a partir desse momento, indiferente à posse direta do poder político, nunca pode renunciar à sua indispensável participação no poder moral. (Comte, 1977, p. 115)

A moral conservadora revela-se com toda a clareza quando se trata das questões vinculadas ao papel da mulher, que os conservadores entendem deva ser de agente moral, responsável pela educação dos filhos e pela família; eles são contrários, portanto, ao trabalho feminino. Como entende Comte, "o homem deve sustentar a mulher, a fim de que ela possa preencher convenientemente seu santo destino social" (Comte, 1977, p. 115). Nesse sentido, para combater a entrada das mulheres no mercado de trabalho e "salvá-las" da influência dos movimentos comunistas e feministas, Comte as convida para se opor aos movimentos proletários,[6] pois, segundo ele:

> Sob a santa reação da revolução feminina, a revolução proletária purificar-se-á espontaneamente das disposições subversivas que até aqui a têm neutralizado. (Comte, 1977, p. 115)

Influenciados pelas idéias positivistas e pela ideologia conservadora, os movimentos dos trabalhadores, de emancipação das mulheres, entram pelo século XX sendo fortemente reprimidos em suas manifestações e reivindicações, tratados como caso de polícia, concebidos pelas ciências sociais de corte positivista como "desordens" e "disfunções",

---

6. "Otimista, Comte parece, por outro lado, convencido de que os 'proletários reconhecerão, sob o impulso feminino, as vantagens da submissão e de uma digna irresponsabilidade' (*sic*) graças à doutrina positivista que 'há de preparar os proletários para respeitarem, e mesmo reforçarem, as leis naturais da concentração do poder e da riqueza [...]. Esta tese parece ter chamado a atenção de Marx, que lhe dedica uma nota irônica no primeiro livro de *O Capital*: "Augusto Comte e sua escola procuraram demonstrar a eterna necessidade dos senhores do capital; eles teriam, tão bem quanto e com as mesmas razões, podido demonstrar a eterna necessidade dos senhores feudais" (Löwy, 1987, p. 24).

interferindo em profissões, como o Serviço Social, que concebe a **questão social** como uma **questão moral,** em sua origem.

O positivismo e suas derivações representam uma negação objetiva do pensamento crítico moderno e um retrocesso em face das conquistas democráticas da sociedade moderna. Com sua reprodução ideológica, contribui para a negação de valores humano-genéricos universais, como a liberdade, afirmando princípios antiprogressistas, conservadores, em oposição a conquistas emancipatórias. Como tal, coloca-se ideologicamente como mais um instrumento de luta política, na direção de legitimação e manutenção da ordem vigente, defendendo um projeto societário antagônico aos movimentos socialistas e às lutas libertárias. Por sua função ideológica, de reprodutora de modos de comportamento e de valores veiculados no âmbito da vida cotidiana, a ideologia conservadora é mais uma forma de ser que comparece no cenário da vida social na sociedade capitalista. Coexiste com o *ethos* liberal e com outras formas de ser. Dependendo da conjuntura, torna-se aliada do liberalismo, sua inimiga histórica.

3.4. Trabalho e liberdade: o *ethos* socialista

Como dissemos, seguindo os passos de Agnes Heller em sua análise sobre a alienação, a estrutura da vida cotidiana tende a ser alienada, mas não é necessariamente alienada, de forma absoluta e imutável. Existem objetivamente, dependendo de uma série de determinações, possibilidades de uma vida cotidiana não alienada e de uma vida que tenha uma margem de mobilidade na qual a cotidianidade possa ser suspensa para dar lugar a atividades não alienadas ou menos alienadas. Dentre elas salientam-se a arte, a filosofia, a ciência, a ética e a **práxis política**: exigências que superam a cotidianidade devido ao fato de pertencerem ao domínio da práxis.

Quanto maior for a alienação produzida pela estrutura econômica, maior é a alienação da vida cotidiana e sua reprodução para o restante da vida social, o que faz com que a sociedade burguesa tenha o maior nível de alienação de todas as sociedades precedentes. Isso significa a existência de um *abismo entre o desenvolvimento e a produção humano-genérica e as possibilidades de participação consciente dos indivíduos humanos nesta produção* (Heller, 2000, p. 38).

Heller considera que esse abismo não foi (é) sempre igual para todas as camadas sociais e para todas as épocas; alguns momentos históricos considerados privilegiados permitiram uma proximidade maior entre o gênero e os indivíduos: as épocas do florescimento da *pólis* e o Renascimento italiano. Mas, em outras épocas, também existe uma diferença entre o indivíduo e o coletivo, ou seja, no contexto da sociedade alienada o abismo torna-se menos insuperável para o indivíduo isolado do que para um maior número de pessoas. Mas isso não significa afirmar que qualquer indivíduo isoladamente torne a sua atividade cotidiana humano-genérica, como explica Heller:

> Em todas as épocas, existiram personalidades representativas que viveram numa cotidianidade não alienada [...]. Essa possibilidade encontra-se aberta a todo ser humano. Mas isso não significa, de modo algum, que a vida de qualquer homem torne-se humano-genérica em sua atividade principal no trabalho e nas objetivações. Humanização da vida cotidiana não quer dizer que os homens vão receber a inteligência de um Planck, a mão de um Menuhin ou as capacidades políticas de um Lênin. Trata-se de algo que pode ser expresso nas palavras de Goethe: todo homem pode ser completo, inclusive na cotidianidade. Mas de que modo? (Heller, 2000, p. 40)

Entendemos que os contextos revolucionários também são momentos privilegiados do ponto de vista da consciência dos homens e de seu papel histórico na luta pela transformação da ordem social do presente. Hobsbawm afirma que em épocas revolucionárias não é possível ficar indiferente aos apelos da liberdade; pode-se até lutar contra ela, mas não é possível ficar neutro, dada a dinâmica dos acontecimentos e das lutas. Ninguém consegue ficar sem se posicionar. Se é assim, isso vale muito para a ética, pois a ética exige que se tome posições diante de tudo.

Nesse sentido, escolhemos um momento revolucionário (o da Revolução Russa) e três *personagens representativas do projeto socialista* para discutir os **valores** e o *ethos socialista*: **Vladimir I. Lênin, Rosa de Luxemburgo** e **Anton Makarenko**. A nosso ver, cada um deles, a seu modo, teve uma *existência completa*, lembrando Goethe. Isso porque, ao direcionar suas vidas para um *projeto coletivo*, para ideais humano-genéricos voltados à emancipação humana, eles humanizaram a si mesmos, transformando a "hierarquia espontânea da vida cotidiana em hierarquia consciente, ditada por sua própria personalidade, pela capacidade de **condução da vida**" (Heller, 2000, p. 40).

Mais do que isso, eles são representativos de uma práxis político-revolucionária que se vincula ao *ideário socialista*, a um projeto de emancipação humana teleologicamente orientado pelas idéias de Marx, de Rousseau, de tantos outros pensadores e revolucionários, homens e mulheres que, ao longo da história da humanidade, lutaram e continuam lutando pela liberdade. Nesse sentido, seus valores podem apontar para a compreensão de que a história é feita *de luta* e de **coragem** e que a **solidariedade** e a **generosidade** são valores que não pertencem — por determinações históricas — às classes dominantes.

Vladimir Ilitch Ulianov Lênin (1870-1924) iniciou sua militância revolucionária durante seus estudos universitários, na Universidade de Kazan, em 1887, em uma conjuntura favorável ao engajamento político: seus cinco irmãos se dedicaram à luta revolucionária, um deles sendo executado em um atentado contra o tsar em 1886 (Fernandes, 1989, p. 9). Duas determinações contribuíram para que a Rússia se transformasse em um laboratório onde *as mais importantes idéias revolucionárias do século XIX iriam ser testadas e desenvolvidas* (Hobsbawm, 2007, p. 235). Por um lado, uma contínua atividade revolucionária, com tentativas de derrubada do tsarismo; por outro, o surgimento de uma intelectualidade com impressionante brilhantismo e vigor cultural (Hobsbawm, 2007, p.

235). Desse modo, práxis política e práxis cultural — atividades propiciadoras de *motivações* e *exigências* voltadas para a humanidade e para a sociedade, em contextos onde a luta pela emancipação humana se coloca como possibilidade concreta aos indivíduos singulares — formam o pano de fundo do engajamento revolucionário de Lênin e de sua constituição como personalidade política capaz de dirigir a sua vida cotidiana de forma articulada com um projeto de sociedade, que é também um *projeto de vida.*

Com 17 anos, em 1887, já vinculado ao movimento político-revolucionário estudantil, Lênin é expulso da universidade, dedicando-se intensamente, até 1890, ao estudo e divulgação da obra de Marx (Fernandes, 1989, p. 8), prática comum aos estudantes e à esquerda russa que, conforme Hobsbawm, estava em contato com o que havia de mais avançado no pensamento crítico. Segundo ele, os estudantes da universidade de Kazan *liam* O Capital *mesmo antes de o livro ser traduzido para o russo* (Hobsbawm, 2007, p. 235).

Lênin formou-se brilhantemente como advogado, em 1891, em São Petersburgo, mas não exerceu a profissão devido às atividades políticas, então ilegais. Com 25 anos foi preso e condenado ao degredo na Sibéria, onde ficou por três anos, trabalhando como intelectual, pesquisador e líder revolucionário.

No tempo de Lênin, de Marx e da história dos primeiros movimentos socialistas e marxistas, as atividades políticas eram clandestinas, o que levava os militantes a se exilarem constantemente, devido a perseguições e prisões, mas favorecia o internacionalismo operário e socialista. Marx e Engels haviam fundado a Primeira Internacional Comunista com esse objetivo. Em 1889, foi fundada a Segunda Internacional, que vigorou até 1914; a Terceira foi fundada em 1919 durante a Revolução Russa. Com esse intercâmbio de idéias e projetos e valores, o **internacionalismo** passou a ser considerado um dos valores socialistas mais importantes, na medida em que ele favorecia, entre outros aspectos, a **solidariedade** entre os países e a continuidade do movimento socialista mundial.

O internacionalismo foi um fator de politização e de ampliação do conhecimento teórico-prático para intelectuais e líderes revolucionários, como Marx, Engels, Lênin, Che, Rosa e outros. As longas vivências junto a experiências revolucionárias de outros países serviam para que eles reavaliassem as experiências políticas de seus países, dando condições a Lênin de uma participação *simultânea no movimento revolucionário russo e no movimento socialista europeu* (Fernandes, 1989, p. 10).

A contribuição teórica de Lênin é voltada em grande parte para os estudos políticos, dirigidos ao enfrentamento das questões práticas diante das quais ele e outros dirigentes buscavam respostas: a passagem do Estado burguês ao Estado proletário, todas as questões envolvidas na revolução, tais como a democracia e o reformismo, a questão do poder, o "esquerdismo", o imperialismo, a questão agrária, entre outras.

Tendo em vista a *centralidade* que a política ocupa na totalidade da vida de Lênin, não é difícil entender por que sua compreensão ética seja completamente entrelaçada com a sua opção político-ideológica. Por isso, embora não elabore uma teoria ética marxista, em vários de seus escritos encontramos valores éticos, avaliações éticas sobre o movimento e indicações sobre sua própria concepção ética. Eles nos levam à identificação do modo de ser do *novo homem socialista,* ou seja, ao ***ethos* revolucionário**. Mas para isso é preciso entender a concepção política de Lênin.

Lênin está preocupado com a questão da *transformação político-revolucionária* no processo de transição da sociedade burguesa para uma sociedade socialista. Como fazer essa passagem de modo a garantir que toda a sociedade conheça, discuta e legitime novos valores e idéias que contribuam para sua própria emancipação? Como subverter o poder ideológico e a dominação da burguesia? Estas, entre outras, são questões postas aos revolucionários que, como Lênin, ocupavam postos de comando nas direções dos partidos políticos, representando as massas e tendo que lhes dar respostas urgentes diante do tempo que — na revolução — não espera, urge.

Para Lênin, a revolução socialista só pode ser iniciada depois da tomada do poder pelo proletariado e, nesse caso, torna-se fundamental o trabalho político da classe trabalhadora no âmbito da sociedade burguesa, o que supõe: a capacitação de uma minoria, *politicamente organizada e moralmente impecável, a vanguarda revolucionária da classe operária*; a ruptura com quaisquer formas de *acomodação à ordem democrática burguesa;* a *educação política* do operariado, das massas e da pequena burguesia, com a finalidade de *desenvolver a sua consciência de classe* e de *agudizar as contradições de classe* (Fernandes, 1989, p. 17-18).

É dessa concepção política que decorre sua *teoria do partido político e sua compreensão ética.* O partido se organiza segundo regras racionais como as de uma empresa capitalista ou de um Estado democrático, conforme Fernandes:

> A idéia básica consistia em que a revolução não nasce pronta e acabada — o partido revolucionário do proletariado deveria travar as suas batalhas, clandestina ou abertamente, tendo em vista as combinações que poderiam favorecer, em determinado momento, ou o fortalecimento da democracia burguesa, ou o deslocamento desta no sentido de uma democracia operária ou a tomada pura e simples do poder. (Fernandes, 1989, p. 18)

Na medida em que *é o suporte político-ideológico da consciência de classe e da práxis revolucionária*, a *vanguarda revolucionária* passa a se configurar como um *sujeito coletivo* central, ao lado do partido, o que lhe confere determinadas exigências. Nas palavras de Florestan Fernandes (1989, p. 17), a vanguarda, para Lênin, deve ser capaz de atuar "sem vacilações", o que traduzimos por deve ter uma atuação *moralmente impecável*, em outras palavras, ela *deve ser um exemplo de retidão moral.* Vejamos quais são os valores que servem de referência a Lênin:

> A primeira pergunta que se põe é esta: como se forja a disciplina do partido revolucionário do proletariado? Como se controla? Como se reforça? Primeiro, pela consciência da vanguarda proletária e pela sua fidelidade à revolução, pela sua firmeza, pelo seu espírito de sacrifício, pelo

> seu heroísmo. Segundo, pela sua capacidade de se ligar, de se aproximar e, digamos, de se fundir até certo ponto com as massas proletárias, mas também com as massas trabalhadoras não proletárias. Terceiro, pela justeza da direção política que exerce esta vanguarda, pela justeza de sua estratégia e da sua tática política, com a condição de que as amplas massas se convençam disso por experiência própria. (Lênin, 1989, p. 14)

Observa-se que os valores: **disciplina, fidelidade, firmeza, sacrifício, heroísmo** e **justiça** têm por finalidade a revolução, sendo que a moral está entrelaçada com a consciência de classe. Observe-se no exemplo anterior que ocorre um *processo dialético* entre *consciência de classe e consciência moral*. Para se forjar a disciplina, é preciso tomar consciência de classe através da vanguarda, o que supõe tornar-se consciente moralmente (apreender a sua fidelidade, firmeza etc.); tendo consciência política e moral é possível aproximar-se das massas exercendo uma ação política e ética correta (ação política justa).

Desse modo, para Lênin, a *moral* decorre da *consciência de classe*; logo, é uma *forma ideológica de objetivação*, seja em sua configuração burguesa ou proletária. Assim, a construção de uma *consciência de classe* é também o processo de formação de uma *nova moral* — processo que começa a se constituir no capitalismo —; por isso a importância da crítica à moral burguesa, como parte da luta político-ideológica. É preciso, diz Lênin, que os homens aprendam,

> por detrás das frases, das declarações e das promessas morais, religiosas, políticas e sociais, a discernir os interesses de tais ou tais classes [...]. O proletário instrui-se e educa-se travando sua luta de classe; liberta-se dos preconceitos da sociedade burguesa, adquire uma coesão cada vez maior e aprende a apreciar os seus êxitos pelo seu justo valor. (Lênin, 1989, p. 78)

Em seus discursos, Lênin ressalta a função do *elemento moral* na luta política:

> Jamais o país esteve tão fatigado, tão desgastado como hoje. Onde conseguia as forças morais para suportar tais privações? É claro, é totalmente

> evidente que deveria conseguir, em algum lugar, forças morais para suportar tais privações materiais. A força moral, o apoio moral, vós o sabeis, é uma noção vaga, pode-se entender por força moral tudo o que se quiser; pode-se implicar qualquer coisa. (Lênin *apud* Fernandes, 1989, p. 86)

Lênin destaca a *força moral* vinda da **solidariedade internacional**, do Partido e de sua vanguarda, através da incorporação da **disciplina** e de outros valores morais que — a exemplo da **honra** e da **abnegação** — dão forças para enfrentar as privações materiais:

> A força moral do operário russo é que ele conhecia, sentia, tocava com os dedos o auxílio e o apoio que, nesse luta, lhe concedia o proletariado de todos os países adiantados da Europa [...]. Certo desse apoio, nosso proletariado, fraco e pouco numeroso, extenuado pelos males e privações, venceu graças à sua força moral.
>
> Seguramente quase todo mundo vê já hoje que os bolcheviques não se teriam mantido no poder, não digo dois anos e meio, mas nem sequer dois meses e meio, sem a disciplina rigorosíssima, verdadeiramente férrea, do nosso Partido, sem o apoio total e incondicional que lhe é dado por toda a massa da classe operária, quer dizer, por tudo quanto ela possui de consciente, de honrado, de abnegado, influente e capaz de arrastar consigo ou de atrair as camadas atrasadas. (Lênin, 1989, p. 13)

Lênin é portador de um conjunto de valores que não lhe pertencem individualmente — embora ele os defenda enquanto *sujeito coletivo e indivíduo social*. Esses valores, mesmo marcados pela personalidade de Lênin, são herdeiros de *ideais humano-genéricos* e de valores nascidos das lutas que antecederam a Revolução Russa. Nesse sentido, não é por acaso que apareçam em outras concepções, marcando o ethos socialista durante todo o século XX.[7]

---

7. Mas é preciso ficar claro que os valores adquirem significados diferentes ao longo da história, na medida em que são mediados por ideologias e interesses. Nesse sentido, por exemplo, após a morte de Lênin, com o início da era stalinista, o projeto socialista original e seus valores mudam de direção e a ética transforma-se em um conjunto de princípios doutrinários, negadores de sua origem.

Anton Semionovitch Makarenko (1888-1939) nasceu na Ucrânia, em uma família operária. Sua dedicação integral ao socialismo iniciou-se em 1905, através de sua atividade docente em escolas primárias populares, concretizando-se a partir de 1917, quando assume a direção da *Colônia Gorki* e da *Comuna Dzerjinski*: instituições para crianças e adolescentes abandonados e em situações de conflito com a lei. Morreu aos cinqüenta e um anos, destacando-se como pedagogo e escritor. Deixou uma obra-prima — o *Poema pedagógico* —; uma pedagogia que influenciou educadores no mundo todo, como Paulo Freire e muitas *lições de vida* para os(as) jovens que conviveram com ele durante sua curta, porém densa existência.

Uma de suas principais lições de vida reside em sua perspectiva de totalidade, que transparece em sua *postura* diante do mundo, em suas ações, avaliações e compreensão teórica. Makarenko apresenta uma visão de **totalidade** e isso transparece em sua postura ética: para ele, a ética pertence a todas as dimensões da realidade e deve estar presente em todas as ações; logo, ele entende que a *coerência ética deve ser uma exigência ética interna do indivíduo.*

Sua coerência ética evidenciou-se em situações que marcaram Makarenko a ponto de funcionarem como uma **catarse**, na medida em que trouxeram a necessidade de uma auto-avaliação — de um *julgamento moral de si mesmo* —, contribuindo para mudar o rumo de seu projeto pedagógico. A primeira experiência que marcou sua vida ocorreu em uma escola primária, em 1908. Por iniciativa própria, ele decidiu realizar um teste de avaliação do conteúdo do curso junto aos alunos. Diante do resultado, um menino de 10 anos entrou em profunda depressão, revelando-se gravemente doente, com tuberculose. Esse fato tocou profundamente Makarenko, que passou a questionar os métodos formais de ensino, tendo clareza de que a educação deveria estar integrada à vida, dando uma nova direção à sua prática pedagógica.

Antes disso e durante toda a sua vida, foi marcante sua integração entre a educação e as artes. Makarenko sempre utilizou a música, o teatro e as artes em geral em suas aulas e em suas colônias. Desde as escolas primárias, já era uma prática comum apresentar grupos de música, ler poesias, criar apresentações de teatro etc. Conta-se que em uma das cidades nas quais lecionou, na Ucrânia, em uma estação ferroviária, deu início não apenas a uma atividade de estudo junto aos alunos, mas também a uma série de iniciativas culturais jamais vistas na região:

> Makarenko organizou um grupo de teatro, uma banda de música, bailes de máscaras denominadas "quadros vivos", e freqüentes festas escolares. Sob sua direção, os alunos ensaiavam peças de repertório clássico russo. Eles próprios confeccionavam os cenários e os figurinos: costuravam panos velhos para vestir Luca e Santine, personagens da *Ralé*; as meninas convenciam as mães a emprestar-lhes as melhores roupas de enxoval para poder vestir Irina, Nina e Polina, protagonistas de *A gaivota*. Nestas ocasiões, o entusiasmo era geral e toda a comunidade participava do espetáculo. (Capriles, 2002, p. 61)

Nesse tempo, era comum promover os chamados *círculos de leitura*: encontros literários e políticos, em que intelectuais e militantes discutiam literatura, política, história, mas principalmente se inteiravam dos acontecimentos políticos e discutiam estratégias de enfrentamento das questões. Por esses locais *circulavam* jornais e manifestos políticos importantes, tais como o primeiro jornal bolchevique de circulação nacional, *A Vida Nova*, fundado por Lênin e Gorki (Capriles, 2002, p. 49).

Foi através desse jornal que Makarenko teve contato com a visão política de Máximo Gorki, a quem já admirava, como escritor humanista, e com quem troca correspondência. Em 1920, após ter concluído seu estudos superiores em Pedagogia, no Instituto Pedagógico de Polvata, Makarenko aceita o convite de Gorki para dirigir um instituto que atendia crianças e adolescentes abandonados e em situações de conflito com a lei.

Até então, essas questões — as chamadas "delinqüências infantil e juvenil" — eram encaminhadas a instituições geridas pela justiça: *reformatórios* que funcionavam como *prisões*; estabelecimentos *correcionais* sob a dependência da administração judicial (Capriles, 2002, p. 79). Historicamente tratadas com métodos tradicionais, como disfunções, mereciam agora outras formas de equacionamento e direcionamento ético e político. Com a Revolução, a visão de **punição** é substituída pela de **educação**, visando educar os jovens para o **trabalho,** valor central da nova sociedade. Uma das medidas do governo Revolucionário para combater a criminalidade infantil foi transferir o sistema correcional do âmbito da justiça comum para o setor de educação, criando uma escola de trabalho e educação social (Capriles, 2002, p. 80).

Com o processo de transição para o socialismo, pretendia-se adotar novas perspectivas de trabalho, mas não havia ainda uma definição nesse sentido. A proposta era a de transformar o reformatório em uma *escola de trabalho e de educação social*, a partir dos princípios socialistas, e, para tal, chamaram Makarenko.

Nesse momento, com 32 anos, Makarenko já tinha uma concepção de educação integral, isto é, de educação articulada ao trabalho e à vida em geral. Segundo ele, a **educação integral** é uma **educação ética**, quer dizer, justa, e deve ser dirigida:

> À educação política, à instrução geral, aos livros, jornais, ao trabalho, aos jogos, distrações e descanso [...]. Somente a ação conjunta de todas estas influências pode realizar uma educação justa e somente como resultado dela é que se pode obter um cidadão da sociedade socialista autenticamente disciplinado. (Makarenko *apud* Capriles, 2002, p. 166)

A nova escola experimental, a **Colônia Gorki**, fundada em um sítio de 20 hectares, era, na verdade, um conjunto de prédios destruídos, saqueados, sem móveis, sem condições de moradia ou de trabalho. Makarenko instalou-se ali com alguns funcionários e seis alunos, todos com antecedentes criminais graves. Poucos dias depois, um deles matou uma pessoa, em um assalto, sendo detido por um agente da colônia, para a qual retornou (Capriles, 2002, p. 83). Com essas condições materiais e sem ter um método de trabalho pronto *a priori*, Makarenko decidiu esperar que *o processo despertasse no educando a sua* ***consciência da responsabilidade*** *em relação ao outro e ao trabalho* e que *o processo também mostrasse qual seria o melhor método para trabalhar com aqueles meninos.* Tudo isso partindo de alguns princípios que ele defendia como educador. Vejamos o que ele diz:

> De nosso cidadão exigimos que em cada minuto de sua vida esteja disposto a cumprir seu dever, sem esperar que o indiquem ou ordenem, que tenha iniciativa e vontade criadoras, com a esperança de que somente fará aquilo que realmente seja necessário e útil para nossa sociedade, para nosso país e que não se detenha ante nenhuma dificuldade ou obstáculo para levar adiante sua tarefa. (Makarenko *apud* Capriles, 2002, p. 166)

Na verdade, Makarenko refere-se a uma **consciência do dever** e da **responsabilidade** que não supõe ordens externas, mas a **autodeterminação** do sujeito, o que ocorre quando este toma *consciência de si mesmo como autor de escolhas e de responsabilidades em face de algo que é concretamente* ***valioso*** *para ele.* Ele esperava que o processo despertasse essa consciência socrática. Assim, a continuidade do trabalho na Colônia Gorki — um patrimônio do grupo — dependia do seu resultado junto aos jovens. Se eles continuavam a roubar significava que não tinham essa consciência; além disso, seria preciso justificar a continuidade da instituição; logo, o trabalho estava em risco em vários aspectos. Após algumas semanas de trabalho, os educandos se mostravam irredutíveis diante dos métodos pedagógicos de Makarenko: não cumpriam nenhuma tarefa, não estudavam, eram violentos com os professores e entre si, levando todos ao desespero. Então ocorreu novamente uma situação catártica: ao ser ofendido pessoalmente, Makarenko perdeu o controle e enfrentou fisicamente um dos meninos do grupo, o que foi considerado por seus colegas um "absurdo pedagógico".

Mas o coletivo de professores viu que os alunos mudaram sensivelmente. E adotou-se outra forma de encaminhamento. Certo de que os alunos não eram "delinqüentes" ou "transgressores" da lei, mas que tinham problemas decorrentes de uma série de determinantes sociais e familiares, a pedagogia de trabalho pôde ser mais bem definida: os alunos deveriam receber da colônia o que não tiveram da sociedade: a integração pelo trabalho, o respeito dos outros, a vida compartilhada, a alegria, o acesso à música, à dança, o desenvolvimento de habilidades, a confiança neles mesmos e nos outros.

Semanas depois ocorreu outra situação limite: o dinheiro do pagamento dos professores foi roubado da mesa de Makarenko, que fez um apelo ao grupo para que fosse devolvido. As duas situações, especialmente a que Makarenko perdeu o controle (a briga), mostraram ao grupo que o diretor era um ser humano igual a eles; alguém que podia se comportar da mesma forma que eles se comportavam, alguém que era passível de ter sentimentos de raiva etc. Além disso, ao apelar para que o dinheiro fosse devolvido, eles puderam sentir a necessidade que uns tinham dos outros, ou seja, a consciência de que sem uma convivência coletiva responsável não seria possível continuar. O dinheiro apareceu no dia seguinte e os alunos criaram, por iniciativa própria, um **tribunal de justiça** a partir do qual passaram a julgar seus conflitos coletivos e contradições.

Vê-se assim como os valores e a moral nascem da sociabilidade e da necessidade de convivência; da vida cotidiana, em face das necessidades de cada dia, brotaram exigências e valores éticos que passaram a orientar moralmente aquele grupo em especial, inclusive com formas de enfrentamento de seus conflitos. Os princípios eram trazidos por Makarenko, mas sua **pedagogia**, orientada pela valorização do **trabalho**, da **responsabilidade coletiva** e da **disciplina**, foi construída na prática, baseada no princípio de que é preciso *exigir o máximo da pessoa e respeitá-la ao máximo* (Makarenko *apud* Capriles, 2002, p. 8).

Desse momento em diante, Makarenko partiu para uma nova etapa de sua pedagogia: a fase da **solidariedade**, visando à criação de uma consciência do *nós*, necessária ao trabalho coletivo e ao pertencimento à sociedade:

> Nesse momento a noção de "nosso" tomou conta do coletivo formado por educandos e, seguindo as linhas gerais traçadas por Anton Semionovitch, incorporaram à disciplina já conquistada o processo produtivo de bens materiais. Assim, o trabalho manual foi integrado definitivamente como meio de convívio social no amplo programa de bases socialistas que visava, antes de tudo, a unidade de exigências, o autosserviço, a emulação e a autogestão. (Capriles, 2002, p. 87)

Começa uma fase de organização política da vida na colônia, segundo os princípios socialistas: a escola passou a ser gerida de forma democrática por um coletivo estudantil e por um conselho que se revezava nas chefias de modo a desenvolver a responsabilidade moral e política pelo processo educativo e organizativo do trabalho. Com o tempo, Makarenko transformou a Colônia Gorki em uma unidade de produção autogestionada, com remuneração para o trabalho dos alunos e a criação de círculos artísticos e esportivos, teatro amador, uma banda musical, entre outras atividades.

Makarenko mostrava uma extraordinária sensibilidade em face do processo educativo e do seu significado ético. Ele não aceitava que a educação fosse tratada em termos de seus resultados quantitativos ou mesmo de um modelo ideal, pois,

> [...] As tentativas de sintetizar os objetivos que procura a educação numa fórmula breve não demonstram senão um absoluto afastamento de todo tipo de prática concreta e específica. (Makarenko *apud* Capriles, 2002, p. 96)

Sua visão de **totalidade** o impedia de tratar a história de forma determinista — o que era estranho a determinadas visões marxistas do seu tempo, pela influência recebida do positivismo e das teorias da evolução. Dizia ele,

> O projeto de personalidade como produto da educação deve estar baseado nas exigências da procura da sociedade. Este princípio afasta imediatamente do nosso produto as túnicas ideais. Nada é eterno e absoluto nas

> nossas tarefas. As exigências da sociedade são válidas somente para uma época, cuja duração é, sempre, mais ou menos limitada. Podemos estar bastante certos que à próxima geração lhe serão apresentadas exigências bastante modificadas, e estas modificações serão introduzidas paulatinamente, na medida em que se desenvolva e aperfeiçoe a vida social. (Makarenko *apud* Capriles, 2002, p. 97).

É preciso ser muito cuidadoso com o processo educativo, afirmava ele, porque as exigências sociais podem não corresponder às possibilidades dos jovens ou podem ocorrer sob a forma de detalhes aparentemente pouco significativos. Mas, principalmente, é delicado porque o ser humano — por mais integral que seja — é **diverso**; logo, *a educação deve ser diversificada para atingir as múltiplas possibilidades de expressão humanas*:

> Seria uma superficialidade inconcebível ignorar a diversidade do ser humano e procurar juntar todas as questões relacionadas com as tarefas da educação numa linha única, comum a todos [...]. Por isso, modelar todos com o mesmo padrão, enquadrar o ser humano num arquétipo estereotipado, educar uma estreita série de tipos humanos parece ser um assunto mais fácil do que a educação planejada com uma visão diferenciada. Com relação a isso, esse mesmo erro foi cometido pelos espartanos e pelos jesuítas. (Makarenko *apud* Capriles, 2002, p. 98)

Contrariando as tendências de sua época, defendia a educação conjunta de homens e mulheres e a totalidade do conhecimento e do homem:

> A solução deste problema seria completamente impossível se procurássemos resolvê-lo silogisticamente: para seres humanos diferentes, métodos diferentes. Mais ou menos deste modo pensavam os pedologistas ao criarem instituições para "rapazes difíceis" separadas das instituições para rapazes normais. Sim, e ainda continuam se equivocando quando educam separadamente os homens das mulheres. (Idem, ibidem)

Assim, ao mesmo tempo que defendia a diversidade, chamava a atenção para o fato de que isso não significava dividir a realidade em particularidades pessoais, tratando-as de forma isolada:

> Se continuarmos desenvolvendo esta lógica pela via da ramificação das particularidades pessoais (sexuais, geracionais, sociais, morais), rapidamente chegaremos todos até a unidade individualista, que tão evidentemente se manifesta na ultrapedagógica palavra "criança". (Idem, ibidem)

Rosa Luxemburgo (1871-1919) enfrentou diferentes formas de discriminação por ser judia e polonesa, mulher e revolucionária. Forte e delicada, corajosa e apaixonada, reconhecida por sua contribuição teórica e sua dedicação integral ao debate e à luta socialista, por seu magnetismo pessoal como oradora política, Rosa viveu em função de seus princípios ético-políticos, como ela dizia: *é preciso levar uma vida em que toda a personalidade esteja empenhada* (Luxemburgo *apud* Vares, 1988, p. 13).

Nascida no ano da Comuna de Paris, não ficou indiferente aos apelos libertários de seu tempo histórico: seu assassinato pelas forças da repressão, aos quarenta e oito anos, apenas dois meses após um longo período de prisão, atesta o seu espírito incansável em face da defesa intransigente do socialismo. Assim como Lênin, ainda muito jovem, com dezessete anos, ingressou no movimento revolucionário clandestino — o Partido Socialista Revolucionário (Proletariat). Logo depois teve que se exilar em Zurique, onde tomou contato com a obra de Marx, através de exilados russos, especialmente de Plekanov. A Suíça, nesse momento, era um país livre, ponto de referência para jovens estudantes e intelectuais preocupados com questões humano-genéricas:

> Na Suíça, o país mais livre da Europa, naqueles anos, existiam outros exilados como Rosa Luxemburgo, jovens preocupados muito mais com o futuro da humanidade do que com seus destinos pessoais; uma espécie de "colônia" onde o homem e a mulher eram igualmente respeitados. Aqueles estudantes trabalhavam seriamente em suas disciplinas universitárias, mas não descuidavam da militância. (Vares, 1988, p. 32)

O encontro de Rosa com Leo Jogiches, importante militante socialista e seu companheiro por quinze anos, ocorre em Zurique, em um momento importante para o movimento: em Paris estava sendo fundada a

Segunda Internacional; na Inglaterra, os sindicatos se organizavam em função da luta de classes e as discussões da esquerda, incentivadas pelas revistas marxistas e divulgadas pelos exilados como Plekanov, Kautsky, eram efervescentes.

Na Universidade de Zurique, Rosa doutorou-se em Ciências Políticas, destacando-se como escritora e oradora. Fundou, com Leo Jogiches e Radek, o *Partido Socialdemocrata Internacionalista* da Polônia e, em 1898, tendo adquirido nacionalidade alemã, mudou-se para Berlim, ingressando no *Partido Socialdemocrata* (SPD), o mais importante partido de massas do movimento socialista nesse momento (Benjamin *apud* Luxemburgo, 2001, p. 8).

O papel organizacional desempenhado pelo SPD era fundamental para a divulgação do legado de Marx e para a organização do movimento socialista: sua vinculação com a intelectualidade revolucionária e com o movimento operário determinou que, desde sua criação, em 1875, até os anos da Primeira Guerra Mundial, ele fosse uma das principais referências do pensamento marxista e socialista, agrupando intelectuais e dirigentes políticos como Rosa, Engels, Lênin, Trotsky, Plekanov, Kautsky, entre outros, por desenvolver o debate e divulgá-lo mundialmente, o que era facilitado pela integração entre sua atividade política legal, na Alemanha, e a propaganda ilegal desenvolvida, no exterior, por intelectuais revolucionários.

Em 1900, Rosa publicou uma de suas polêmicas: *Reforma ou revolução*, enfrentando o debate no interior do SPD, posicionando-se contrária a tendências moderadas, representadas por Bernstein, que significavam o abandono do socialismo, quer dizer, da ruptura com a estrutura capitalista e a socialização dos meios de produção — em favor de reformas, o que, segundo ele, poderia levar ao socialismo.

Seu comportamento político e seu posicionamento teórico já evidenciam um ***ethos* socialista** com valores e exigências morais facilmente identificáveis: a exigência da **liberdade** e da **igualdade**, da **solidarie-**

dade, da **perseverança**, do **respeito**, da **responsabilidade** e a capacidade de conservar a **sensibilidade** parecem ser **virtudes revolucionárias** que Rosa Luxemburgo foi capaz de conservar vivas como militante e mulher.

Sua concepção ética pode ser extraída de sua visão política. Rosa discordava politicamente de Lênin quanto à sua concepção de partido e ao papel da vanguarda revolucionária, em relação à formação da consciência de classe do proletariado. Para ela, Lênin, ao defender a existência de uma vanguarda revolucionária, não levava em conta os elementos que desencadeiam a consciência de classe. Ela dizia que a história já havia demonstrado, em várias situações, que uma série de determinações econômicas, sociais, materiais, psíquicas etc., levavam à formação da consciência de classe e que "essa consciência não era determinada pela direção das organizações, e sim pelas situações históricas concretas" (Loureiro, 2000, p. 34).

Crítica da burocracia existente no *Partido Socialdemocrata Alemão*, Rosa temia que o mesmo pudesse acontecer na Rússia, devido ao modelo leninista de partido. Para ela, segundo Loureiro, a experiência era uma *força criadora* determinante na conscientização das massas e o partido — pela sua função na sociedade — poderia ter um papel de esclarecimento junto a elas, mas não poderia substituí-las: *Só a experiência é capaz de corrigir e de abrir novos caminhos* (Luxemburgo *apud* Loureiro, 2000, p. 36).

Assim, ela entendia que a consciência de classe nasce do movimento real e espontâneo das massas operárias; segundo Loureiro:

> Em resumo, para Rosa, a passagem da espontaneidade à consciência é fruto das experiências vividas, insatisfações, decepções, derrotas, mais que das vitórias da própria classe [...]. Esse espaço público proletário é criado na ação pelas mais diferentes formas de experiência dos trabalhadores, experiência que tanto pode encarnar-se no partido, quanto nos sindicatos ou nos conselhos, enfim, nos mais variados movimentos sociais, políticos e culturais ligados ao campo popular. (Loureiro, 2000, p. 37)

Ela discordava essencialmente da concepção de partido e de vanguarda de Lênin, que em sua opinião poderia levar à burocratização das relações entre o partido e as massas e a relações de poder e dominação. Suas críticas focalizavam essencialmente a questão da liberdade e da democracia e foram explicitadas em suas polêmicas — sempre posicionadas na direção de um debate construtivo, como diz Vares ao falar da crítica de Rosa à Revolução Russa, escrita na prisão e só divulgada em 1920:

> As críticas contidas em *A Revolução Russa* revelaram a coerência ideológica de Rosa, para quem o desenvolvimento do marxismo só poderia se dar através da crítica e esta, longe de significar uma ruptura, pelo contrário, fazia mais sólida a unidade revolucionária e era fator essencial do progresso da revolução proletária [...]. O pequeno livro era, antes de tudo, uma afirmação da solidariedade com Lênin, Trotsky e o partido bolchevique. (Vares, 1988, p. 71)

Devido a essa diferença entre os dois revolucionários, aparece uma distinção entre o tratamento dado à questão da **disciplina**, por parte de Rosa Luxemburgo. Polemizando com Lênin acerca das questões de organização dos partidos, ela afirma que a disciplina socialista se diferencia da disciplina burguesa e essa superação só pode ocorrer através do "extirpamento desse espírito de disciplina servil por parte do operariado" e pela educação para uma nova forma de disciplina: "a autodisciplina voluntária da socialdemocracia" (Luxemburgo *apud* Loureiro, 2000, p. 54).

Desse modo, sua concepção de disciplina decorre de sua visão de autoconsciência, quer dizer, de conscientização autônoma e espontânea das massas, em oposição a uma consciência dada "externamente", segundo ela, por uma vanguarda. A autodisciplina seria também gerada voluntariamente através da educação e nisso ela concorda com Makarenko, para quem a *personalidade individual* era, ao mesmo tempo, a "maior disciplina e a maior liberdade" (Makarenko *apud* Capriles, 2002, p. 89).

Em sua projeção do socialismo, Rosa explicita melhor seu entendimento de disciplina, dizendo que no capitalismo o trabalhador é empurrado ao trabalho pela fome, tendo atrás de si o capitalista ou o seu capataz com seu chicote, que cuida para que o tempo não seja desperdiçado e para que o trabalho seja produtivo. No socialismo, os trabalhadores são livres e iguais, pois trabalham por conta própria, para o seu bem-estar e benefício, para uma riqueza social de todos; em suas palavras (os grifos são nossos):

> Numa palavra: o trabalhador da economia socialista precisa mostrar que também pode trabalhar zelosa e *ordeiramente* sem o chicote da fome, sem o capitalista e seus contramestres atrás das costas, que pode manter a *disciplina* e *fazer o melhor*. (Luxemburgo *apud* Loureiro, 2000, p. 67)

Em sua concepção de socialismo, o trabalho não alienado é tratado como o centro da vida. Como tal, deve ser dirigido à construção de uma vida **digna**, ou seja, ao **bem coletivo**, fornecendo os meios materiais e espirituais para o desenvolvimento de todos, permitindo a existência de uma sociedade de **liberdade** e **igualdade**:

> Na economia socialista é suprimido o empresário com seu chicote. Aqui os trabalhadores são homens *livres* e *iguais*, que trabalham para o seu próprio bem-estar e benefício. Isso significa trabalhar *zelosamente* por conta própria por si mesmo, não desperdiçar a riqueza social, fornecer o trabalho mais *honesto* e pontual. (Luxemburgo *apud* Loureiro, 2000, p. 67)

O trabalho, assim como a disciplina, não deve ser imposto; ele é internalizado como consciência da **responsabilidade social**: uma **obrigação social** (exceto para os idosos, crianças e incapacitados para tal; o trabalho deve se configurar sob novas formas, para ser fonte de saúde e prazer; nesse sentido, deve ser o resultado de uma **autodisciplina interior**, eliminando a figura do "capitalista com seu chicote — em pessoa ou através do seu capataz" (Luxemburgo *apud* Loureiro, 2000, p. 66):

> [...] Para isso é preciso *autodisciplina interior*, maturidade intelectual, *seriedade moral*, *senso de dignidade* e de *responsabilidade*, todo o renascimento interior do proletariado. Com homens *preguiçosos*, *levianos*, *egoístas*, *irre-*

> *fletidos* e *indiferentes* não se pode realizar o socialismo. (Luxemburgo *apud* Loureiro, 2000, p. 67)

Sua concepção de autodisciplina interior lembra-nos a de Sócrates, para quem, como vimos, a autodeterminação não é externa, não é dada de fora, por nenhuma lei ou obrigação formal, mas pelo sujeito moral consciente que reconhece a lei como uma expressão da sua moral. Nesse caso, trata-se de uma concepção semelhante, que pensa o trabalho não alienado como algo através do qual o sujeito pode reconhecer-se como trabalhador e sujeito. Dessa forma, o ato de trabalho passa a ser uma obrigação que não é imposta externamente, como castigo, mas legitimada como responsabilidade, senso de dignidade etc. Tal concepção vincula-se a sua compreensão do processo de conscientização ou da consciência de classe.

Quando os homens conseguem adquirir essa autodisciplina interior, já alcançaram um nível de consciência de classe que se mostra em seu engajamento na luta, no espírito de sacrifício, na coragem. Nesse aspecto, o *ethos* socialista leninista mostra-se com todo vigor, aproximando os dois revolucionários na amálgama moral/ideologia e na idéia de auto-sacrifício, de entrega total à luta revolucionária, o que atende às necessidades do contexto em que ambos viviam:

> A sociedade socialista precisa de homens que estejam, cada um em seu lugar, cheios de paixão e entusiasmo pelo *bem-estar coletivo*, totalmente dispostos ao *sacrifício* e cheios de compaixão pelo próximo, cheios de coragem e tenacidade para ousarem o mais difícil [...]. Também precisamos de *coragem, perseverança,* clareza interna e disposição ao sacrifício de continuar a revolução até o fim. (Luxemburgo *apud* Loureiro, 2000, p. 67-68)

Nesse momento, identificamos os valores morais que, para Rosa, orientam o ***ethos*** socialista: **liberdade**, **igualdade**, **honestidade**, **ordem**, **responsabilidade**, **coletivismo**, **dignidade e disciplina**, **sacrifício**, **perseverança**, **coragem**, entre outros. Todos os valores pertencem ao *ethos* socialista, embora alguns deles tenham diferentes significados para cada um deles.

Conhecida por seu espírito libertário e por sua generosidade com a vida, em geral, Rosa Luxemburgo era avessa a toda forma de aprisionamento — físico ou espiritual. Em liberdade, ela tratava a burocracia e o conservadorismo como "aprisionamentos" morais, como faz em um artigo escrito em 1918, ao sair da prisão, em que se refere aos "velhos e bem-comportados companheiros da defunta socialdemocracia, para quem os carnês de filiação são tudo, os homens de espírito, nada" (idem, ibidem, p. 32).

No tempo de Rosa, algumas mulheres se destacaram no movimento socialista. Sua companheira e grande amiga Clara Zetkin foi uma das primeiras marxistas a se envolver com a *questão de gênero*, sendo relatora no Congresso da fundação da *II Internacional*. Na Rússia, Alexandra Kollontai, uma das mais importantes teóricas e militantes do movimento de mulheres, que assumiu o posto de Comissária da Saúde do Governo dos Soviets, com Lênin, elaborava as bases de uma nova moral socialista, com especial destaque para a liberdade da mulher.

Rosa e Clara desenvolviam trabalhos junto às mulheres operárias, em que se destacavam as seções noturnas de leitura que incluíam a discussão sobre questões referentes à família, à emancipação da mulher e à sexualidade. No entanto, essas discussões não eram aprovadas por todos, especialmente pelos homens do SPD, e, segundo o relato de Clara, também Lênin tinha restrições às discussões sobre a sexualidade e a emancipação da mulher, considerando-as expressões de necessidades "pequeno-burguesas" e por achar que — não se tratando de questões de maior prioridade — não deveriam ser tratadas naquele momento.[8]

Segundo Vares, Rosa se ressentia de uma resistência masculina às mulheres como ela, evidenciada no Partido Socialdemocrata, em posições conservadoras, e teria dito que no início pensara que se tratava do

8. Essa discussão está em Zektin (1979).

fato de ela ser estrangeira, mas que depois teria percebido que era pior do que isso:

> Não era por causa de sua juventude, nem pelo fato de ser polonesa que "os grandes" do socialismo marxista mostravam reticência em relação à sua pessoa. A resistência era em relação à mulher, essa ousada mulher que discutia em pé de igualdade com os homens, que mostrava mais compreensão do marxismo do que eles. (Vares, 1988, p. 36)

Rosa Luxemburgo ficou presa durante um longo tempo, entre 1915 e 1918, durante quase toda a Primeira Guerra Mundial, com exceção de alguns meses em que esteve livre. Mesmo na prisão, era capaz de ser generosa consigo mesma e com a amiga Sonia Liebknecht:

> E aqui estou eu deitada, quieta, sozinha, enrolada nos véus negros das trevas, do tédio, da falta de liberdade, do inverno — e, apesar disso, meu coração bate com uma alegria interior desconhecida, incompreensível, como se debaixo de um sol radiante eu estivesse atravessando um prado em flor [...]; procuro uma razão para esta alegria e não encontro nada, e tenho que sorrir novamente — de mim mesma. Creio que o segredo não é outro senão a própria vida: a profunda escuridão noturna é bela e suave como veludo; basta saber olhar. No estalar da areia úmida sob os passos lentos e pesados da sentinela canta também uma bela, uma pequena canção da vida — basta querer ouvir [...]. Soniuscha, querida, fique calma e alegre apesar de tudo. Assim é a vida. É preciso tomá-la corajosamente, sem medo, sorrindo — apesar de tudo. Feliz Natal! (Luxemburgo *apud* Loureiro, 2000, p. 87)

Com a derrota da Alemanha na guerra, tem início um período revolucionário. Rosa é libertada em função de uma anistia aos presos políticos, em 8 de novembro de 1918. Imediatamente começa a escrever para a Liga Espartaquista, corrente revolucionária na qual milita com Karl Liebknecht, tornando-se a principal líder do movimento. Em 31 de dezembro daquele ano, a Liga se transforma no Partido Comunista Alemão, e Rosa escreve o programa: *O que quer a Liga Espartaquista?* Em 15 de janeiro de 1919, por ocasião de uma greve dos operários, em uma contra-ofensiva militar do governo alemão, com a conivência do Partido Socialdemocrata Alemão que ela ajudara a fundar, Rosa Luxemburgo e Karl Liebknecht são presos e executados juntos, com tiros na nuca. Seu corpo — jogado em um canal — só foi encontrado em junho, ou seja, cinco meses depois. Em março de 1919, seu companheiro Leo Jogiches teve o mesmo fim. Quando, após a sua morte, os dirigentes da socialdemocracia fizeram críticas a ela, Lênin disse:

> A esses (críticos) respondemos com um velho ditado russo: "Às vezes as águias descem e voam entre as aves do quintal. Mas as aves do quintal jamais se elevarão até as nuvens". Rosa equivocou-se em muitas coisas [...]. Mas, apesar de seus erros, foi para nós e continua sendo uma águia. (Lênin *apud* Loureiro, 2000, p. 24)

ATIVIDADES COMPLEMENTARES

3.3.1. Ethos *e ideologias*

Textos de apoio

Texto 1

Moral e Revolução — Extratos

O evolucionismo burguês detém-se, paralisado pela impotência, no limiar da sociedade histórica, não querendo admitir que a luta de classes é a mola principal da evolução das formas sociais. A moral não é mais do que uma das funções ideológicas dessa luta. A classe dominante impõe seus fins à sociedade e a habitua a considerar como imorais os meios que se choquem com esses fins. Esta é a função essencial da moral oficial. Ela procura a "maior felicidade possível", não em favor da maioria, mas de uma minoria cada vez mais restrita. Um regime semelhante, se baseado apenas na coerção, não duraria uma semana. **O cimento da ética lhe é indispensável.** A preparação desse cimento constitui a profissão dos teóricos e moralistas pequeno-burgueses.

(Trotsky, 1978, p. 13)

Texto 2

Liberdade e sociedade — Extratos

Você certamente conhece aquele ditado que diz que "a minha liberdade termina onde começa a do outro". Você já pensou a respeito? Se a minha liberdade que termina na liberdade do outro é, de fato, uma liberdade? Ora, se a minha liberdade é limitada pelo papel do meu vizinho, significa que a dele também é limitada pela minha. Em outras palavras, nem ele nem eu somos livres. Se pensarmos bem, tal idéia de liberdade significa que apenas somos livres se vivemos sozinhos, isolados de outras pessoas.

No entanto, a vida em sociedade é uma condição humana. Ser homem significa viver junto com outras pessoas. E viver junto é conviver (compartilhar a vida, os espaços, os sonhos, as alegrias, as tristezas...) e não apenas coabitar (dividir o mesmo espaço; uma casa, por exemplo). Dessa maneira, devemos esquecer a hipótese de uma liberdade absoluta, na qual somos donos absolutos de nossos narizes porque não existem outros como nós para nos ameaçar. E além do mais, que graça teria eu ser livre se não houvesse outras pessoas para reconhecer em mim essa liberdade?

(Silvio Gallo, 1999, p. 79)

Exercícios e dicas culturais

1. O texto de Trotsky (*Moral e revolução*) pode ser discutido em relação à ideologia e à moral. Trotsky afirma que a moral dominante funciona como um **"cimento"** e que existem os **ideólogos**, responsáveis por

fazer essa "massa". Vocês concordam com essa afirmação? Como isso ocorre em relação às profissões e instituições como a família, a escola, os meios de comunicação?

2. O texto de Sílvio Gallo (*Liberdade e sociedade*) aponta uma questão muito importante: a *visão liberal* de liberdade. Façam uma pesquisa com os(as) estudantes de sua universidade, indagando sobre essa questão.

Sugestão de pergunta: O que é liberdade para você? Você concorda com a definição de que "sua liberdade acaba quando começa a do outro"?

As respostas podem mostram se a *ideologia liberal* está presente (ou não) no imaginário da juventude. Com o material da pesquisa vocês podem fazer um debate na sala de aula.

3. Faça uma pesquisa em letras de música, poesias, textos de teatro, literatura, que falem de liberdade. Analisem as formas de abordagem e apresentem para os(as) colegas.

4. Filmes para discussão sobre a ideologia e contra–ideologia:

- *Assassinos por natureza* (Dir.: Oliver Stone)
- *Beleza americana* (Dir.: Sam Mendes)
- *Meu nome é Joe* (Dir.: Ken Loach)
- *Nascido em 4 de julho* (Dir.: Oliver Stone)
- *Não amarás* (Dir.: Krzysztof Kieslowski)
- *Ponto final — Match point* (Dir.: Wood Allen)
- *Sem destino* (Dir.: Dennis Hopper)
- *Taxi driver* (Dir.: Martin Scorsese)

5. Filmes para discussão sobre a liberdade:

- *As invasões bárbaras* (Dir.: Dennys Arcand)
- *A eternidade e um dia* (Dir.: Theo Angelopoulos)
- *Billy Elliot* (Dir.: Stephen Daldry)
- *Mar adentro* (Dir.: Alejandro Aménabar)
- *Thelma & Louise* (Dir.: Ridley Scott)

3.4. Trabalho e liberdade: o *ethos* socialista

Textos de apoio

Texto 1

Arte revolucionária e arte socialista — Extratos

A arte da revolução, que reflete abertamente todas as contradições de um período de transição, não se deve confundir com a arte socialista, para a qual as bases ainda não existem. Não se pode esquecer, entretanto, que a arte socialista surgirá do que se fizer nesse período.

Não é por amor aos esquemas pedantes que insistimos nessa distinção. Engels não caracterizou gratuitamente a revolução socialista como o salto do reino da necessidade para o reino da liberdade. A Revolução não representa ainda o *reino da liberdade.* Ela, ao contrário, desenvolve ao mais alto grau os traços da *necessidade.* O socialismo abolirá os antagonismos de classe ao mesmo tempo em que as próprias classes, mas a Revolução leva ao seu auge aqueles antagonismos. Durante a Revolução, a literatura — que fortalece os operários na sua luta contra os exploradores — é necessária e progressiva. A literatura revolucionária deve estar impregnada do ódio social que, na literatura do proletariado, constitui um aspecto criador nas mãos da história. Toda a literatura e toda a arte precisam afinar-se em outro ritmo. Todas as emoções que nós, revolucionários de hoje, hesitamos em chamar pelos seus nomes de tanto que os hipócritas e vulgares aviltaram-nas, a exemplo da amizade desinteressada, o amor ao próximo e a simpatia, ressoarão como acordes na poesia socialista.

Um excesso de solidariedade não ameaçaria degenerar o homem num animal sentimental, passivo, como os *nietzschianos* temem? De modo algum. A poderosa força da emulação, que na sociedade burguesa se reveste das características da concorrência no mercado, não desaparecerá na sociedade socialista. Para usar a linguagem da psicanálise, ela será sublimada, isto é, assumirá forma mais elevada e fecunda, convertendo-se em luta pela própria opinião, pelo próprio projeto e pelo próprio gosto. À proporção que cessem as lutas políticas — numa sociedade onde não haja classes não haverá tais lutas —, as paixões liberadas irão se voltar para a técnica, para a construção, inclusive da arte, que naturalmente se tornará mais geral, ma-dura, forte, a forma ideal de edificação da vida em todos os terrenos. A arte não será simplesmente aquele *belo* acessório sem relação com qualquer coisa.

Todas as esferas da vida, como a cultura do solo, o plano de habitações, a construção de teatros, os métodos de educação, a solução dos problemas científicos, a criação de novos estilos, tudo interessará a cada um e a todos. Os homens irão se dividir em *partidos* diante de um novo canal gigante ou da distribuição de oásis no Saara (esta questão também existirá), da regularização do clima, do novo teatro, de hipóteses químicas, das tendências da música, do melhor sistema de esportes. Semelhantes agrupamentos não serão envenenados com qualquer egoísmo de classe ou casta. Todos irão se interessar pelas realizações da coletividade. A luta assumirá um caráter puramente intelectual. Nada terá com a corrida aos lucros, a vulgaridade, a traição e a corrupção — tudo isso que constitui a essência da *competição* na sociedade dividida em classes.

Nem por isso a luta será menos excitante, dramática e apaixonada. E como os problemas da vida — que outrora se resolviam de modo espontâneo e automático, tanto quanto os da arte, submetidos à tutela de castas sacerdotais — irão se tornar o patrimônio de todo o povo na sociedade socialista, pode-se dizer com certeza que interesses coletivos, paixões e concorrência individual encontrarão campo mais vasto e oportunidades ilimitadas para se exercitar.

A arte não sentirá falta dessas descargas de energia nervosa e desses impulsos psíquicos da coletividade que geram novas tendências artísticas e mutações de estilo. As escolas estéticas irão se agrupar em torno de seus *partidos*, isto é, associações formadas por temperamentos, preferências e tendências intelectuais. Numa luta tão desinteressada e intensa sobre bases culturais que constantemente aumentarão, a personalidade humana, com suas inestimáveis qualidades de não se contentar com o que até agora conseguiu, poderá se aperfeiçoar em todos os sentidos.

(Leon Trotsky, 2007, p. 180-181)

Texto 2

Por uma moral revolucionária — Extratos

De fato, "uma andorinha não faz verão". É impossível se pensar uma revolução da moral se ela é estritamente vivida só em nível do indivíduo. Chamaríamos a isso de "revolução de apartamento". Proposta individualista não é proposta revolucionária; é contribuição para a própria manutenção da moral classista. A classe dominante está sempre cooptando aqueles questionamentos que, embora surgindo em âmbito individual, "podem ser bons para muitos ou para todos". É verdade que o questionamento dos valores morais parte em geral de indivíduos. Mas suas propostas só chegam a ser verdadeiramente valorosas para a moral quando alcançam um âmbito social.

Assim entendido esse sentido social de revolução da moral, só a empreendemos de fato quando esta acompanhar uma *mudança estrutural da sociedade.* Não é uma nova moral que, *a priori*, vai criar uma nova sociedade; é uma sociedade revolucionada em suas estruturas que vai revelar uma nova moral. Isto de um ponto de vista dialético, ou seja, de interação. Só uma sociedade revolucionária cria condições para uma moral revolucionária. O contrário passa a ser uma espécie de "pregação no deserto", uma pregação de valores que não encontra campo social para sua corporificação.

Entendida a revolução da moral no sentido de uma moral que preceda as condições sociais para sua implantação, estamos, inversamente, caindo num ideal ou numa visão abstrata de moral e não numa visão concreta da mesma. Em outras palavras: entender a moral em suas raízes humanas é entendê-la em suas raízes sociais; entendê-la em suas raízes sociais é entender o mecanismo da sociedade em sua estrutura. Não podemos entrar na casa pelas portas do fundo. E não há como estudar a moral sem fazer do homem seu protagonista. Evidentemente. E não há como estudar o homem sem situá-lo socialmente, mesmo que ainda não aniquilando sua subjetividade.

Só uma sociedade que passa por um processo integral de mudanças em suas relações (de produção, de poder...) é que está apta para tornar-se o terreno fértil para novas propostas de moral. E esta nova moral só à medida que se encrava nas relações e na estrutura social concreta é que pode se constituir no que chamamos de uma *moral revolucionária*. A palavra revolucionária adquire aqui seu sentido etimológico original de *revolvere* (latim), isto é, voltar atrás, às origens, refazer algo, completamente, em suas raízes ou estruturas.

Se o capitalismo é a celebração do individualismo, o centro da questão é fazer com que o indivíduo supere esta esfera do indivíduo para tornar-se pessoa na criação, assimilação e vivência dos valores; e se entendemos isto como quer A. S. Vázquez, de forma livre e conscientemente e não de modo mecânico e impessoal (como pessoa e como sujeito histórico que vai promovendo o encontro entre liberdade e necessidade em seus questionamentos), só *socialmente* podemos consagrar esta compreensão. No âmbito de uma revolução política, isto é, no amplo e positivo sentido da compreensão do termo "político", é que está o sentido de uma revolução moral.

E com isto deve ficar patente que o problema de uma moral revolucionária não é problema do indivíduo, assim como não é, em primeiro plano, subjetivo ou interno: é problema social e dos sujeitos históricos que assumem este risco. É aí que moral e moralidade em suas raízes sociais (sociais porque antropológicas) torna-se questão fundamentalmente política, mas de modo que este aspecto da moral não sufoque nem elimine os valores internos da pessoa em nome do coletivo. Aqui não se pensa em redução de uma coisa à outra, mas em confluência.

Pelo contrário, é a celebração desse encontro entre indivíduo, pessoa e sujeito histórico. E é no social que está firmado este problema — aparentemente apenas subjetivo — da realização do homem como ser fundamentalmente moral. Realização no sentido de concretização dessa felicidade, desse projeto que sai da esfera do discurso abstrato para a esfera do concreto. Que deixa de ser "utopia" em seu sentido negativo.

(Otaviano Pereira, 1983, p. 85-87)

Exercícios e dicas culturais

1. Há 40 anos, em **maio de 1968**, aconteceu na França o movimento de jovens estudantes que ficou conhecido como as "barricadas do desejo". Pode-se discutir essa unidade com base em uma pesquisa sobre esse movimento que desencadeou uma greve geral e a adesão de trabalhadores e intelectuais, tendo repercussões no mundo todo.

2. Pode-se estender essa pesquisa ao Brasil e aos países da América para investigar as transformações socioculturais e políticas dos anos sessenta e o movimento estudantil.

3. Aproveitando esse tema, pode-se realizar uma pesquisa entre os(as) alunos(as) e professores para saber sobre sua participação política hoje, fazendo um paralelo com os textos apresentados neste livro. Boa sorte!

4. Uma das *palavras de ordem* do movimento de 68 era *"é proibido proibir"*, que inspirou a música homônima de Caetano Veloso. Discuta com seus (suas) colegas sobre este significado de liberdade e se ele tem algo a ver (ou não) com o que foi estudado neste livro.

Leituras sobre 1968

Alves, Marcio Moreira Alves. *68 mudou o mundo*. Rio de Janeiro: Nova Fronteira, 1993.

Arquidiocese de São Paulo. *Brasil:* tortura nunca mais. Petrópolis: Vozes, 1985.

Gorender, Jacob. *Combate nas trevas*. São Paulo: Ática, 1987.

Ventura, Zuenir. *1968:* o ano que não terminou. Rio de Janeiro: Nova Fronteira, 1988.

Filmes sobre 1968

- *A história oficial* (Dir.: Luis Puenzo)
- *A batalha do Chile* (Dir.: Patrício Guzman)
- *Ação entre amigos* (Dir.: Beto Brant)

- *Carbonários* (Dir.: Alfredo Sirkis)
- *Diários de motocicleta* (Dir.: Walter Sales)
- *Eles não usam black-tie* (Dir.: Leon Hirszman)
- *O que é isso companheiro*? (Dir.: Bruno Barreto)
- *Que bom te ver viva* (Dir.: Lucia Murat)
- *Rosa Luxemburgo* (Dir.: Margarethe von Trotta)

Conclusão

A ética profissional

Pertencendo à Coleção Biblioteca Básica de Serviço Social, este livro destina-se a alunos de graduação, especialmente aos estudantes de Serviço Social, para os quais o estudo da ética, em seus fundamentos teóricos e sócio-históricos, é pressuposto para a compreensão da ética profissional.

Ao elaborar esta conclusão fomos levados a refletir sobre nossa *responsabilidade* em face de possíveis indagações dos jovens acerca das mediações entre a discussão ética e a profissão, especialmente por se tratar de um estudo crítico. Uma ética baseada em uma teoria revolucionária teria alguma viabilidade prática no âmbito da sociedade burguesa e de uma profissão como o Serviço Social?

As considerações que se seguem têm por objetivo situar essas mediações sob o ponto de vista do **Serviço Social**, da **ética** e da **política**, tendo como referência o acúmulo materializado historicamente pela categoria profissional dos assistentes sociais, através de suas lutas e conquistas nos últimos trinta anos: acúmulo este objetivado no Código de Ética Profissional, nas Diretrizes Curriculares, na Lei de Regulamentação da Profissão e nas pautas programáticas das entidades representativas da formação e do exercício profissional e do movimento estudantil:

a Associação Brasileira de Ensino e Pesquisa em Serviço Social (ABEPSS), os Conselhos Federal e Regionais de Serviço Social (CFESS/CRESS) e a Executiva Nacional dos Estudantes de Serviço Social (Enesso).

Em primeiro lugar, cabe retomar a questão do conhecimento crítico e de uma ética que pretende ser orientada pelo pensamento de Marx. Dissemos que a reflexão ética tem origem na filosofia: um saber universal, que expressa a autoconsciência do homem, no sentido de se colocar em "relação indissolúvel com a gênese histórica e o destino do gênero humano, com sua essência, com o seu ser e com o seu dever" (Lukács, 1990, p. LXXXVI).

Embora a filosofia e a reflexão ética tenham se desenvolvido no âmbito da metafísica clássica, afirmamos que não podemos ignorar os ensinamentos dos grandes filósofos que, como Aristóteles e Hegel, contribuíram para o conhecimento ético da humanidade. Dissemos que a filosofia é um saber interessado e valorativo, e por isso — quando cumpre o seu papel crítico — tende a interferir na realidade, orientando os conflitos e as lutas sociais do seu tempo.

Segundo Lukács, desde Aristóteles existe uma ética do indivíduo que mantém uma relação mais ou menos conseqüente com seu destino social e que afirma historicamente a idéia de que *"o homem, criador responsável do seu próprio destino, determina o destino da humanidade"* (Lukács, 2007, p. 215). O marxismo, segundo ele, coloca essa idéia em outro patamar quando — ao apreender que a autocriação humana é realizada pelo trabalho — expurga a ética de toda a transcendência. A partir do marxismo, é possível entender, em outras bases, que o homem determina o destino da humanidade, e a ética desempenha uma função mediadora nesse processo.

Como dissemos, a ética é *um momento da práxis humana em seu conjunto* (Lukács, 2007, p. 72), expressão da autoconsciência do homem como sujeito histórico. Segundo Lukács, isso implica também o fato de os homens se sentirem parte do gênero humano:

Reitero: objetivamente sempre foi assim, mas hoje isto se tornou um motivo consciente da ação prática, o que representa uma diferença qualitativa. Constitui uma característica essencial da nossa época o fato de que se tornou concreta a relação entre as constelações imediatamente coletivas nas quais o homem atua e o desenvolvimento geral da humanidade. (Lukács, 2007, p. 75)

Com base nesses parâmetros, afirmamos que, nos limites da sociedade burguesa, a ética marxista exerce *uma função mediadora na luta social contra a ideologia burguesa*, pois, fazendo parte das escolhas humanas, *as ações éticas interferem, de algum modo, nos processos sociais*. É em face dessa influência que Lukács diz ser preciso se perguntar até que ponto as escolhas individuais e sociais se vinculam às necessidades históricas, inclusive para que se defina o lugar da ética marxista na luta contra a ideologia burguesa:

Todas essas interrogações são problemas dialéticos fundamentais. E a nós, marxistas, coloca-se a questão: existe uma ética marxista? Tudo isso nos exige uma resposta definitiva e precisa, sobretudo para concretizar a concepção filosófica marxista do mundo e, conseqüentemente, travar a luta contra a ideologia burguesa, que opõe à ética marxista diversas formas que pretendem, por si sós, constituir uma ética em face da amoralidade do marxismo. (Lukács, 2007, p. 72)

Para Lukács, é indispensável a crítica ao patrimônio tradicional, ao individualismo ético e à atrofia da dimensão cidadã do homem operada pela sociedade burguesa. A luta pelo ideal de um novo homem — o homem pleno —, que não seja mutilado como na sociedade burguesa, faz parte das conquistas humanas, é uma antiga *palavra de ordem* que pode ser renovada no presente para que seja possível no futuro. Nas palavras de Lukács:

A luta pelo surgimento do homem completo, pleno, é uma antiga palavra de ordem da democracia revolucionária e pode hoje ser renovada sob circunstâncias incomparavelmente mais propícias à sua viabilização que as exigências do passado, mesmo que sua inteira realização só possa dar-se no socialismo. (Lukács, 2007, p. 74)

Resgatando nosso percurso, indicamos que uma ética baseada em Marx tem por função orientar uma reflexão interessada, voltada à realização da liberdade, no horizonte da emancipação humana e da luta social. Nesse sentido, este estudo não mantém nenhuma ilusão quanto à moral dominante, não entende que os capitalistas sejam "bons" ou "maus"; não tem uma visão maniqueísta da moral, nem entende que, através de uma *cruzada moral*, seja possível reformar a sociedade burguesa. A ética marxista tem a função de fazer a crítica a essas visões simplistas. Entendemos, de acordo com o que foi exposto, que os homens *são o que são* por interesses e necessidades objetivas decorrentes de relações sociais e circunstâncias históricas determinadas. Assim, somente a construção de novas relações, em outra estrutura social, poderá desencadear as condições para o florescimento de novos homens, novos valores e uma nova ética.

Entretanto, isso não nos leva ao extremo oposto que significa adotar o ponto de vista idealista que, operando com uma oposição entre o mundo real e a projeção do socialismo, nega — de forma absoluta — a possibilidade de ações éticas na sociedade burguesa, só as aceitando em seu estado de perfeição, pois isso implicaria o esquecimento de que entre a sociedade do presente e a do futuro existe uma ponte que não se sustenta em idéias, mas na práxis social dos homens.

É com base nessa compreensão que consideramos que — do ponto de vista da responsabilidade ética e política que nos cabe enquanto profissionais e intelectuais vinculados ao ideário socialista — as condições adversas do presente não devem nos levar ao imobilismo. Em outras palavras, de acordo com os pressupostos de nosso compromisso profissional e social, não nos cabe ficar *assistindo à barbárie* como se cada um de nós *não tivesse nada a ver com isso*. Entendemos que essa é uma questão ética e política da maior importância: o posicionamento de *cada um* e de *todos a cada dia* em face do *possível* mesmo que ele possa parecer ínfimo perto do que gostaríamos que fosse.

Nos limites da sociedade burguesa existem, objetivamente, formas de oposição à moral dominante: elas encontram-se nos partidos políticos, nos movimentos sociais e em todas as formas de organização dos trabalhadores e dos sujeitos políticos que não permitem que os valores e os direitos conquistados através de muitas lutas contra as classes dominantes se percam na história. Logo, não se trata de inventar uma nova moral, mas de resgatar suas particularidades em face de contextos históricos específicos. É preciso perguntar se as escolhas éticas correspondem às necessidades históricas do presente e em que medida podem interferir nas lutas sociais: tarefa fundamental da crítica marxista.

Do ponto de vista individual, deixamos claro que não é possível reproduzir valores éticos de forma consciente se eles não forem legitimados internamente: uma idéia que faz parte do conhecimento valorizador da razão e da liberdade iniciado com Aristóteles e colocado em novos patamares pelo pensamento de Marx. Como vimos, essa idéia de liberdade, que não se confunde com a concepção de liberdade burguesa, está presente em concepções de autonomia do *ethos* socialista, em Lênin, Makarenko e Rosa Luxemburgo.

Assim, este estudo pretende capacitar os alunos para uma atitude racional e valorativa: exigência mínima para o comportamento ético profissional. Oferecemos uma base de fundamentação que possibilite uma atitude crítica, tendo em vista a investigação sobre a realidade social. A reflexão ética tem por objetivo a vida como totalidade, pretendendo, pois, contribuir para torná-la mais rica e vigorosa em suas objetivações e exigências. A apreensão histórica e crítica da realidade pode desvelar as formas de ser ético-morais, os modos fetichizados da moral e da ética, rompendo com visões preconceituosas, mecanicistas, unilaterais, ampliando as possibilidades de enriquecimento das exigências éticas.

Nossa proposta é a de capacitação para a *condução da vida*, nos termos de Goethe[1] — um difícil empreendimento —, que persegue a possibilidade de construção de uma *individualidade consciente* em face da relação com o gênero humano, buscando uma coerência entre a postura ética e a totalidade da vida, o que inclui a crítica, mas também a objetivação de ações que alarguem possibilidades individuais e sociais do presente dirigidas para o futuro. Entende-se que a vida individual é mediada pela vida social, refletindo-se na vida profissional que, ao mesmo tempo, se vincula a um projeto de sociedade que não se esgota — de maneira alguma — nesta sociedade. Desejamos uma sociedade onde a liberdade de cada um nós não seja realizada à custa da escravidão de muitos.

A nosso ver, a objetivação social de valores e ações ético-morais é conquistada na luta social, palco de necessidades e interesses socioeconômicos e ideológicos das classes sociais e dos projetos societários existentes na sociedade. Vimos que a ética não pertence a uma esfera específica, objetivando-se em diferentes relações e formas de práxis. A política é uma forma de práxis que se insere especificamente na luta de classes, tendo por função o enfrentamento dos conflitos sociais, a *transformação, manutenção ou a destruição do existente* (Lukács *apud* Waisman, 1989, p. 425).

Marx, em sua crítica ao liberalismo, no texto que analisamos, *A questão judaica*, situa os limites da luta política no interior do capitalismo, mostrando como eles pressupõem a propriedade privada dos meios de produção e um Estado político pretensamente universal. Por isso ele faz uma distinção entre **emancipação política** e **emancipação humana**: a emancipação humana supõe a erradicação da exploração, da domina-

1. "A condução da vida não pode se converter em uma possibilidade social universal a não ser quando for abolida e superada a alienação. Mas não é impossível empenhar-se na condução da vida mesmo quando as condições gerais econômico-sociais ainda favorecem a alienação. Nesse caso, a condução da vida torna-se representativa, significa um desafio à desumanização, como ocorreu no estoicismo ou no epicurismo. Nesse caso, a 'ordenação da cotidianidade' é um fenômeno nada cotidiano: o caráter representativo, 'provocador', excepcional, transforma a própria ordenação da cotidianidade em uma ação moral e política" (Heller, 2000, p. 41).

ção, o que só pode ser conseguido pela superação radical da totalidade da sociedade capitalista; a emancipação política é parcial, pode ocorrer no âmbito da sociedade burguesa, é uma luta limitada que envolve um aspecto particular das necessidades das classes ou de um grupo social específico.

A ética é um modo de ser prático-social que, para se objetivar, supõe a participação consciente e racional do indivíduo que dispõe de um grau relativo de liberdade, de autonomia, para avaliar, escolher, deliberar, projetar suas ações, dirigidas ao que considera — com base nas referências sociais do seu tempo histórico — ter valor positivo ou negativo, responsabilizando-se pelas escolhas feitas, levando em conta as conseqüências de seus atos para si mesmo e para os outros.

Nesse aspecto, o agir ético já sofre uma tensão por sua concomitante constituição normativa e exigência autônoma. A moral, por sua estrutura e modo de ser, como expressão da exigência de regulação dos costumes e valores, tem um caráter coercitivo; exige que os indivíduos incorporem e legitimem o dever-ser de sua época histórica, de sua comunidade, de sua classe social. No entanto, não existe antagonismo entre liberdade e moral; sendo construções históricas, nem a liberdade é absoluta nem a moral é pura coerção. Conforme dissemos, o fato de o indivíduo ter uma margem relativa de escolha pode interferir na transformação da moral do seu tempo; ele pode aceitá-la ou negá-la; pode dizer *não* a valores morais e incorporar outro quadro de valores e isso efetivamente ocorre ao longo da vida, nas sociedades que não contam com uma ética rigidamente estruturada, como é o caso, em geral, das sociedades ocidentais.

Portanto, entender que o caráter revolucionário do pensamento de Marx tornaria sua teoria inviável para iluminar a existência ética e política nos limites da sociabilidade burguesa — em outras palavras, deduzir, a partir do caráter revolucionário da práxis política e da exigência universal e livre da ética, sua ineficácia sob o domínio do capital — parece-nos uma simplificação.

Ética e política, embora de naturezas diferenciadas, realizam-se nas condições reais da sociedade de classes, em seus limites concretos, através de ações práticas dirigidas à luta social, que podem se configurar tanto na direção de uma oposição e crítica à ordem burguesa, objetivando sua transformação e superação, como em ações que, de diferentes formas, visem apenas à sua manutenção.

Não está determinado, de forma absoluta, que a ética e a política se objetivem apenas como negação de si mesmas. Se não entendermos que seja possível a coexistência de movimentos de oposição e de crítica, adotamos uma atitude unilateral, antidialética, a-histórica e idealista, e, com isso, negamos o próprio método de Marx e a realidade histórica que nos mostra o oposto. Existem objetivamente projetos humanos, movimentos históricos, homens e mulheres, sujeitos sociais que pensam e agem ética e politicamente de forma contra-hegemônica, não permitindo que o ideal emancipatório perca sua atualidade em face da barbárie existente, buscando construir formas de superação dessa realidade.

A profissão Serviço Social tem fundamentos e mediações éticas e políticas, cujas determinações históricas são dadas pelas demandas que se lhe põem — como profissão socialmente necessária e legitimada na divisão social do trabalho — e pelas respostas da categoria profissional, em conjunturas específicas. O Serviço Social brasileiro, em parte de sua trajetória histórica, por uma série de condicionantes que ultrapassavam a intenção dos profissionais tomados isoladamente, negou sua dimensão política, embora sua intervenção tenha sido (e seja) orientada por pressupostos político-ideológicos e o produto de sua ação tenha contribuído (e contribua) para o fortalecimento de projetos políticos e relações de dominação.

A relação entre a ética e a política, para a profissão, só se colocou como *problema* na medida em que seus termos — precisamente a ética e política — foram assumidos como dimensões objetivas da profissão. Na trajetória da profissão, a *negação* da dimensão política pôs-se como problema no momento em que essa negação foi contestada, o que ocorreu na década de 1970. A tensão daí decorrente — uma oposição ideológica entre projetos em luta pela hegemonia — não se evidenciou, de imediato, como uma tensão entre a ética e a política; isso só foi explicitado bem mais tarde, em 1986 e 1993, durante os processos de reformulação do Código de Ética.

A tensão política entre os projetos profissionais revelou-se no momento em que, em face da emergência de diferentes projetos profissionais, surgiu uma oposição ao tradicionalismo profissional, ou seja, à vertente profissional praticamente hegemônica no Brasil até os anos 1960. Seu marco político é o III Congresso Brasileiro de Assistentes Sociais (CBAS), de 1979,[2] que assinala uma ruptura ética e política que vem sendo mantida desde então pela hegemonia do projeto profissional — conhecido como *projeto ético-político* do Serviço Social brasileiro[3] — caracterizado por sua oposição ao conservadorismo do Serviço Social, em suas formas tradicionais e reatualizadas.[4] Na produção profissional elaborada a partir dos anos 1990, esse projeto foi inicialmente tratado como expressão de uma "intenção de ruptura" (Netto, 1991).

A década de 1980 é, portanto, um marco fundamental nesse processo de conquistas: as **políticas** (desencadeadas pela organização político-sindical e pela reorganização das entidades representativas da categoria); as **teóricas**, marcadas pela obra de Iamamoto (Iamamoto e Carvalho, 1982), publicada em 1982, que, através de uma sólida fundamentação, buscada em Marx, colocou em novos patamares a compreensão dos fundamentos sócio-históricos e do significado do Serviço Social

---

2. O chamado congresso da "virada", quando a comissão de honra do congresso, composta por representantes oficiais do governo militar, foi destituída e substituída por representantes dos trabalhadores. Sobre isso, cf. Abramides e Cabral (1995).

3. Para a gênese e a caracterização do projeto ético-político do Serviço Social, cf. Netto (1991) e Braz (2005).

4. Considerar que o projeto ético-político é hegemônico não quer dizer que ele seja legitimado por toda a categoria. Significa que ele tem conseguido, na luta política com outros projetos, manter a direção política das entidades profissionais, contribuir criticamente nos debates nacionais da categoria, na produção teórica de tradição marxista, no trabalho profissional, na universidade, em espaços de representação política, em eventos internacionais, entre outros.

no processo de (re)produção das relações sociais burguesas, forneceu as bases para a crítica à ética tradicional; as **éticas**, que em 1986, pela primeira vez desde 1947, romperam com os pressupostos neotomistas e com a visão conservadora que orientou historicamente o Código de Ética Profissional, instituindo um novo Código de Ética orientado pelo compromisso com as classes trabalhadoras, seguindo pelos anos noventa com uma série e conquistas.

Os anos oitenta colocaram em relevo o debate sobre a dimensão política da profissão, através de Gramsci (Simionatto, 1995), influenciando a formulação do novo Currículo de Serviço Social, em 1982, e os debates da categoria sobre *o compromisso político-profissional com as classes trabalhadoras*. A organização política da categoria, impulsionada pela redemocratização da sociedade brasileira e pela prática profissional vinculada aos movimentos sociais, favoreceu a construção e a hegemonia do projeto profissional que, em termos éticos específicos, prosseguiu, nos anos 1990, com uma nova elaboração do Código de Ética, em 1993, aperfeiçoando-o em sua fundamentação e em seus pressupostos operacionais, com uma produção ética inédita, passando a compor as suas conquistas (Barroco, 2004; 2008).

Com essa pequena retrospectiva, tivemos a intenção de recuperar a relação entre a ética e a política na profissão. Como podemos ver, não se trata de algo novo, mas é importante retomá-lo aqui para estabelecer a mediação com a discussão ética, ainda que não possa ser aqui desenvolvida. Trata-se, assim, apenas de uma indicação.

Nesse sentido, como a ética e a política se expressam na realidade atual?

O capitalismo contemporâneo passa por grandes transformações a partir dos anos 1970, o que em geral é chamado de processo de "globalização neoliberal" e que François Chesnais (1996) denomina de mundialização do capital. Essas transformações assinalam o esgotamento dos chamados "anos de ouro" do *capitalismo regulado* (Hobsbawm, 1995), período marcado pela expansão mundial do capitalismo e pela articulação de políticas sociais de pleno emprego keynesiano-fordista (Behring e Boschetti, 2006) com medidas de proteção social: as que eram desenvolvidas nos Estados do Bem-Estar Social (*Welfare State*) e as baseadas no modelo do *New Deal* norte-americano. Segundo Netto e Braz (2006, p. 214), as respostas à crise que pôs fim aos *anos dourados* são respostas estratégicas e se apóiam em um tripé formado pela reestruturação produtiva, pela financeirização do capital e pela ideologia liberal.

Os resultados dessas transformações revelam-se na entrada do século XXI: a extrema acumulação e concentração do capital e da riqueza em detrimento do aumento da pobreza (de acordo com a lei geral de acumulação capitalista); o desemprego estrutural; as diferentes formas de exploração do trabalho e de insegurança daí decorrentes; as mais diversas expressões de exclusão social e de violência, entre outras. Politicamente, esse contexto favorece a despolitização e a desorganização política dos trabalhadores, somando-se à crise do pensamento e das organizações tradicionais de esquerda (partidos, sindicatos etc.), com o fim das experiências socialistas do Leste europeu.

Como analisamos anteriormente, Marx assinalou a dinâmica fluida das relações capitalistas em comparação com as sociedades precedentes. Segundo ele, essa dinâmica vertiginosa comportava o progresso, ao implicar a universalização das conquistas humanas e o desenvolvimento das formas produtivas. Ao mesmo tempo, Marx chamou a atenção para seus limites, uma vez que ela universaliza a riqueza em detrimento da pobreza material e espiritual de milhares de seres humanos.

Marx e Engels afirmaram em *O Manifesto do Partido Comunista*:

> A burguesia não pode existir sem revolucionar de modo permanente os meios de produção e, por conseguinte, as relações de produção — e, com elas, todas as relações sociais [...]. A revolução contínua da produção, o abalo constante de todas as condições sociais, a eterna agitação e a incerteza distinguem a época burguesa de todas as precedentes. Suprimem-se todas as relações fixas cristalizadas [...], todas as relações se tornam anti-

quadas antes mesmo de se consolidar. Tudo o que é sólido se desmancha no ar. (Marx e Engels, 1978, p. 36)

No capitalismo contemporâneo, essa dinâmica é potencializada de forma inédita, o que pode ser empiricamente observado nas formas de ser do homem moderno e contemporâneo e nos diferentes aspectos da vida social: no trabalho, na cultura, na literatura e nas artes, nos meios de comunicação, na vida cotidiana, apresentando-se, é claro, em análises de estudiosos da cultura contemporânea. As formas de ser da vida contemporânea são fragmentadas ao máximo, tudo é efêmero e fugaz: vivemos no reino do contingente e dos valores relativos, mas para o pensamento pós-moderno e irracionalista, isso é um sinal de novos tempos. Quer dizer: uma tendência do capitalismo, apontada por Marx e Engels no século XIX, apresenta-se agora como a superação do capitalismo: nos termos pós-modernos, a "era da incerteza".

As potencialidades progressistas — inscritas na dinâmica do capitalismo e que permitiram inúmeras rupturas em face da sociedade feudal —, segundo Netto e Braz, mostram" já terem se esgotado plenamente ao cabo de sua existência mais que secular" (2006, p. 243).

Desse modo, a dinâmica do capitalismo contemporâneo se reduz ao aprofundamento inédito das tendências que apontamos em nossa análise anterior: a fluidez, a relatividade dos valores, a fragmentação das relações, o efêmero, levando estudiosos como David Harvey a considerar que, no contexto da globalização neoliberal, com as transformações ocorridas no processo de reestruturação produtiva e o desenvolvimento tecnológico, as relações alcançam tal nível de fragmentação que desencadeiam uma nova percepção de tempo e de espaço, o que ele caracteriza como a compreensão espaço-temporal própria da *condição pós-moderna* (Harvey, 1993).

Conforme nossa análise, essa fragmentação é inerente às relações alienadas, adquirindo a forma do fetiche e da reificação sob o domínio do capitalismo contemporâneo. O que Harvey chama de pós-moderno, o reino do efêmero, do *aqui* e do *agora*, é, na verdade, o aprofundamento das relações que se *evaporam no ar* (Marx e Engels, 1978), a potencialização máxima do *estranhamento* dos homens em face do *seu futuro*, na medida em que — com o aprofundamento dos processos de reificação — perde-se a referência na capacidade teleológica de projetar a vida, de se comportar e se perceber como sujeito da história.

O reino do efêmero é o espaço onde *nada tem valor* ou só tem valor o que não significa compromisso *com algo* ou *com alguém*. Sem laços não existem riscos, mas com isso restringem-se as exigências e escolhas éticas. De fato, a cultura contemporânea favorece a restrição da ética ao consolidar a moral individualista, a vida fragmentada, a violência, o intimismo votado ao *eu*, o egoísmo, a vida privada em detrimento da vida pública, entre outros. Essa cultura, que os teóricos chamam de pós-moderna, é característica, assim, da desumanização em curso e da negação do que a sociedade moderna conquistou enquanto desenvolvimento e apropriação de conquistas e valores humano-genéricos; daquela idéia ética que Lukács disse vigorar desde Aristóteles — *de que o homem determina o seu destino e pode — também — determinar o destino da humanidade*; idéia que está no centro dos projetos revolucionários ao longo da história: *a valorização da razão, da liberdade, da história e da autonomia como possibilidade de escolha humana.*

As condições objetivas para a existência desses valores e comportamentos são, segundo nossa compreensão, as relações fragmentadas, coisificadas, determinadas pelas relações sociais capitalistas e por sua configuração na atualidade. Netto e Braz apresentam estes dados sobre o capitalismo contemporâneo:

> Os países ricos, que representam apenas 15% da população mundial, controlam mais de 80% do rendimento global, sendo que aqueles do hemisfério sul, com 58% dos habitantes da Terra, não chegam a 5% da renda total. Considerada, porém, a população mundial em seu conjunto, os números do *apartheid global* se estampam com maior clareza: os 20% mais pobres dispõem apenas de 0,5% do rendimento mundial, enquanto os mais ricos, de 79%. (Mello *apud* Netto e Braz, 2006, p. 245)

Chaui aponta esta realidade no Brasil:

> O Brasil ocupa o segundo lugar mundial nos índices de concentração de renda e de má distribuição da riqueza, mas ocupa o oitavo lugar em termos do Produto Interno Bruto. Essa desigualdade — 2% possuem 92% da renda nacional — não é percebida como socialmente inaceitável, mas como natural e normal. Em outras palavras, a sociedade brasileira é oligárquica e está polarizada entre a carência absoluta das camadas populares e o privilégio absoluto das camadas dominantes e dirigentes. (Chaui, 2006, p. 356)

Nesse contexto, as relações sociais reproduzem as tendências da estrutura social à qual se vinculam: são relações excludentes, fragmentadas, desiguais, relativas, efêmeras, pontuais, limitadas, fugazes, contingentes, incertas. Não por acaso, elas — no capitalismo contemporâneo — reproduzem valores e comportamentos desse modo de ser e esse é o contexto ideal para o florescimento das formas fundadas no irracionalismo, no niilismo e ideologicamente reatualizadoras do conservadorismo. Uma das formas mais cruéis de violência é a que se reproduz cotidianamente através da ideologia neoliberal, que naturaliza as desigualdades. É violenta porque leva os indivíduos que vivem na subalternidade a aceitarem sua condição como *justa* e faz com que os dominantes perpetuem a dominação, com a consciência de que estão *certos*, como bem mostra Chaui:

> A desigualdade salarial entre os homens e as mulheres, entre brancos e negros, a exploração do trabalho infantil e dos idosos são considerados normais. A existência dos sem-terra, dos sem-teto, dos desempregados é atribuída à ignorância, à preguiça e à incompetência dos "miseráveis". A existência de crianças de rua é vista como "tendência natural dos pobres à criminalidade". Os acidentes de trabalho são imputados à incompetência e ignorância dos trabalhadores. As mulheres que trabalham (se não forem professoras ou assistentes sociais) são consideradas prostitutas em potencial e as prostitutas, degeneradas, perversas e criminosas, embora, infelizmente, indispensáveis para conservar a santidade da família. (Chaui, 2006, p. 355)

Vimos que a forma moderna de questionar esses pressupostos é a do uso da razão: capacidade humana de questionar os juízos de valor que podem transformar-se em preconceitos e universalizar-se como tais, através dos costumes. O pensamento *pós-moderno* nega a razão, a perspectiva de totalidade, a universalidade, a história como *futuro*, a idéia de projeto, a possibilidade de transformação revolucionária da realidade, ou seja, as idéias centrais da modernidade: a *consciência do homem como sujeito da história e a idéia de emancipação humana*. Afirma-se o relativismo, o contingente, as diferenças, o pluralismo; elogia-se *o aqui e o agora*, a incerteza, o descompromisso com vínculos duradouros, a incerteza e as imagens efêmeras que adquirem um peso ontológico.

Dois pensadores pós-modernos, Gilles Lipovetsky e Zygmunt Bauman, exemplificam as tendências da ética nessa perspectiva. Ambos partem da negação ao conhecimento moderno, sendo que, para o primeiro, essa negação significa uma libertação dos *mandamentos, deveres e obrigações universais* que a seu ver caracterizaram a ética moderna (Lipovetsky, 2004).

Um dos livros mais recentes de Lipovetsky, prefaciado por seu mestre, diz o seguinte sobre os tempos pós-modernos:

> É incontestável que a busca do prazer individual, do sucesso pessoal e a recusa de engajamentos coletivos limitadores caracterizam a pós-modernidade [...]. Desde então entramos numa nova fase de normatização ética que não se caracteriza mais, como no passado, por uma moral austera e um dever incondicional, mas por uma escolha autônoma, com freqüência, obviamente, submetida a influências externas (mídia, empresas) e, com muita freqüência, pontual. A sociedade pós-moderna, no plano dos valores morais, não exige mais o sacrifício, mas a adesão voluntária, com duração limitada. (Charles *apud* Lipovetsky, 2004, p. 12)

Vê-se como o engajamento coletivo é tido como algo limitador, base da crítica pós-moderna ao político, e como a ética é tratada como algo voluntário, pontual, limitado no tempo, orientado pelas determinações da mídia e das empresas. No lugar da "ética moderna", generalizada grosseiramente como se fosse restrita a uma única perspectiva (definida como austera, incondicional, baseada no sacrifício), Lipovetsky propõe: uma ética do *individualismo responsável*, uma *ética dos negócios*, com um *consumo responsável* e a atuação de uma *empresa-cidadã*: propostas que não trazem nada de novo, pois se fundamentam, na verdade, no pensamento neoliberal respondendo às necessidades do mercado sob a perspectiva do capitalismo contemporâneo, como vimos acima, afirmando que ser ético é ter um "compromisso", com duração limitada.

Zygmunt Bauman nega a modernidade como um todo:

> A modernidade tem a estranha capacidade de frustrar a auto-análise; ela embrulhou os mecanismos de auto-reprodução com um véu de ilusões sem o qual esses mecanismos, sendo o que são, não podiam funcionar adequadamente; a modernidade devia propor-se alvos que não se podiam atingir, para atingir o que podia atingir. A "perspectiva pós-moderna" à qual se refere esse estudo significa, sobretudo, o rasgamento da máscara das ilusões; o reconhecimento de certas pretensões como falsas e de certos objetivos como inatingíveis, e, nem por isso, desejáveis. (Bauman, 1997, p. 8)

Ao negar a perspectiva moderna emancipatória, o pensamento pós-moderno evidencia o seu *caráter conservador*. Em finais do século XIX, o pai do conservadorismo moderno, Edmund Burke, fez esse caminho, repudiando as conquistas de Revolução Francesa e do Iluminismo, especialmente seu racionalismo e sua concepção de liberdade. Os neoliberais o seguiram, como pode atestar um dos principais ideólogos do movimento neoliberal, Friedrich Hayek, que, além de negar o Iluminismo,[5] também considera desejável, assim como os pós-moder-

5. Hayek fundamenta-se em uma perspectiva evolucionista, assim definida: "Enquanto a tradição racionalista pressupõe que o homem originariamente era dotado de atributos morais e intelectuais que facilitavam a transformação deliberada da civilização, a evolucionista compreende que a civilização é a soma de experiências, em parte transmitidas de geração em geração, como conhecimento explícito, mas em grande medida incorporado a instrumentos e instituições que provaram a sua superioridade" (Hayek, 2006b, p. 90).

nos, que "os indivíduos se ajustem voluntariamente a determinados princípios morais".[6]

Bauman se propõe rejeitar não os valores, mas a forma tipicamente moderna de tratar os problemas morais. E qual seria essa forma? Trata-se da" *negação da resposta aos desafios morais com regulamentação normativa coercitiva na prática política, e com a busca filosófica em absolutos, universais e fundamentados na teoria"* (Bauman, 1997, p. 8).

Bauman, na verdade, recusa a base de sustentação do pensamento e das possibilidades abertas ao indivíduo moderno, afirmando: a ética moderna fundamentava-se na idéia do *triunfo último do projeto humanista*. Ele recusa o projeto emancipatório, a idéia de projeto e sua viabilidade prática e universal. Segundo ele, esse "código universal" e "fundado inabalavelmente" está "falido"; "constitui uma impossibilidade prática":

> O código ético a toda prova — universal e fundado inabalavelmente — nunca vai ser encontrado; tendo outrora chamuscado muitíssimas vezes nosso dedos, sabemos agora o que não sabíamos então ao embarcarmos nessa viagem de exploração: que uma moral não aporética e não ambivalente, uma ética que seja universal e objetivamente fundamentada constitui uma impossibilidade prática; talvez também um *oximoron*, uma contradição nos termos. (Bauman, 1998, p. 15)

Segundo o autor, não se pode garantir nenhuma conduta moral, pois ela é sempre *ambivalente*: o eu moral se move pela incerteza, como disse Charles na citação anterior. Sendo *incerteza*, a moral não pode ser livre da *ambigüidade*; logo, as escolhas são *limitadas* e não podem ser universalizáveis. Parece-nos que esses limites, que se apresentam sob a

---

6. Para Hayek, a moral funciona como uma forma de "coação", entendida como "ajustamento voluntário", que contribui para o funcionamento da sociedade de acordo com uma determinada ordem: "há uma grande verdade que jamais tem sido deixada de ser sublinhada por todos os grandes apóstolos da liberdade, com exceção da escola racionalista: a liberdade nunca funcionou sem a existência de crenças morais e a coação somente pode reduzir-se a um mínimo quando se espera que os indivíduos, em geral, se ajustem voluntariamente a certos princípios" (Hayek, 2006b, p. 95).

forma da *não apreensão da totalidade*, da *visão parcial da realidade*, do *elogio da incerteza* e *da ambigüidade*, constituem uma expressão real das limitações postas ao indivíduo fragmentado da sociedade reificada, no capitalismo contemporâneo deste início de século.

Diante disso, vemos o quanto é importante a crítica orientada por um pensamento de bases racionais e por valores universais, ainda que hoje isso signifique *remar contra a maré*. Reafirmamos a relevância de um posicionamento ético e de uma ação política concreta vinculada a um projeto emancipatório e aos valores de nosso Código de Ética.

Em sua fundamentação teórica, o código está fundamentado em uma *ontologia do ser social*:

> A revisão a que se procedeu, compatível com o espírito do texto de 1986, partiu da compreensão de que a ética deve ter como suporte uma ontologia do ser social: os valores são determinações da prática social, resultantes da atividade criadora tipificada no processo de trabalho. É mediante o processo de trabalho que o ser social se constitui, se instaura como distinto do ser natural, dispondo de capacidade teleológica, projetiva, consciente; é por esta socialização que ele se põe como ser capaz de liberdade. (CFESS, 1993, p. 15)

Do ponto de vista dos **valores éticos** e **dos princípios políticos**, o Código está baseado em um projeto profissional democrático, tendo por pressupostos fundamentais:

- a liberdade como valor ético central e as demandas a ela inerentes: emancipação, autonomia;
- a democracia (socialização da riqueza e participação política);
- a eqüidade e a justiça social;
- o pluralismo (correntes democráticas);
- a não-discriminação.

Politicamente, reconhece que se insere, como categoria profissional, vinculada a um projeto social compromissado com os interesses históricos da massa da população trabalhadora e com a construção de uma nova sociedade:

> Sem dominação-exploração de classe, etnia, e gênero [...], uma projeção de sociedade em que se propicie aos trabalhadores um pleno desenvolvimento para a invenção e vivência de novos valores, o que, evidentemente, supõe a erradicação de todos os processos de exploração, opressão e alienação. (CFESS, 1993, p. 10-11)

A ética se objetiva na intervenção profissional, teoricamente (através de uma dada concepção ética crítica e histórica); praticamente (através das ações que viabilizem a apropriação, por partir dos indivíduos, de suas capacidades e potencialidades, de suas necessidades e direitos). Na medida em que a ética profissional vincula-se a um ideário emancipatório, objetiva contribuir para a preservação desse ideário, buscando alargar as suas bases sociais na sociedade, junto aos movimentos e sujeitos defensores destes valores e desse projeto, o que é evidentemente um objetivo ético-político.

A prática política do Serviço Social — por sua opção político-ideológica — através do seu engajamento nas lutas e reivindicações sociais anticapitalistas e emancipatórias, na defesa dos direitos humanos (sociais, culturais, econômicos e políticos), na viabilização de programas e de políticas sociais, na objetivação das necessidades dos usuários — é o espaço da luta ideológica, o campo de coexistência e confronto entre as éticas e as políticas de classe.

Atualmente é comum ouvirmos falar em uma "crise de valores" e em possíveis soluções morais, tais com as da *ética na política*, que não se confundem com a nossa proposta profissional. Como *amantes* do cinema propomos novamente um filme: *O declínio do império americano*, de Denys Arcand, diretor canadense, feito em 1985. Sobre ele, a filósofa Marilena Chaui diz o seguinte:

> Quando se inicia o filme *O declínio do império americano*, uma das personagens [...] afirma que dispomos sempre de um sinal para avaliar a que-

da ou o começo do fim de um poder político enquanto político. Este sinal, diz ela, foi percebido no crepúsculo da democracia grega, no final do Império romano e na longa agonia do Antigo Regime. Pode ser percebido agora, no declínio do "império americano": trata-se do momento em que a sociedade e seus pensadores voltam-se primordialmente para as relações pessoais, para os indivíduos e as paixões, carências, demandas e interesses, para a vida privada, desinteressando-se das preocupações cívicas e políticas. Família, religião da salvação, amor, juventude, felicidade, moral tornaram-se assuntos preferidos. Olha-se com profunda desconfiança para a política, vista como ilusão, mistificação e corruptora dos costumes; critica-se a sociedade por seu egoísmo, por ser repressora dos sentimentos e da espontaneidade, dotada de mecanismos invisíveis para a obtenção da obediência; fala-se da cisão benfazeja entre o indivíduo e a comunidade mais ampla; defende-se o direito à vida feliz, em geral identificada com o "retorno" à Natureza. (Chaui, 1992, p. 389)

Vinte e três anos depois teríamos passado da *decadência para a barbárie*? A questão entre **o socialismo ou a barbárie**, colocada por Rosa Luxemburgo, é hoje atual. Para Netto e Braz (2006), o socialismo, na atualidade, é uma das possibilidades concretas abertas à humanidade, sendo função de escolhas conscientes dos homens e mulheres que podem direcionar a sua ação política no âmbito da luta de classes e da práxis contra o capitalismo, "tendo como protagonistas centrais as classes trabalhadoras e as forças anticapitalistas" (Netto e Braz, 2006, p. 247). Concordamos com eles.

A ética fundada em Marx é revolucionária; como vimos, a teoria marxiana não serve a propostas reformistas. Isso não exclui a possibilidade de uma ética de orientação marxiana nos limites da sociabilidade burguesa — pois entendemos que não é desejável que um projeto de uma nova sociedade não tenha uma orientação de valor forjada no hoje.

Nos limites da nossa sociedade e nos limites ainda mais estreitos do trabalho profissional, há o que fazer, especialmente para não perder o rumo ético e a medida do político. O projeto ético-político do Serviço Social dispõe, em seu Código de Ética, de valores éticos e princípios políticos capazes de dar referência a esse empreendimento na melhor direção e na medida mais favorável.

Do ponto de vista profissional, é possível eleger a liberdade e a democracia como valor ético e princípio político orientadores do projeto profissional e como medida para julgar a tensão entre a ética e a política. Entendemos que a liberdade e a democracia são mediações e fontes de tensão entre elas: a liberdade e a democracia podem então oscilar entre o alargamento e a supressão, sendo que a liberdade é o valor ético que põe limite à política para que ela não se torne antidemocrática.

Bibliografia

ABBAGNANO, N. *História da filosofia*. 3. ed. Lisboa/Porto: Editorial Presença, 1985. v. IV.

ABRAMIDES, M. B. C.; CABRAL, M. S. R. *O novo sindicalismo e o Serviço Social*. São Paulo: Cortez, 1995.

ALAYON, N. (Org.). *Trabajo social latinoamericano. A 40 años de la Reconceptualización*. Buenos Aires: Espacio Editorial, 2005.

ALMEIDA, F. J. de. *Sartre:* é proibido proibir. São Paulo: FTD, 1988.

ANDERSON, P. Balanço do neoliberalismo. In: SADER, E.; GENTILI, P. (orgs.). *Pós-neoliberalismo:* As políticas sociais e o Estado democrático. Rio de Janeiro: Paz e Terra, 1995.

______. *As origens da pós-modernidade*. Rio de Janeiro: Zahar, 1999.

ANTUNES, R. *Adeus ao trabalho? Ensaio sobre as metamorfoses e a centralidade do mundo do trabalho*. São Paulo/Campinas: Cortez/Editora da Unicamp, 1995.

______. *Os sentidos do trabalho*. São Paulo: Boitempo, 1999.

ANTUNES, R.; REGO, W. *Lukács, um Galileu no século XX*. São Paulo: Boitempo, 1996.

AQUINO, Tomás de. *Seleção de textos*. São Paulo: Nova Cultural, 1988. (Col. Os Pensadores.)

ARANHA, M. L. de A.; MARTINS, M. H. *Temas de filosofia*. São Paulo: Moderna, 1992.

______. *Filosofando:* introdução à filosofia. 2. ed. São Paulo: Moderna, 1993.

ARISTÓTELES. *Ética a Nicômaco*. São Paulo: Nova Cultural, 1979. (Col. Os Pensadores.)

______. *A ética*. São Paulo: Ediouro, s.d. (Col. Universidade de Bolso.)

ASSOCIAÇÃO BRASILEIRA DE ENSINO E PESQUISA EM SERVIÇO SOCIAL (ABEPSS). *Temporalis*. Brasília: Abepss/Grafline, ano II, n. 3, 2001.

BARATA MOURA, J. *Totalidade e contradição:* acerca da dialética. Lisboa: Horizonte, 1977. (Col. Razão e Diálogo.)

______. *Para uma crítica da "filosofia dos valores"*. Lisboa: Horizonte, 1982. (Col. Razão e Diálogo.)

______. *A "realização da razão":* um programa hegeliano? Lisboa: Caminho, 1990.

BARROCO, M. L. S. Os fundamentos sócio-históricos da Ética. In: *Capacitação em Serviço Social e política social: reprodução social, trabalho e Serviço Social*, módulo 2. Brasília: CFESS/ABEPSS/CEAD-UnB, 1999.

______. Ética, direitos humanos e diversidade. *Presença Ética*, 03, Recife: UFPE/GEPE, 2003.

______. A inscrição da ética e dos direitos humanos no projeto ético-político do Serviço Social. *Serviço Social e Sociedade*. São Paulo: Cortez, n. 79, ano XXV, 2004.

______. *Ética e Serviço Social:* fundamentos ontológicos. 6. ed. São Paulo: Cortez, 2008.

______; BRITES, C. M. Núcleo de Estudos e Pesquisa em Ética e Direitos Humanos. *Temporalis*. Brasília: Abepss, ano III, n. 5, jan.-jun. 2002.

BAUDELAIRE, C. *Sobre a modernidade*. Rio de Janeiro: Paz e Terra, 1996.

BAUMAN, Z. *Ética pós-moderna*. São Paulo: Paulus, 1997.

BEAR, M. *História do socialismo e das lutas sociais*. São Paulo: Expressão Popular, 2006.

BEAUVOIR, S. de. *O pensamento da direita hoje*. Rio de Janeiro: Paz e Terra, 1970. (Série Rumos da Cultura Moderna.)

______. *Moral da ambigüidade*. Rio de Janeiro: Paz e Terra, 2005.

BEHRING, E. R.; BOSCHETTI, I. *Política Social:* fundamentos e história. São Paulo: Cortez, 2006. (Biblioteca Básica de Serviço Social, v. 2.)

BERMUDO, J. M. *El concepto de praxis en el joven Marx*. Barcelona: Península, 1975. (Série Historia, Ciencia, Sociedad.)

BONETTI, D. A. et al. (Org.). *Serviço Social e ética:* convite a uma nova práxis. São Paulo: Cortez/CFESS, 1996.

BORGIANNI, E. Objetivação e alienação em Marx. *Serviço Social e Sociedade*. São Paulo: Cortez, n. 56, 1998.

BORNHEIM, G. A. *Introdução ao filosofar*. Porto Alegre: Globo, 1969.

______. *Dialética: teoria, práxis*. Ensaio para uma crítica da fundamentação ontológica da dialética. Porto Alegre/São Paulo: Globo/Edusp, 1983.

______. *Sartre*. São Paulo: Perspectiva, 1984.

BORÓN, A. (org.). *Filosofia política contemporânea:* controvérsias sobre civilização, império e cidadania. Buenos Aires/São Paulo: Clacso/FFLCH, 2006.

BRAZ, M. Notas sobre o projeto ético-político. *Assistente social:* ética e direitos. Rio de Janeiro: CRESS 7ª Região, 2005.

BURKE, E. *Reflexões sobre a Revolução em França*. 2. ed. Brasília: Editora da UnB, 1997.

CAPRILES, R. *Makarenko:* o nascimento da pedagogia socialista. São Paulo: Scipione, 2002.

CARVALHO, R. R. *Positivismo e Serviço Social*. Dissertação de Mestrado. Rio de Janeiro: UFRJ, 1990.

CHARNEY, L.; SCHWARTZ, V. R. *O cinema e a invenção da vida moderna*. São Paulo: Cosac & Naif, 2004.

CHAUI, M. *O que é ideologia*. São Paulo: Brasiliense, 1980. (Col. Primeiros Passos.)

______. Público, privado, despotismo. In: NOVAES, A. (Org.). *Ética*. São Paulo: Companhia das Letras/Secretaria Municipal de Cultura, 1992.

______. *Convite à Filosofia*. 13. ed. São Paulo: Ática, 2005.

______. *Cultura e democracia:* o discurso competente e outras falas. 11. ed. rev. e ampl. São Paulo: Cortez, 2006.

CHESNAIS, F. *A mundialização do capital*. São Paulo: Xamã, 1996.

COMTE, A. Catecismo positivista. In: COMTE, A.; DURKHEIM, E. *Textos selecionados*. São Paulo: Abril, 1977. (Col. Os Pensadores.)

CONSELHO FEDERAL DE SERVIÇO SOCIAL (CFESS). *Código de Ética do Assistente Social*. Brasília: CFESS, 1993.

CORTELLA, M. S. *Não nascemos prontos:* provocações filosóficas. São Paulo: Vozes, 2006.

______; LA TAILLE, Y. de. *Nos labirintos da moral*. Campinas: Papirus, 2005.

COSTA, J. F. *Psicanálise e moral*. São Paulo: Educ, 1989.

COUTINHO, C. N. *O estruturalismo e a miséria da razão*. Rio de Janeiro: Paz e Terra, 1972. (Série Rumos da Cultura Moderna.)

______. *Marxismo e política:* a dualidade de poderes e outros ensaios. São Paulo: Cortez, 1994.

______. *Intervenções:* o marxismo na batalha das idéias. São Paulo: Cortez, 2006.

DUSSEL, H. *Ética da libertação*. Petrópolis: Vozes, 2000.

ENGELS, F. *A origem da família, da propriedade privada e do Estado*. São Paulo: Civilização Brasileira, 1979.

EPICURO. *Carta sobre a felicidade (a Meneceu)*. São Paulo: Editora da Unesp, 1973.

ETXEBERRÍA, X. *Ética de la diferencia*. Bilbao: Universidad de Deusto, 1997.

FERNANDES, F. (Org.). *Lênin* — política. São Paulo: Ática, 1989. (Col. Grandes Cientistas Sociais.)

FERREIRA, M. L. *A teoria marxiana do valor-trabalho*. São Paulo: Ensaio, 1992. (Cadernos Ensaio, Série Pequeno Formato.)

FISCHER, E. *A necessidade da Arte*. Rio de Janeiro: Zahar, 1979.

FREITAG, B. *Itinerários de Antígona:* a questão da moralidade. Campinas: Papirus, 1992.

GALLO, S. (Coord.). *Ética e cidadania:* caminhos da filosofia. Campinas: Papirus, 1999.

GENTILI, P.; FRIGOTTO, G. *A cidadania negada:* políticas de exclusão na educação e no trabalho. São Paulo/Buenos Aires: Cortez/Clacso, 2001.

GEPE. *Presença Ética*. Recife: UFPE, v. I, 2001; v. II, 2002.

GUEVARA, E. Che. O socialismo e o homem em Cuba. In: GUEVARA, E. Che. *O socialismo humanista*. Petrópolis: Vozes, 1989.

GONZÁLEZ, J. *Ética y libertad*. México: Fondo de Cultura Económica/ Universidad Nacional Autónoma de México, 1998.

GOULD, C. *Ontología social de Marx:* individualidad y comunidad en la teoría marxiana de la realidad social. México: Fondo de Cultura Económica, 1983.

GOULDNER, A. *La crisis de la sociología occidental*. Buenos Aires: Amorrortu, 1970.

HARVEY, D. *Condição pós-moderna*. São Paulo: Loyola, 1993.

HAUSER, A. *História social da arte e da literatura*. São Paulo: Martins Fontes, 2003.

HAYEK, F. *Principios de un orden social liberal*. Madri: Unión Editorial, 2001.

______. *Derecho, legislación y libertad*. Madri: Unión Editorial, 2006a.

______. *Los fundamentos da la libertad*. Madri: Unión Editorial, 2006b.

HEGEL, G. W. F. *Textos selecionados*. São Paulo: Abril Cultural, 1980. (Col. Os Pensadores.)

HELLER, A. *La teoría de las necesidades en Marx*. Barcelona: Edições 62, 1978.

______. *O homem do renascimento*. Lisboa: Presença, 1982.

______. *A filosofia radical*. São Paulo: Brasiliense, 1983a.

______. *Aristóteles y el mundo antiguo*. Barcelona: Península, 1983b.

______. *Sociología de la vida cotidiana*. 5. ed. Barcelona: Península, 1998. (Col. Historia, Ciencia, Sociedad.)

______. *O cotidiano e a história*. 6. ed. Rio de Janeiro: Paz e Terra, 2000.

HOBSBAWM, E. *A era das revoluções (1789-1848)*. 3. ed. Rio de Janeiro: Paz e Terra, 1981.

______. *A era dos extremos. O breve século XX*. São Paulo: Companhia das Letras, 1995.

______. *A era do capital*. 13. ed. Rio de Janeiro: Paz e Terra, 2007.

______ (Org.). *História do marxismo*. 2. ed. Rio de Janeiro: Paz e Terra, 1982. Primeira parte, v. II.

______. (Org.). *História do marxismo*. Rio de Janeiro: Paz e Terra, 1984a. Segunda parte, v. III.

______. (Org.). *História do marxismo*. Rio de Janeiro: Paz e Terra, 1984b. Terceira parte, v. IV.

HUBERMAN, L. *A história da riqueza do homem*. Rio de Janeiro: Zahar, 1978.

IAMAMOTO, M. V. *O Serviço Social na contemporaneidade*. São Paulo: Cortez, 1998.

______; CARVALHO, R. *Relações sociais e Serviço Social no Brasil*. São Paulo: Cortez/Celats, 1982.

IANNI, O. *Imperialismo na América Latina*. Rio de Janeiro: Civilização Brasileira, 1974. (Col. Documentos da História Contemporânea.)

______. *Imperialismo e cultura*. São Paulo: Ensaio, 1985.

JACQUARD, A. *Pequeno manual de filosofia para não filósofos*. Lisboa: Terramar, 1997.

JAEGER, W. *Paidéia:* a formação do homem grego. São Paulo/Brasília: Martins Fontes/Editora da UnB, 1989.

JAMESON, F. *A virada cultural:* reflexões sobre o pós-moderno. São Paulo: Civilização Brasileira, 2006.

JORGE FILHO, E. J. *Moral e história em John Locke*. São Paulo: Loyola, 1992. (Col. Filosofia.)

KANT, I. Fundamentação da metafísica dos costumes (1785). In: KANT, II. *Textos selecionados*. São Paulo: Abril Cultural, 1980. (Col. Os Pensadores.)

KAFKA, F. Diante da lei. In: *A colônia penal*. São Paulo: Exposição do Livro, 1965.

KEHL, M. R.; BUCCI, E. *Videologias*. São Paulo: Boitempo, 2004. (Col. Estado de Sítio.)

KOLLONTAI, A. *A nova mulher e a moral sexual*. São Paulo: Global, 1979. (Col. Bases.)

KONDER, L. *Marxismo e alienação*. Rio de Janeiro: Civilização Brasileira, 1965.

______. *Sobre o amor*. São Paulo: Boitempo, 2007.

LÊNIN, V. I. *As três fontes e as três partes constitutivas do marxismo*. São Paulo: Global, 1979. (Col. Bases.)

______. Lênin — política. In: FERNANDES, F. (Org.). *Lênin* — política. São Paulo: Ática, 1989. (Col. Grandes Cientistas Sociais.)

______. *O esquerdismo, doença infantil do comunismo*. São Paulo: Mandacaru, 1990.

LESSA, S. *Mundo dos homens:* trabalho e ser social. São Paulo: Boitempo, 2002.

LÉVY, B. et al. *O testamento de Sartre*. Porto Alegre: L&PM Editores, 1986. (Série Oitenta Especial.)

LIPOVETSKY, G. *Metamorfoses da cultura liberal:* ética, mídia, empresa. Porto Alegre: Sulina: 2004.

LOUREIRO, I. M. *Rosa Luxemburgo:* vida e obra. São Paulo: Expressão Popular, 2000.

LÖWY, M. *Para uma sociologia dos intelectuais revolucionários*. São Paulo: Ciências Humanas, 1979. (Col. História e Política.)

______. *As aventuras de Karl Marx contra o barão de Münchhausen*: marxismo e positivismo na sociologia do conhecimento. 8. ed. São Paulo: Cortez, 2003.

______. *Romantismo e política*. Rio de Janeiro: Paz e Terra, 1993.

LUKÁCS, G. *Estética. I. La peculiaridad de lo estético*. Barcelona/México: Grijalbo, 1966. v. 2.

______. *As bases ontológicas da atividade humana*. São Paulo: Ciências Humanas, 1978. (Col. Temas.)

______. *Ontologia do ser social:* os princípios ontológicos fundamentais de Marx. São Paulo: Ciências Humanas, 1979.

______. A ontologia de Marx: questões metodológicas preliminares. In: NETTO, J. P. (Org.). *Lukács: Sociologia*. São Paulo: Ática, 1981. (Col. Grandes Cientistas Sociais.)

______. O problema da ideologia. In: WAISMAN, E. *O problema da ideologia na ontologia de G. Lukács*. Dissertação de Mestrado. João Pessoa: Universidade Federal da Paraíba, 1986.

______. O momento ideal na economia e sobre a ontologia do momento ideal. In: RODRIGUES, M. A. B. *A determinação do momento ideal na ontologia de G. Lukács*. Dissertação de Mestrado. São Paulo: PUC-SP, 1990.

______. *Ontología del ser social. El trabajo*. Buenos Aires: Herramienta, 2004.

______. *O jovem Marx e outros escritos de filosofia*. Organização, apresentação e tradução de Carlos Nelson Coutinho e José Paulo Netto. Rio de Janeiro: Editora da UFRJ, 2007.

LUXEMBURGO, R. *Cartas da prisão*. Lisboa: Assírio e Alvim, 1975.

______. *Reforma ou Revolução*. São Paulo: Expressão Popular, 1999.

MACHADO, C. E. J. *As formas e a vida:* estética e ética no jovem Lukács (1910-1918). São Paulo: Editora da Unesp, 2004.

MACPHERSON, C. B. *A teoria política do individualismo possessivo de Hobbes a Locke*. Rio de Janeiro: Paz e Terra, 1979.

MAKARENKO, A. S. *Poema pedagógico*. São Paulo: Brasiliense, 1986. v. I e II.

MANNHEIM, K. *Ideologia e utopia*. 4. ed. Rio de Janeiro: Guanabara, 1986.

MAQUIAVEL, N. *O Príncipe*. Rio de Janeiro: Vecchi, 1955.

MARCONDES, D. *Textos básicos de ética*. Rio de Janeiro: Zahar, 2007.

MARCUSE, H. *Razão e revolução:* Hegel e o advento da teoria social. Rio de Janeiro: Paz e Terra, 1978.

MARKUS, G. *Marxismo y "antropología"*. Barcelona: Grijalbo, 1974.

MARX, K. *Fundamentos de la crítica de la economia política:* esbozo de 1857-1858 (Grundrisse). Havana: Instituto del Libro/Editorial de Ciencias Sociales, 1970. 2 v.

______. *Miséria da filosofia*. São Paulo: Grijalbo, 1976.

______. *O Capital:* crítica da economia política. São Paulo: Civilização Brasileira, 1980. Livro I, t. 1.

______. Para a crítica da economia política (1859). In: MARX, K. *Textos selecionados*. São Paulo: Abril Cultural, 1985. (Col. Os Pensadores.)

______. *Textos filosóficos*. Lisboa/São Paulo: Estampa/Mandacaru, 1990.

______. *A questão judaica*. São Paulo: Moraes, 1991.

______. *Manuscritos econômico-filosóficos*. Lisboa: Edições 70, 1993.

______; ENGELS, F. *La sagrada familia*. Buenos Aires: Claridad, 1971.

______; ENGELS, F. Manifesto do Partido Comunista. In: LASK, H. J. *O Manifesto do Partido Comunista de Marx e Engels*. Rio de Janeiro: Zahar, 1978.

______; ENGELS, F. *A ideologia alemã*. São Paulo: Ciências Humanas, 1982.

MÉSZÁROS, I. *Marx:* a teoria da alienação. Rio de Janeiro: Zahar, 1981.

______. *Filosofia, ideologia e ciência social:* ensaios de negação e afirmação. São Paulo: Ensaio, 1993.

MORA, J. F. *Dicionário de filosofia*. Madri: Aliança Editorial, 1990.

NASCIMENTO, C. A. R. *Santo Tomás de Aquino. O boi mudo da Sicília*. São Paulo: Educ, 1992.

NETTO, J. P. *Capitalismo e reificação*. São Paulo: Ciências Humanas, 1981.

______. Vigência de Sade. *Revista Novos Rumos*. São Paulo/Rio de Janeiro: Editora Novos Rumos/Fundação Instituto Astrojildo Pereira, n. 02, abr./maio/jun. 1986.

______. Para a crítica da vida cotidiana. In: NETTO, J. P.; FALCÃO, M. do C. B. de C. *Cotidiano:* conhecimento e crítica. São Paulo: Cortez, 1987.

______. *Democracia e transição socialista:* escritos de teoria política. Belo Horizonte: Oficina dos Livros, 1990.

______. *Capitalismo monopolista e Serviço Social*. São Paulo: Cortez: 1991.

______. Razão, ontologia e práxis. *Serviço Social e Sociedade*. São Paulo: Cortez, n. 44, 1994.

______. *Marxismo impenitente:* contribuição à história das idéias marxistas. São Paulo: Cortez, 2006a.

______. *O que é marxismo*. São Paulo: Brasiliense, 2006b. (Col. Primeiros Passos.)

______; BRAZ, M. *Economia política:* uma introdução crítica. São Paulo: Cortez, 2006. (Biblioteca Básica do Serviço Social, v. 1.)

NICOLA. U. *Antologia ilustrada de filosofia:* das origens à idade moderna. São Paulo: Globo, 2005.

NISBET, Robert. *O conservadorismo*. Lisboa: Estampa, 1987.

OLIVEIRA, F. O momento Lênin. *Novos Estudos Cebrap*. São Paulo: Cebrap, n. 75, jul. 2006.

OLIVEIRA, M. A. *A filosofia na crise da modernidade*. São Paulo: Loyola, 1989. (Col. Filosofia.)

______. *Ética e sociabilidade*. São Paulo: Loyola, 1993. (Col. Filosofia.)

______. *Ética e práxis histórica*. São Paulo: Ática, 1995. (Série Religião e Cidadania.)

OZ, A. *Contra o fanatismo*. Lisboa/Porto: Asa, 2007.

PADILHA, W. *Shopping center:* a catedral das mercadorias. São Paulo: Boitempo, 2006.

PAULANI, L. *Modernidade e discurso econômico*. São Paulo: Boitempo, 2005.

PEREIRA, O. *Moral revolucionária:* paixão e utopia. Campinas: Papirus, 1983. (Col. Krisis.)

PERROT, M. *História da vida privada*. São Paulo: Companhia das Letras, 1991. v. IV.

PESSANHA, J. A. M. As delícias do jardim. In: NOVAES, A. (Org.). *Ética*. São Paulo: Companhia das Letras/Secretaria Municipal de Cultura, 1992.

PLATÃO. *Diálogos*. São Paulo: Abril Cultural, 1979. (Col. Os Pensadores.)

RIBEIRO, R. J. O retorno do bom governo. In: NOVAES, A. (Org.). *Ética*. São Paulo: Companhia das Letras/Secretaria Municipal de Cultura, 1992.

______. *A ética na política*. São Paulo: Lazuli, 2006. (Col. Idéias na Mão.)

RIOS, T. A. *Ética e competência*. São Paulo: Cortez, 1993. (Col. Questões de Nossa Época, 16.)

ROLDOLSKY, R. G. *Genesis y estructura del capital de Marx*: estudios sobre los Grundrisse. México: Siglo Veintiuno, 1985.

RONALD, B. *Guia ilustrado Zahar cinema*. Rio de Janeiro: Zahar, 2007.

ROSEINMANN, M. R. *Las razones de la democracia*. Madri: Secitur, 1998.

ROUANET, P. S. *As razões do Iluminismo*. São Paulo: Companhia das Letras, 1987.

ROUSSEAU, J.-J. *Textos selecionados*. São Paulo: Abril Cultural, 1978. (Col. Os Pensadores.)

RUBEL, M. *Pages de Karl Marx:* **pour une éthique socialiste. Paris**: Payot, 1970.

SADER, E. *A vingança da história*. São Paulo: Boitempo, 2003.

SALES, M. A. *(In)visibilidade perversa:* adolescentes infratores como metáforas da violência. São Paulo: Cortez, 2007.

SARAMAGO, J. Da justiça à democracia passando pelos sinos. *Revista Fórum: um outro mundo em debate*. São Paulo: Publisher Brasil, n. 04, 2002.

______. *Ensaio sobre a cegueira*. São Paulo: Companhia das Letras, 2005.

SARTRE, J.-P. *O existencialismo é um humanismo*. Lisboa: Presença, 1970.

______. *A idade da razão*. São Paulo: Círculo do Livro, 1974. v. 1. (Col. Caminhos da Liberdade.)

______. *Textos selecionados*. São Paulo: Abril Cultural, 1984. (Col. Os Pensadores.)

SENNETT, R. *A corrosão do caráter:* conseqüências pessoais do trabalho no novo capitalismo. Rio de Janeiro: Record: 1999.

SHAFF, A. *Marxismo e indivíduo humano*. México: Grijalbo, 1967.

SILVA, F. L. *Ética e literatura em Sartre:* ensaios introdutórios. São Paulo: Editora da Unesp, 2004. (Biblioteca de Filosofia.)

SILVA, M. L. *Aproximação do Serviço Social à tradição marxista:* caminhos e descaminhos. Tese de Doutorado. São Paulo: PUC-SP, 1991.

SIMIONATTO, I. *Gramsci:* sua teoria, incidência no Brasil, influência no Serviço Social. Florianópolis/São Paulo: UFSC/Cortez, 1995.

SIMÕES, C. O drama do cotidiano e a teia da história: direito, moral e ética do trabalho. *Serviço Social e Sociedade*. São Paulo: Cortez, n. 32, 1990.

SÓCRATES. *Textos selecionados*. São Paulo: Abril Cultural, 1987. (Col. Os Pensadores.)

STARLING, S. Rosa, a vermelha: a rosa Vermelha. In: VARES, L. P. (Org.). *Rosa, a Vermelha:* vida e obra de Rosa Luxemburgo. 3. ed. São Paulo: Busca Vida, 1988.

TERTULIAN, N. O grande projeto da ética. *Cadernos Ensaios Ad Hominem*. São Paulo: Ad Hominem, n. 1, t. I, 1999.

TOUCHARD, J. *História das idéias políticas*. Lisboa: Publicações Europa-América, 1959. v. III e IV.

TRINDADE, J. D. de L. *História social dos direitos humanos*. São Paulo: Peirópolis, 2002.

TROTSKY, L. *Moral e revolução*. Rio de Janeiro: Paz e Terra, 1978.

______. *Questões da vida cotidiana e da moral*. São Paulo: Edições Causa Operária, 2005.

______. *Literatura e revolução*. São Paulo: Zahar, 2007.

VARES, L. P. (Org.). *Rosa, a Vermelha:* vida e obra de Rosa Luxemburgo. 3. ed. São Paulo: Busca Vida, 1988.

VAZ, H. C. de L. *Ontologia e história*. São Paulo: Duas Cidades, 1968.

______. *Escritos de filosofia II:* ética e cultura. São Paulo: Loyola, 1988. (Col. Filosofia.)

VÁZQUEZ, A. S. *Filosofia da práxis*. Rio de Janeiro: Paz e Terra, 1977.

______. *Ética*. Rio de Janeiro: Civilização Brasileira, 1984. (Col. Perspectivas do Homem.)

______. Anverso y reverso de la tolerancia. In: VÁZQUES, A. S. *Entre la realidad y la utopía:* ensayos sobre política, moral y socialismo. México: Universidad Nacional Autónoma de México/Fondo de Cultura Económica, 1999.

VIEIRA, E. *Democracia e política social*. São Paulo: Cortez, 1992. (Col. Polêmicas do Nosso Tempo.)

VILLORO, L. *El poder y el valor. Fundamentos de una ética política*. México: Fondo de Cultura Económica/El Colégio Nacional, 1998.

VV.AA. *Moral e sociedade*. Rio de Janeiro: Paz e Terra, 1972.

WACQUANT, L. *As prisões da miséria*. Rio de Janeiro: Zahar, 2001.

WAISMAN, E. *O problema da ideologia na ontologia de G. Lukács*. Tese de Mestrado. João Pessoa: Universidade Federal da Paraíba, 1986.

______. A ideologia e sua determinação ontológica. *Cadernos Ensaio* (grande formato). São Paulo: Ensaio, n. 17, 18, 1989.

WEBER, M. *A ética protestante e o espírito do capitalismo*. São Paulo: Pioneira, 1967.

WEFFORT, F. C. (Org.). *Os clássicos da política*. São Paulo: Ática, 2006. v. 2.

ZEKTIN, C. Notas do meu diário. In: VV.AA. *Marx, Engels, Lênin. Sobre a mulher*. São Paulo: Global, 1979.